KB116688

운雲정庭

김종필

일러두기

• 이름이나 직책 등은 그 당시 통용되던 호칭으로 표기했습니다.
• 이 책에 수록된 사진 자료는 운정김종필기념사업회와 중앙일보에서 제공했으며,
  부득이하게 저작권자를 알 수 없는 경우에는 확인되는 대로 조처하겠습니다.

운雲정庭 김종필

한국현대사의증인 JP화보집

운정김종필기념사업회 엮음

J 중앙일보

자신을 빛내기보다 어둠을 걷어내는 빛을 만든 사람

운정 김종필 선생은 올해로 구순을 맞이하셨습니다.

대한민국 현대사의 중심에서 민족의 중흥과 조국의 근대화를 설계하고 선도했던 운정 선생은 오늘도 변함없이 이 나라의 흥륭(興隆)을 지켜보고 계십니다. 비록 건강이 예와 같지 못하다 하나, 나라를 올곧게 발전시키자던 그 기상과 기백은 아직도 젊고 푸릅니다.

1961년 5월 16일은 대한민국 역사를 새로 쓴 그야말로 혁명적인 날입니다. 오늘의 이 발전된 나라를 낳은 어머니의 날입니다. 그날 운정 선생은 목숨을 걸고 박정희 대통령을 모시고 혁명거사를 결행했으며, 그의 지사적(志士的) 의기는 박 대통령의 위업을 뒷받침하는 데 모든 것을 바치게 했습니다.

이 글을 쓰고 있는 필자는 1961년 이래 오랜 세월 동안 운정 선생을 모시면서 영광의 순간들은 물론 그 뒤안의 우여곡절과 거친 풍랑도 지켜보았습니다. 풍운아의 위대한 극기(克己)도 보았습니다. 그는 혁명 후 반세기 동안 정치, 경제, 사회, 문화, 외교, 안보 등 모든 분야에 걸쳐 자신의 역사이자 조국의 역사를 한 줄 한 줄 써나갔습니다. 그래서 우리는 그를 대한민국 현대사의 산증인이라고 부릅니다.

운정 선생은 자신을 빛내기보다 어둠을 걷어내는 빛을 만든 사람입니다. 수많은 아이디어와 한발 앞선 추진력으로 현실을 박차고 미래로 세계로 나아간 분입니다. 감탄을 자아내는 탄탄한 논리와 철학, 그리고 경륜이 묻어나는 설득력은 그 누구도 좇을 수 없는 마력을 지니고 있었습니다. 시대를 앞서간 선진인이요 상하좌우를 아우르는 관용의 대인이 바로 운정 김종필 선생입니다.

이제 운정 선생 생애의 발자취를 기려 현창하고 후생들에게 전수하기 위해, 주위의 우리들이 뜻을 모아 가칭 '운정김종필기념사업회'를 설립하려고 합니다. 그 첫 사업으로《운정 김종필》을 펴내게 되었습니다. 운정 선생의 파란만장한 전 생애를 한 권으로 묶는다는 것이 매우 어려운 일이나, 부족하지만 여러 자료를 나름대로 정리해 출간하게 되었습니다. 많은 이들의 사랑을 받기를 기대합니다.

이 화보집이 출간되기까지 많은 도움을 주신 홍석현 중앙일보 회장과 노재현 중앙북스 대표, 또 편집부에게 깊은 감사를 드리며, 아울러 물심양면의 지원을 아끼지 않으신 김희용 동양물산 회장께 따뜻한 감사의 말씀을 드립니다. 짧은 기간 동안 사진 정리와 원고 작성 등의 출판 작업에 애쓴 김상윤, 신문영, 이덕주, 정원조 동지들께도 고마운 뜻을 전합니다. 감사합니다.

운정김종필기념사업회 이사장 **김진봉**

혁명아 운정의 40여 년 행보를 기리며

누구나 그러하겠으나 나와 운정과의 만남은 운명적이었습니다.

나는 5·16 혁명정부부터 이어진 정치역정 속에서 때로는 아주 가까이, 때로는 다소 거리를 두면서 혁명아 운정의 40여 년 정치행보를 항상 지켜본 사람 중 하나입니다. 특히 박정희 대통령과 함께 운정이 만든 공화당이 가난의 질곡을 어떻게 극복하고 민족의 중흥과 조국의 근대화를 이끌었는가를 잘 알고 있습니다.

'한강의 기적'을 창조하는 과정에서 운정의 뛰어난 예지와 통찰, 그리고 투철한 국가관과 중후한 몸가짐은 이 나라의 안정과 발전을 이룩하는 결정적 추동력이었습니다. 이제 운정의 발자취가 선명한 현대사를 사진으로 엮어 세상에 선보이게 되어 반갑기 그지없습니다. 이 화보집은 우리 세대가 함께 공유하고 더불어 뒹굴었던 한 시대를 다시 반추하면서 인간 운정의 참 면모를 살펴볼 수 있다는 점에서 의미가 깊다고 생각합니다.

무엇보다 운정의 선견지명과 진정한 세계화의 행보, 그리고 여러 정치적 굴곡에서 보여준 결단의 현장을 되돌아보게 되어 감회가 새롭습니다. 역사를 제대로 안다는 것, 그 역사의 고뇌와 성취를 간접 경험한다는 것은 매우 소중한 가치가 아니겠습니까.

그런 뜻에서 사진으로 본 운정의 일평생을 한 컷 한 컷 음미해 볼 것을 오늘의 독자 여러분에게 권하는 바입니다.

전 국회의장 **김재순**

운정이 남긴 절차탁마의 발자취

한 시대를 풍미하며 역사를 창조하고 기록해온 운정 김종필 전 총리의 생애를 담은 화보집이 세상에 나오게 되어 매우 기쁘게 생각하며 진심으로 축하를 드립니다.

그는 격랑의 우리 현대사 한가운데서 군인이었고 혁명가였으며 계몽가요 정치가였고, 국가경영의 행정가이자 국난극복의 경세가였습니다. 또한 만능 스포츠맨이자 문인이었으며, 인간과 예술을 사랑한 예인(藝人)이었습니다. 미래를 내다보는 혜안은 어느 누구보다 뛰어났습니다. 어떠한 찬사도 그에겐 부족합니다.

이렇게 운정 선생은 우리 현대사에서 보기 드문 걸출한 거인으로 자리 잡고 있습니다. 그의 일거수일투족이 역사가 되고 전설이 됐습니다. 이제 구순을 맞이하며 우리 후생들에게 남기는 그 삶의 무게는 참으로 묵직합니다. 배워야 할 것, 흉내 내야 할 것, 교훈으로 삼아야 할 것, 삶의 지표로 삼아야 할 것 등은 수도 없이 많습니다. 이 책 구석구석에서 우리는 그의 땀방울이 맺힌 절차탁마(切磋琢磨)의 발자취를 좇을 수 있을 것입니다. 필자는 짧지 않은 정치역정 속에서 운정 선생과 만나고 헤어지고 혹은 갈등하고 화해하면서 인생의 많은 부분을 함께해왔습니다. 하지만 지금은 운정 선생을 마음으로부터 존경하며 따르는 'JP 마니아'가 되었습니다.

우리 사회는 지금 영웅에 목말라 있습니다. 가치의 중심을 잡아주는 어른이 없다고 한탄합니다. 위대한 영웅은 고독했습니다. 죽지 않고 사라질 뿐이라고도 했습니다. 그러나 우리는 이 책을 통해 운정 선생이 다시 대중 앞으로 나와 '조국의 중흥과 영광'을 외치는 생생한 모습을 대할 수 있습니다. 우리는 그가 만들고 세운 역사 속에서 우리의 정체성을 발견하고 가치관의 모범을 전수 받을 수 있을 것입니다. 아무쪼록 이 화보집이 독자들의 나라 사랑, 미래 개척을 인도하는 좋은 지침서가 되기를 기대합니다.

운정회 회장·전 국무총리 **이한동**

한국 현대사에 길이 기억될 거목

나는 1964년부터 50여 년간 신문기자로 일하면서 김종필 총재에 관한 글을 많이 썼습니다. 신문 인터뷰로, 또 대선 후보 초청 토론회의 질의자로 비판적인 질문을 퍼붓기도 했고, 칼럼에서도 비판적인 내용이 더 많았을 것이라고 생각합니다. 5·16군사혁명과 중앙정보부 창설 등에 관한 그의 원죄를 물었던 것이지요.

그러나 지금 JP의 긴 정치역정과 인간적인 여러 모습을 돌아보면서 한국 정치사에서 김종필 총재만 한 인물도 드물다는 생각을 하고 있습니다. 그는 35세의 청년 장교로 5·16군사혁명을 주도하였고, 37세에 공화당 의장으로 정치에 입문하였으며, 40여 년간 파란만장한 정치행로를 걸었습니다. 그는 대통령 세 분의 탄생을 돕는 킹메이커 역할도 하였는데, 그중 두 분은 군사정부에 맞서 민주화 투쟁을 했던 분들입니다. 그는 이 나라의 근대화와 산업화에 초석을 놓았을 뿐 아니라 민주화 과정에서 스스로 버팀목 역할을 함으로써 군사독재의 빚을 갚으려 했다고 생각합니다.

그는 예술을 사랑하고, 역사에 대한 깊은 통찰로 광풍노도를 슬쩍 비켜서기도 하는 멋있는 2인자였으며, 꿈을 꾸고 결단하고 협상할 줄 아는 정치가였습니다. 그는 민주화 과정에서 김대중, 김영삼 씨와 함께 '3김'으로 불리며 오랫동안 이 나라 정치를 이끌었는데, '3김' 중에서 대통령이 못된 유일한 분이기도 합니다. 그는 "정치는 허업"이라는 말을 자주 하였지만, 역사는 '정치인 김종필'을 각별하게 기억할 것이라고 생각합니다. 또한 청와대에는 그의 자리가 없었지만 한국 현대사에는 분명히 그의 자리가 있다고 믿습니다.

이 책이 그분의 여러 모습을 기억하고 싶어하는 많은 사람들에게 소중한 자료가 될 것이라고 생각합니다.

장명수 (전 한국일보 사장·현 이화학당 이사장)

오로지 조국을 위해 몸 바친 삶에 경의를 표하며

경애하는 김종필 선생의 정치인생을 사진으로 되돌아보는 기획이 이번에 실현된 점, 진심으로 흔쾌하기 이를 데 없습니다. 많은 분들과 함께 기쁨을 나누고 싶습니다. 선생께서 걸어오신 길은 바로 대한민국의 역사 바로 그 자체입니다. 거기에는 확고한 애국심과 더불어 세계를 둘러보며 항상 현실을 직시하는 냉엄한 정치인의 모습이 있습니다.

여러 국난에 직면하면서 선생께서는 보기 드문 선견과 결단력, 그리고 강력한 지도력을 발휘하셨고, 산업을 부흥시켜 국민생활을 안정시킴으로써 오늘날의 대한민국 약진의 기초를 구축하셨습니다. 몸과 마음을 바쳐 수많은 과제에 임하는 그 모습에는 어려움을 능가하는 민족에 대한 긍지와 조국애가 있었습니다. 국운을 어떻게 개척해나갈 것인가, 그를 위한 현실적 대응은 때로는 고뇌에 찬 선택이었을지 모릅니다. 그런 정치인의 궤적을 시대 배경과 함께 사진으로 더듬어가는 것은 참으로 뜻 깊은 일이며, 그야말로 대한민국 역사의 기록이기도 합니다. 부디 많은 분들이 보시기를 기원합니다.

김종필 선생은 오래전부터 둘도 없는 나의 친구이며, 일본에도 다수의 지기(知己)들이 계십니다. 우리들은 수없이 많은 힘든 정치협상에 관여하면서도 양국의 장래에 대해 밤늦게까지 이야기를 나누고 때로는 술잔을 마주치거나 골프를 즐기면서 서로의 정을 쌓아왔습니다. 정치 일선에서 물러난 뒤에도 그 친교는 지금까지 변함없이 이어지고 있습니다. 양국 간의 관계도 이러한 개인적인 신뢰와 우정처럼 되기를 바라 마지 않습니다.

김종필 선생의 걸어온 생애에 다시 한 번 경의를 표하며, 또 변함없는 우의에 감사하며, 이번 화보집 출판을 충심으로 축하드립니다.

전 일본국 총리대신 **나카소네 야스히로**(中曽根康弘)

목차

제 1 장 혁명

제 2 장 조국 근대화

제 3 장 **정치**

제 4 장 **외교·안보**

第 5 章 **인간 김종필**

第 6 章 **가족**

제 1 장

혁명

무혈 군사혁명으로 특징되는 5·16혁명은 우리 민족사에 일대 전환점을 가져왔다. 그것은 빈곤과 부패, 퇴영의 굴레에서 허덕이던 국민 대다수가 원하던 바이기도 했다. 혁명 이후 우리나라는 세계 최빈국의 나락에서 탈출했고, 조국 근대화와 민족중흥의 기치는 경제부국으로 성장하는 시그널이 됐다. 혁명 정신에서 비롯된 '하면 된다', '할 수 있다'는 자신감은 국민적 공감 속에 수많은 결실을 가져왔다. 혁명은 박정희 소장의 결연한 지도력과 김종필의 용의주도한 뒷받침 위에서 성공했던 것이다.

혁명의 태동-정군운동을 이끌다

"총장님, 3·15 부정선거에 책임을 지고 물러나십시오."
"귀관과 같이 정의감이 투철한 장교들이 있다는 데 마음 든든하게 생각한다."

－1960년 5월 19일, 김종필 중령과 송요찬 참모총장과의 대담 중

1960년 4·19혁명 직후 김종필을 중심으로 한 육사 8기 출신의 영관급 장교 8명은 3·15 부정선거에 앞장선 군 수뇌부와 부패·무능 고위 장성들을 사퇴시키기로 의견을 모으고, 이른바 정군(整軍)운동을 벌이기로 했다.

그러나 국무총리와 국방부 장관에게 제출하려던 정군 연판장이 사전에 누설돼 김종필 중령 등 5명이 체포됐다. 이어 송요찬 계엄사령관 겸 육군참모총장에 불려간 자리에서 김 중령은 대담하게 송 총장의 사퇴를 요구했다. 송 총장은 김 중령의 기개에 마음 든든히 생각한다며 이튿날 체포된 장교들을 석방하는 한편 스스로 사표를 제출했다.

김종필 중령은 이에 그치지 않고 민주당 정권이 출범한 후 장면 국무총리와 현석호 국방부장관을 찾아가 정군건의서를 제출하려 했으나 오히려 군 내부의 '하극상사건'의 주모자로 지목되어 구속되고 결국 1961년 2월 15일 강제예편을 당했다.

비록 정군운동이 소기의 목적을 달성하지는 못했으나, 이를 계기로 군부의 젊은 장교들의 정군의지는 더욱 견고해졌고 급기야 '쇄신의 방법을 혁명으로 바꾼다'는 결의로 이어졌다. 이후 김종필은 동지를 규합, 박정희 소장을 지도자로 모시고 5·16혁명을 기획, 주도하여 조국 근대화의 토대를 마련했다.

김종필 중령이 정군운동의 당위성을 알리기 위해 매그루더 장군에게 보낸 친필 서한.

1960년 4·19 직후부터 김종필 중령이 주도한 정군운동에 대해 매그루더 미8군 사령관은 시종일관 부정적인 입장을 고수했다. 1961년 소위 하극상 사건으로 강제예편 당한 김 중령은 50여 장의 편지를 써서 매그루더 사령관에게 보냈다. 당시 한국군의 부패상을 낱낱이 지적하며 정군운동의 순수성과 당위성을 피력했다. 매그루더 사령관은 5·16혁명 때에도 이를 인정하지 않고 혁명군의 원대복귀를 강력히 요구했다. 그러나 혁명을 주도했던 김종필 중앙정보부장은 매그루더 사령관과 대담하게 대좌하여 혁명의 당위성을 끈질기게 설파, 결국 미국 정부가 5·16혁명을 인정하게 만들었다.

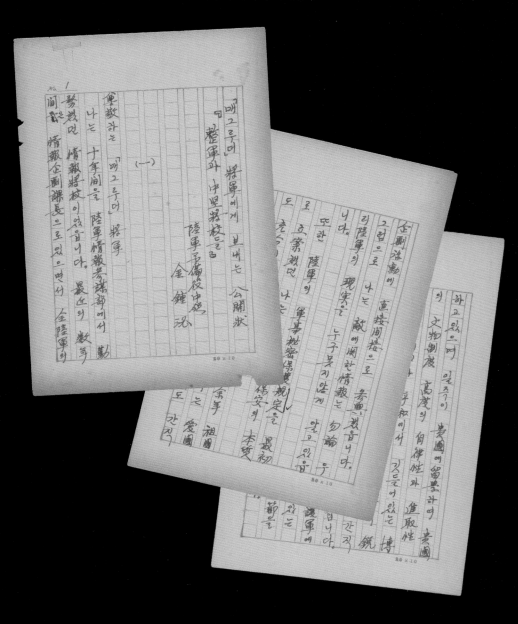

5·16을 일으키기 전인 1960년 육본 정보국의 한 사무실에서 동료들과 회의를 하고 있는 김종필 중령(맨 왼쪽).

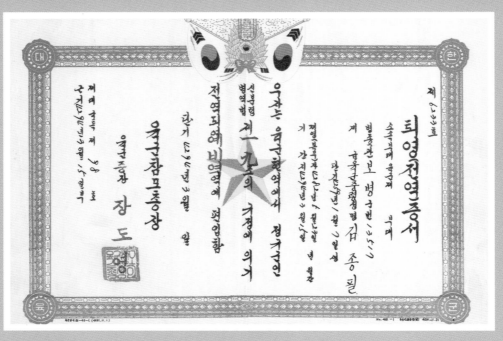

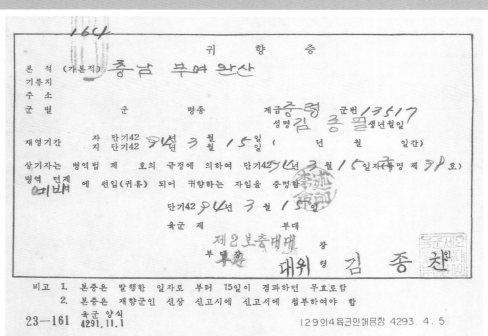

정군운동으로 구속된 김종필 중령은 군법회의에 회부되지 않는 조건과 박정희 소장에게 불이익이 가지 않게 한다는 조건으로 강제예편 당했다. 김종필 중령의 전역증과 귀향증.

혁명이 성공하다

1961년 5월 16일 새벽, KBS방송국에서 김종필은
박종세 아나운서에게 애국가를 틀고 혁명취지문을 읽어달라고 요구했다.
"친애하는 애국동포 여러분! 은인자중(隱忍自重)하던 군부는 금조(今朝) 미명을 기해서
일제히 행동을 개시하여 국가의 행정·입법·사법 등 3권을
완전히 장악하고 군사혁명위원회를 조직했습니다."
그렇게 혁명은 시작됐다.

– 1961년 5월 16일 새벽 5시 KBS라디오 방송 비화

1961년 5월 16일 새벽, KBS라디오의 첫 전파를 타고 혁명의 소식이 온 나라에 전해졌다. 거사를 일으킨 혁명군은 6개 항으로 된 혁명공약을 발표하고 "무능하고 부패한 현 정권에게 더 이상 국가의 운명을 맡겨둘 수 없어 군부가 궐기했으며, 이를 통해 조국의 위기를 극복하겠다"고 밝혔다.

2군 부사령관이었던 박정희 소장과 김종필 등이 주축이 돼 일으킨 5·16군사혁명은 성공리에 달성됐다. 이들은 육사 5기와 8기를 포섭하고 해병대와 포병단까지 동참시켜 5월 16일 새벽 3시 한강을 넘었다. 장교 250여 명, 사병 3,500여 명으로 구성된 혁명군은 서울의 주요기관을 점령하고, 오전 9시에 마침내 전국에 비상계엄을 선포한 뒤 5월 18일 장면 정권을 인수한다고 발표했다.

극심한 혼란기에 국가안보 정립과 조국 근대화의 염원을 지닌 젊은 장교들이 합심하여 일으킨 5·16군사혁명은 혁명 초기 국민들에게 큰 충격을 주었다. 그러나 국민 대다수가 집권당인 민주당의 무능에 실망하고 사회적 혼란을 잠재울 강력한 리더십을 기대하던 터였기에 이 거사는 큰 반발 없이 '무혈혁명'으로 성사될 수 있었다.

5·16혁명 계획이 사전에 노출됐음에도 불구하고 정부와 군의 주요 인물들은 혁명 세력 진압을 위한 그 어떤 조치도 취하지 않았고, 윤보선 대통령은 "올 것이 왔다"라는 말로 혁명을 인정했다.

961년 5월 16일 새벽, KBS라디오의 첫 전파를 타고 발표된 혁명공약문.

박정희 소장과 김종필 중령 등 육사 8기생이 중심이 된 5·16군사혁명 주체세력은 국가의 행정·입법·사법
의 3권을 완전히 장악하고 군사혁명위원회를 구성한 뒤 혁명거사 제1성으로 6개 항의 혁명공약을 발표했
다. 이 혁명공약문은 김 중령이
사전에 직접 작성하고 박정희
소장이 제6항을 첨가했으며,
혁명 후 설립된 '국가재건최고
회의', '중앙정보부', '재건국
민운동본부' 등의 명칭 역시
김종필 중령이 혁명 계획 시 사
전에 준비했다.

혁 명 공 약

1. 반공을 국시의 제일의로 삼고 지금까지 형식적이고 구호
   에만 그친 반공태세를 재정비 강화한다.

2. 유엔 헌장을 준수하고 국제협약을 충실히 이행할 것이며
   미국을 위시한 자유우방과의 유대를 더욱 공고히 한다.

3. 이 나라 사회의 모든 부패와 구악을 일소하고 퇴폐한
   국민도의와 민족정기를 다시 바로 잡기 위하여 청신한
   기풍을 진작시킨다.

4. 절망과 기아선상에서 허덕이는 민생고를 시급히 해결하고
   국가자주경제 재건에 총력을 경주한다.

5. 민족적 숙원인 국토통일을 위하여 공산주의와 대결할 수
   있는 실력배양에 전력을 집중한다.

6. (군인) 이와 같은 우리의 과업이 성취되면 참신하고도
   양심적인 정치인들에 언제든지 정권을 이양하고 우리들
   본연의 임무에 복귀할 준비를 갖춘다.

   (민간) 이와 같은 우리의 과업을 조속히 성취하고 새
   로운 민주공화국의 굳건한 토대를 이룩하기 위하여 우리
   는 몸과 마음을 바쳐 최선의 노력을 경주한다.

KBS 7호 스튜디오 안에 있는 박종세 아나운서. 박종세 아나운서는 이 방에서 5·16 첫 소식을 전했다.

혁명 후 계엄령이 선포된 가운데 거리 질서 확립에 나선 군인들을 격려하는 시민들. (1961. 5. 18)

국가재건최고위원 기념사진. 5·16군사혁명을 기획하고 주도한 김종필 중령은 초대 중앙정보부장으로 임명되어 최고위원을 겸직하지 않았다. (1961. 5. 19)

5월 19일 열린 군사혁명위원회 제1차 총회에서 "혁명정부의 최고 통치기관으로 국가재건최고회의를 두고 그 직속 하에 중앙정보부와 재건국민운동본부를 둔다"라고 통치체제의 조직과 기능을 의결했다. 이날 회의에서 의장에 장도영(사진 앞줄 왼쪽에서 여섯째), 부의장에 박정희(앞줄 왼쪽에서 다섯째)를 선출하고, 최고회의 청사를 전 민의원 의사당 건물로 정했다. 당시 의장에 선출된 장도영 육군참모총장은 취임한 지 44일 만인 7월 3일 사임하고, 박정희가 새 의장에 취임했다.

김종필 중앙정보부장(맨 왼쪽)이 하야를 번의한 윤보선 대통령을 청와대로 찾아 현안을 보고하고 있다. (1961. 6. 1)

1961년 8월 진해 해군통제본부 공관에서 열린 군·정부 관계자 세미나에 참석한 김종필 중앙정보부장(왼쪽 둘째). 맨 왼쪽 선글라스 낀 사람이 송요찬 내각수반.

혁명

1961년 8월 브리핑을 받고 있는 군수뇌부. 앞줄 왼쪽부터 김신 공군참모총장, 박정희 의장, 박정희 뒤는 김종필 중앙정보부장(사복 차림).

혁명 다음 해인 1962년 4월 경기도 포천 6군단사령부를 방문한 김종필 중앙정보부장(왼쪽에서 둘째).

6군단포병단은 5·16 당시 가장 먼저 육군본부를 접수했다. 왼쪽부터 황종갑 최고회의 총무처장(준장), 김종필 부장, 김진위 수도방위사령관(소장), 김계원 6군단장(중장). 김계원 장군은 이후 5대 중정부장과 대만대사를 거쳐 박정희 대통령의 마지막 비서실장이 됐다.

5·16혁명 1주년을 앞두고 최고위원 8명과 함께 혁명에 앞장섰던 6군단 포병대를 방문. 장병들을 격려했다. (1962. 5. 8)

5·16 거사 1주년을 맞아 김종필 중앙정보부장은 '5·16혁명 공약'과 포고문 30여만 장을 비밀리에 인쇄한 안국동 광명인쇄소를 방문, 직원들을 치하했다. 왼쪽부터 김용태 정보부장 고문, 이학수 광명인쇄소 사장, 김종필 부장, 이낙선 최고회의 의장비서관. (1962. 5. 17)

1961년 5월 16일 새벽 혁명군이 서울로 진입하는 시각, 혁명공약을 비롯한 포고문 인쇄 작업이 극비리에 진행됐다. 김종필 중령은 6관구 혁명군지휘소로 가는 박정희 소장과 헤어져 김용태와 이낙선 소령이 기다리고 있는 광명인쇄소에 도착해 이학수 사장에게 인쇄 원고를 건네주고 공장장에게 "무슨 일이 생기면 '권총으로 우리를 위협해 꼼짝 못하게 해놓고 일을 시켰다'고 말하시오. 책임은 우리가 질 테니 걱정 마시오"라며 독려했다. 심야 인쇄 도중 순찰을 돌던 경찰관 2명이 인쇄소에 접근해 오자 김종필 중령은 '제발 돌아가 달라. 내가 당신들을 해치지 않게 해 달라'고 마음속으로 빌었다. 경찰관들이 그대로 발길을 돌려 일촉즉발의 위기를 넘겼다.

광명인쇄소 직원들에게 포상하는 김종필 중앙정보부장.

중앙정보부를 창설하다

"지금까지 자기중심적인 책동을 저질러왔던 기성 정치인들은 많이 반성해야 한다.
한국 경제체제의 궁극 목표는 자유경제체제이지만
혁명 직후의 혼란을 수습하기 위해 일정 기간은 계획경제를 지켜나갈 것이다."

−5·16혁명 이후 최초로 가진 기자회견에서

5·16혁명 직후 군사혁명위원회가 국자재건최고회의로 재편되면서 혁명정부가 출범했다. 혁명 주체 세력은 빠른 시간 내에 국정을 안정시키고 어지러운 사회상을 바로잡는 한편, 조국 근대화를 위한 여러 과업을 다각적으로 추진했다. 그 과정에서 대내외적인 모든 사안을 관리하고 혁명 과업을 조속히 추진할 수 있는 국가적 조직이 필요했다. 육군중령으로 복직한 김종필은 거사 전에 구상해두었던 혁명정부의 통치체제를 구체화하여 제1차 혁명위원회 전체회의에서 '국가재건최고회의의 조직과 기능'을 설명, 확정하고 최고회의 직속기관으로 중앙정보부를 두게 했다.

이에 김종필 중령은 미국의 중앙정보국(CIA)을 본떠 국가안전보장에 관한 모든 업무를 수행하는 중앙정보부를 창설하고 초대 정보부장이 됐다.

중앙정보부는 국가안전보장에 관련된 국내외 정보사항 및 범죄수사와 군을 포함한 정부 각 부서의 정보·수사 활동에 대한 감독 권한을 가지고 있었으며, 혁명정부의 기틀을 공고히 하고 산적한 혁명 과업의 성공적 추진을 뒷받침했다.

中央情報部長

初代 金鍾泌

5·16혁명 나흘 뒤인 1961년 5월 20일 김종필 중령은 중앙
정보부를 창설하고 초대 정보부장에 임명됐다.

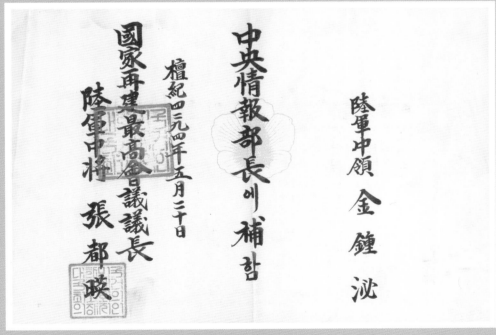

國家再建最高會議議長
陸軍中將 張都暎

檀紀四二九四年五月二十日

中央情報部長에 補함

陸軍中領 金鍾泌

장도영 국가재건최고회의 의장으로부터 수여받은 중앙정보부장 임명장.

중앙정보부장 취임 후 가진 첫 기자회견에 대한 신문 기사.

5·16군사혁명의 산파역을 수행한 김종필은 6월 5일 오후 3시 서울 태평로 국회의사당에 있는 최고회의에서 내외신 기자 100여 명이 참석한 가운데 2시간 20분 동안 기자회견을 가졌다. 이는 5·16혁명 이후 최초로 진행된 기자회견으로 김종필은 5·16혁명의 계획에서부터 실행과정과 혁명의 당위성에 대해 설명했다.

김종필 부장(맨 왼쪽)은 최고회의에 참석하여 주간정세 전반에 대해 보고한 후, 최영택 중령(맨 오른쪽에서 둘째) 등 정보부 창설 유공자들을 표창한 박정희 의장(왼쪽에서 셋째)과 함께 기념촬영을 했다. (1961. 7. 11)

김종필 부장이 정보부를 방문한 정일권 주미 대사에게 중정 간부들을 소개하고 있다. (1961. 8. 24)

1961년 12월 최고회의 송년 파티에 참석한 박정희 의장(왼쪽)과 김종필 부장(오른쪽).

1961년 12월 서울 장충동 최고회의 의장공관에서 열린 송년 파티에서 박정희 의장과 재건복을 입은 김종필 부장이 칵테일 잔을 들고 얘기를 나누고 있다.

초대 중앙정보부장으로서 밤낮없이 바쁜 일정을 소화하는 가운데, 김종필 부장은 혁명을 지지하는 연예인 궐기 단원들을 격려하기 위해 만찬을 베풀었다. 악단의 반주에 맞춰 목청을 돋우고 있는 김 부장. (1961. 11. 3)

박정희 최고회의 의장이 서울 태평로 국회별관에 있는 중앙정보부를 처음 공식 시찰했다. 현황 보고를 받고 있는 김종필 부장과 박정희 의장. (1962. 1. 20)

김종필 부장이 박정희 의장 옆에서 정보부 지부
사무실과 전화하고 있다.

김종필 부장의 소개로 중앙정보부 간부들과 인
사를 나누고 있는 박정희 의장.

정보요원들에 대한 체계적인 교육의 필요성을 감안, 중앙정보학교를 설립한 김종필 부장은 이날 제1기 기본과정 입교식에 참석, 피교육생에게 정신훈화를 했다. (1962. 3. 6)

정보부를 방문한 미 CIA 한국과장 일행과 양국 관심사에 대해 의견을 나누고 있는 김 부장. (1962. 10. 2)

군사혁명 정부로서는 특히 미국과의 관계 설정이 무엇보다 중요한 시점이어서, 김종필 부장은 미국 관계자들과 많은 접촉을 갖고 그들의 이해와 협력을 얻는 데 많은 노력을 기울였다.

범국민적 단결을 선도하다

"아니, '당신의 부대를 인솔하여 몇 날 몇 시에 혁명을 하겠다'고
사전에 신고하고 혁명하는 경우도 있습니까?"
혁명군에 대해 한·미 간 체결된 마이어협정 위반이라 지지할 수 없다고 말하는
매그루더 사령관에게 김종필이 담판을 지었다.

−1961년 5월 19일, 미8군 매그루더 사령관과의 면담 중에

　5·16혁명 이후 가장 시급한 과업은 국내외적으로 혁명의 당위성을 확보하는 일이었고, 이를 위해 김종필을 위시한 군사혁명 세력은 다각적인 활동을 빠르게 펼쳐나갔다.

　가장 먼저 한 일은 군부를 장악하고 힘을 규합하는 것이었다. 초대 중앙정보부장으로 취임한 김종필은 전후방 육·해·공군 부대들을 연이어 방문하여 국가 안보를 위한 혁명의 불가피성을 설파하며 군부의 결집을 도모했다.

　한편 중앙정보부를 통해 용공 세력과 반혁명 세력을 척결하는 등 사회 안정에도 심혈을 기울였다. 또한 국내외 인사들을 끊임없이 접촉하며 혁명 과업에의 동참을 유도했다. 특히 공공기관과 주요 대학, 기업 현장 등 각계각층을 직접 찾아 강연하면서 혁명정부의 청사진을 제시, 그들의 공감을 얻어냈다.

　정보부가 주도해 추진한 국가재건국민운동은 생활의 과학화, 합리화를 도모하는 국민의식 개혁 운동으로 국민 각계각층이 참여하는 범국민운동으로 확산됐다.

　이러한 활동은 당시 사회적 불안감과 정치권에 대한 불신이 팽배하던 국민들에게 희망의 씨앗이 됐고, 이는 곧 혁명정부에 대한 범국민적 지지로 이어졌다. 또한 혁명정부가 혁명의 당위성을 확보하고 군정통치의 안착을 이루는 데 일조했다.

陸・海・空軍士官學校 生徒들
軍事革命을 支持歡迎

大韓傷痍勇士會 革命을 支持歡迎

961년 5월 18일 3군 사관학교 생도들이 서울 광화문과 시청 앞으로 시가행진에 나서 군사혁명을 지지했다. 사진은 《한국군사혁명사》에 수록된 시가행진 장면.

1961년 7월 7일 국가재건국민운동에 적극적인 참여를 결의한 200여 명의 예술인들. 박정희 최고회의 의장 앞에서 결의문을 낭독하는 단장의 뒤로 영화배우 황해, 허장강이 부단장 완장을 차고 서 있다. 김종필 부장이 전면에 보인다. (1961. 7. 7)

건국대학교에서 열린 공무원 교육훈련 개강식에 참석한 김종필 부장이 5·16혁명의 당위성과 국가발전을 위한 공무원들의 보국정신을 강조하는 특별강연을 하고 있다. (1961. 7. 10)

김종필 중앙정보부장은 눈코 뜰 새 없는 바쁜 일정에도 해병대사령부를 방문, 장병들을 대상으로 특별강연을
했다. 군복 차림에 권총을 찬 모습, 탁자 위의 낡은 물주전자가 눈에 띈다. 이후 김종필 부장은 육사 생도들을
대상으로 조국근대화를 위한 혁명정부의 시책을 중심으로 특강을 이어갔다. 청중 맨 앞줄 왼쪽부터 공정식 해
병대 1여단장, 김성은 해병대 사령관. (1961. 7. 28)

나라 밖으로 혁명 당위성을 설파하다

"우리는 이 나라의 절대빈곤을 해결할 것이다.
외국의 자본을 끌어들여 공장을 세우고 기술을 가르쳐 수출하도록 할 생각이다.
국민이 잘살 수 있게 되면 민주화를 달성하고, 그다음 복지국가로 갈 것이다."

－1961년 5월 19일, 매그루더 장군에게 대한민국의 청사진을 설명하며

　5·16혁명의 시발이 된 정군운동이 하극상 사건으로 규정되고 주동자들이 구속된 배후에는 미국이 있었다. 미국은 "군부 최고위자에 대한 도전이 군의 지휘체계를 파괴할 수 있다"며 민주당 정권에 경고했고, 이로 인해 주동자들이 체포되고 말았다. 한국 군부의 젊은 세력에 대한 미국의 좋지 않은 시각은 5·16혁명에 이르러서도 변하지 않았다. 특히 미8군사령관 C. B. 매그루더는 5·16과 혁명정권을 인정하지 않았다.

　매그루더의 태도는 혁명의 당위성을 확보해야 하는 혁명 세력에게 가장 큰 난관이었다. 혁명에 대한 매그루더의 부정적 시각이 자칫 미국의 입장으로 굳어질 수 있었기 때문이다. 이 때문에 중앙정보부장 김종필은 매그루더를 비롯한 미국 관계자들에게 혁명의 당위성을 알리는 데 집중했다. 매그루더와의 대담하고 지속적인 대화를 통해 혁명의 필요성을 피력했다. 또한 1962년 직접 방미하여 로버트 케네디 법무장관, 러스크 국무장관 등을 만나 혁명의 당위성을 설파하는 등 혁명 세력과 미국과의 관계 구축에 총력을 기울였다.

　이와 더불어 김 부장은 동남아 6개국 순방길에 나서 각국 정상과 실세들을 두루 만나 5·16혁명에 대한 지지를 부탁했다. 이런 노력은 미국의 혁명정부에 대한 인정을 공고히 했음은 물론 동남아를 비롯한 여러 나라들과의 경제협력 강화, 유엔으로부터의 입지 확보 등 적지 않은 성과를 거두었다.

휴일을 맞아 인천 송도유원지에서 열린 박정희 의장 주최 야유회에서 박 의장과 김종필 중앙정보부장이 버거 주한 미 대사, 멜로이 미8군사령관 등과 자못 심각한 표정으로 대화하고 있다. (1961. 7. 23)

1961년 9월 30일 김종필 부장은 중앙정보부를 방문한 6·25참전 16개국 연락장교들에게 오찬을 베풀고 북한 동향과 국내외 정세에 대해 브리핑했다. 유엔군의 일원으로 참전한 16개국의 연락장교들은 그 뒤에도 여러 번 김종필과 대면했다.

김 부장이 친선사절단을 이끌고 동남아 6개국을 순방하기에 앞서 청와대를 방문, 윤보선 대통령에게 출국 인사를 하고 있다. (1962. 2. 1)

1962년 2월 동남아 6개국을 순방 중인 김종필 부장(가운데)과 석정선 정보부 2국장(왼쪽), 최영택 주일공사(오른쪽).

미 국무부와 CIA 초청으로 미국을 방문한 김종필 정보부장이 워싱턴 공항에 도착, 정일권 주미 대사 등 관계자들의 영접을 받고 있다. 선글라스를 긴 김 부장 왼쪽이 정일권 대사, 그 옆이 홍성철 주미공사. (1962. 10. 24)

혁명의 당위성을 알리기 위해 방미한 김 부장은 미 CIA 본부(쿠바위기와 세계정세 청취)와 국방부(한국군 현대화 협의)를 방문하고 미 상·하원 의원 면담을 비롯해 로버트 케네디 법무장관(5·16혁명의 당위성 설파), 호지스 상무장관(한국의 5개년 경제개발 계획 지원 요청)과 한·미 현안에 대해 의견을 교환했다. 그 외 스펜서 데이비스 AP통신 사장, 트로이 핸슨 UPI통신 사장, 로이스 워싱턴포스트 편집인, 월트 리프먼 평론가 등 저명 언론인들과 한·미 간 우호협력 문제 등을 논의하는 등 광범위한 활동을 전개했다.

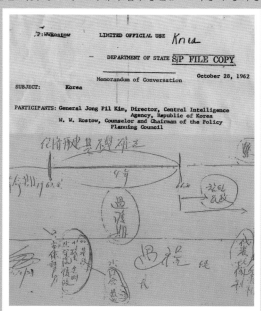

5·16 이후 민정 이양을 비롯한 향후 정치 일정 등이 담긴 김종필의 친필 메모와 관련 보고서.

김종필의 사인이 들어있는 1962년 10월 28일자 메모는 당시 김 부장이 미국을 방문, 월트 로스토 미 국무부 정책기획위원회 의장을 만나 한국의 정치 일정에 관해 설명하면서 적어준 것이다. 이 메모는 미 국립문서보관소에 보관돼오다가 비밀해제됐다.

김종필 중앙정보부장은 방미 중 미 합동참모본부를 방문, 맥스웰 테일러 합참의장에게 한국군 현대화를 위한 지원을 요청했다. 테일러 대장은 주한 미8군사령관을 역임한 친한파 군인이다. 가운데가 김 부장, 오른쪽이 테일러 대장, 왼쪽이 정일권 주미 대사. (1962. 10. 27)

로버트 케네디에게 던진 한 마디, "당신네 걱정을 덜어주려고 왔다."

미국 방문 당시 김종필 중앙정보부장은 존 F. 케네디 미 대통령과 면담키로 예정돼 있었으나 쿠바 사태가 발생함으로써 대통령 대신 동생인 로버트 케네디 법무장관을 면담케 됐다.

　장관실을 방문했으나 케네디 장관은 집무용 의자에 비스듬히 앉은 채 책상 서랍에 두 발을 올려놓고서 소파에 앉아 있는 김 부장과 정일권 대사를 거만하게 내려다봤다. 기분이 상한 김 부장은 자신도 소파에 비스듬히 누워 버렸다. 깜짝 놀란 정 대사가 "이러시면 안 됩니다"라며 말리자 김 부장은 "찾아온 손님에게 저렇게 무례한 태도를 할 수 있느냐"고 언성을 높였다. 그제야 케네디 장관이 자세를 고쳐 잡고 일어나 자신의 책 한 권에 서명을 해 건네주며 "나이가 몇이냐?"고 해 "1926년생"이라고 하자 "나보다 한 살 위"라며 방문 목적을 물었다. 김 부장은 당당하게 "당신네 나라에 더 이상 짐이 되지 않기 위해 혁명을 했다. 당신네 걱정을 덜어주려고 왔다"고 답했다.

　이때부터 케네디 장관은 의전 예우를 갖추고 대화에 임했다. 훗날 로버트 케네디 장관은 두 번 방한했고, 그때마다 김 부장과 만나 상호 관심사를 논의하는 등 매우 친근한 관계를 계속 유지했다.

1962년 백악관에서 사진 촬영을 한 케네디 형제들. 왼쪽부터 로버트 F. 케네디 법무장관, 에드워드 케네디 상원의원, 존 F. 케네디 대통령.

김종필 중앙정보부장이 버지니아주 알링턴에 있는 전 주한 유엔군사령관 매그루더 장군의 자택을 방문, 만찬 주빈으로 참석했다. (1962. 10. 28)

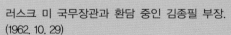러스크 미 국무장관과 환담 중인 김종필 부장. (1962. 10. 29)

방미 중 미 국무부를 방문, 러스크 국무장관과 50분간 면담하면서 혁명정부의 민정 이양 계획과 한·일 국교 정상화 회담에 대한 우리의 입장을 설명하는 한편, 제1차 경제개발 5개년계획에 대한 미국의 지원문제를 협의했다. 이날 회담에는 정일권 주미 대사, 해리먼 미 국무부 차관보, 베이저 동북아국장이 배석했다.

방미 중이던 10월 31일 월돌프 아스토리아 호텔에 기거하고 있는 맥아더 원수를 예방했고, 그로부터 하와이에서 요양 중인 이승만 박사의 귀국 요청을 받았다. 김 부장은 귀국길에 하와이에 들러 호놀룰루 마우날라 병원을 찾았으나 이승만 전 대통령이 의식을 잃은 상태여서 프란체스카 영부인에게 박정희 대통령이 마련해준 2만 달러의 위로금을 전했다.

밴플리트 전 미8군사령관의 안내로 웨스트포인트 미 육군사관학교를 방문, 교장인 웨스트 모얼랜드 소장과 환담한 후, 2,500명의 사관생도와 오찬을 함께 했다. 김 부장 오른쪽이 밴플리트 장군, 왼쪽이 모얼랜드 교장. (1962. 11. 1)

한·일 국교 정상화의 기틀 마련

"일본이 대동아전쟁을 일으키지 않았더라면 한반도의 남북 분단도 없었을 것이며,
또 6·25와 같은 동족상잔(同族相殘)의 참화도 없었을 것이다.
일본은 오늘의 한국에 대한 역사적인 책임을 통감하는 의미에서도
한국 측의 요구에 성의를 보여야 한다."

−1962년 10월 21일, 일본 MRA 주최 환영회장에서 이케다 총리에게

1945년 일본의 패전으로 뒤바뀐 동아시아의 정세는 소련을 견제해야 하는 미국에게 커다란 불안요소였다. 이에 미국은 동아시아 전략의 일환으로 한·일 국교 정상화를 추진했다. 미국의 권유에 따라 한국 정부는 1951년부터 1960년까지 수차례에 걸쳐 일본과 회담을 시도했지만, 식민지 지배에 대한 양국의 입장 차이가 첨예하게 대립해 협상은 매번 결렬됐다. 중단과 재개를 반복하던 한·일회담은 5·16혁명 이후 김종필 정보부장의 적극적인 개입과 중재로 국교 정상화의 기틀이 마련됐고 마침내 14년 동안의 마라톤 협상이 종지부를 찍었다.

김종필 정보부장과 오히라 일본 외상 간의 회담에서 이른바 '김-오히라 메모'가 작성되면서, 이를 통해 들여온 대일 청구권자금은 한국 경제에 결정적인 도움이 됐다. 당시 김 부장의 뜻은 일본과의 국교 정상화를 통해 우리나라가 반도라는 지정학적 한계를 넘어 일본을 딛고 태평양을 넘어 세계로 뻗어나가야 한다는 논리에 그 근거를 두고 있었다.

1965년 6월 일본과의 국교 정상화를 위한 한·일협정이 마침내 조인됐고, 그해 8월 국회에서 비준함으로써 마무리됐다.

김종필 중앙정보부장(왼쪽)과 오히라 마사요시 일본 외상(오른쪽)이 교착 상태인 한·일회담의 조속한 타결을 위해 고위 정치회담을 하고 있다. 두 사람은 소위 '김-오히라 메모'를 작성, 일본이 지불할 청구권 자금을 무상 3억 달러, 유상 2억 달러, 민간 차관 1억 달러 이상 규모로 합의했다. (1962. 11. 12)

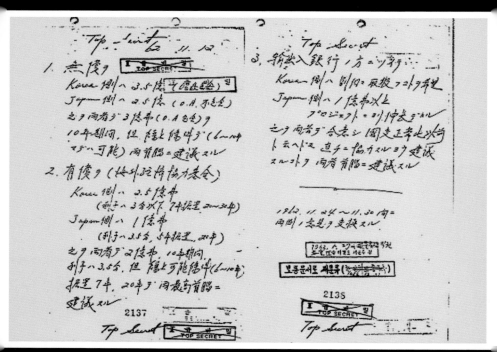

2005년 1월 17일 외교통상부가 공개한 대일 청구권자금 타결서류.

한·일협정 체결 2년 7개월 전에 김-오히라 메모에 의거해 작성된 이 서류는 사실상 청구권 타결의 시작이자 끝이었다. 1952년 이래 지지부진하던 협상은 박정희 정권이 들어선 후 경제 개발에 필요한 자금 확보 차원에서 적극 추진됐고, 이에 응하는 일본도 군사정권과 청구권 문제를 해결하는 것이 유리하다고 판단했다. 이 서류는 1965년 4월 3일 이동원 한국 외무장관과 시이나 일본외상의 합의로 구체적 금액이 정해짐으로써 현실화됐다.

오히라 외상과의 회담을 성공적으로 마치고 귀국한 김종필 부장이 박정희 의장에게 회담 결과를 보고하고 있다. (1962. 11. 13)

김종필 정보부장은 귀국 즉시 박정희 최고회의 의장을 방문, 방미·방일 결과를 보고했다. 민정 이양계획과 경제지원에 대한 귀국정부의 입장, 김-오히라 메모를 포함한 한·일문제 등 대미·대일 외교교섭 결과 보고는 4시간 동안 이뤄졌다. 이후락 최고회의 공보실장은 "박 의장이 김 부장의 보고를 듣고 크게 만족하고 그의 노고를 치하했으며, 그의 이번 순방 결과는 매우 성공적이었다"고 발표했다. 박 의장은 이날 저녁 7시부터 자정까지 김 부장의 외교적 성과를 토대로 최고위원 및 장관들과 민정이양계획, 경제개발계획 등 중요 국정과제에 대해 심도 있게 논의했다.

방한한 일본 오노 특사와 요담. (1962. 12. 11)

김종필 중앙정보부장은 방한한 오노 반보쿠 일본 자민당 부총재 일행을 맞이해 정보부장실에서 2시간여 동안 요담했다(오른쪽이 김 부장, 가운데가 오노 부총재). 오노 부총재 일행의 방한단은 친선사절단이었으나, 그 규모는 일본 집권당 내 8개 파벌의 대표급 국회의원 10명, 현직 대사, 외무부 관리 3명 등 17명으로 해방 후 최대 규모였다. 이는 이케다 수상의 '한·일 국교 정상화를 위한 외교적 노력에 거당적 지원을 하겠다'는 의지의 표현이었으며 한국 측에 대해 일본의 성의 있는 태도를 전달한다는 의미가 숨어 있었다.

한·일회담 반대 시위가 절정에 올랐던 1964년 3월 21일 다시 회담의 전면에 나선 김종필 공화당 의장은 일본을
방문하자마자 한·일회담의 일본 측 후원자인 오노 반보쿠 자민당 부총재를 찾았다. 일본 전통의 유가타 차림으
로 김종필을 맞고 있는 오노 부총재.

한·일협정 조인식이 열린 일본 수상관저. (1965. 6. 22)

한·일협정 조인식 모습.

기시 전 일본 총리와 면담하는 김종필 공화당 의장. (1966. 9. 1)

제2회 아시아국회의원연맹(APU) 서울총회 참석을 위해 일본 의원단 20명을 인솔하고 방한한 기시 전 일본 총리를 공화당 당의장실에서 면담했다. 이 자리에서 김종필 당의장은 한·일회담 과정에서의 협조에 사의를 표하고 앞으로 양국관계 증진을 위해 지속적인 협조를 요청했다.

신당 창당을 위해 중앙정보부장을 사임하다

"계획대로 공화당은 창당될 것입니다. 공화당 후보로서 꼭 대선에 출마하십시오."
─1963년 2월 16일, 제1차 외유를 앞두고 박정희 의장에게

5·16 군사혁명을 시발로 설립된 중앙정보부는 김종필 중령이 초대 정보부장에 취임한 후 혁명정부의 기틀을 마련하는 데 큰 역할을 수행했다. 하지만 김 부장은 혁명정부의 민정이양을 성공적으로 이끌기 위해 사임서를 제출하고 육군 준장으로 예편, 신당 창당에 매진했다.

김종필 부장은 1년 6개월의 재임기간 동안 박정희 최고회의 의장을 도와 혁명의 성공을 이루었다. 반혁명세력의 제압은 물론 미국의 지지를 끌어냈으며, 조국의 근대화로 나아가는 데 굳건한 기반을 닦았다. 국민재건국민운동의 전개, 워커힐호텔 건설 등 남들보다 한 발 앞선 구상과 비전을 현실화시켜 나갔다. 특히 십수 년간 교착상태에 있던 한·일회담을 정치적으로 전격 타결함으로써, 이 나라 경제 발전의 밑거름을 마련케 했다. 한편 민정이양 참여를 앞둔 혁명정부는 정당 창당이 필요했고, 이를 위해 김 부장이 사전 조직에 나섰다. 그 준비가 마무리될 즈음, 결국 중앙정보부장을 사임하고 정당(민주공화당) 창당에 본격적으로 뛰어들었다.

김종오 육군참모총장으로부터 육군준장 계급장을 수여받는 김종
필 중앙정보부장. (1963. 1. 7)

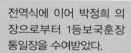

전역식에 이어 박정희 의
장으로부터 1등보국훈장
통일장을 수여받았다.

훈장 수여식 후 박정희 의장 등 최고위원들과 함께한 기념촬영. 이날 김 부장은 중앙정보부장직을 사임했다.

외유 중에 브라질에서 김재춘과 재회한 김종필 전 부장.
(1963. 10. 10)

중앙정보부장을 사임하고 '자의반 타의반'으로 1차 외유
중이던 김종필 전 부장이 브라질 리우데자네이루 근교 호텔에서 김재춘을 만나 포옹하고 있다. 두 사람은
5·16혁명 주체세력 내부에서 대립했던 육사 5기와 8기 그룹의 대표 격으로, 각각 초대와 3대 정보부장을
역임하면서 애증의 정치역정을 걸었다.

중앙정보부 창설 10주년 기념회에서 외유 중이던 5대 정보부장 김계원을 제외한 역대 정보부장들과 함께 사진
촬영을 했다. 왼쪽부터 초대 중앙정보부장 김종필, 2대 김용순·3대 김재춘·4대 김형욱·6대 이후락 부장. (1971.
6. 10)

박정희와 김종필

> "그 사람이 하고 있는 일은 내가 다 알고 있다.
> 혼자 한 것이 아니고 나한테 사전에 허락을 받고 한 것이다."
> – 1963년 1월 23일, 박정희 대통령이 김종필을 음해하는 최고위원들에게

　박정희와 그의 조카 사위였던 김종필은 5·16군사혁명과 제3공화국, 유신정권까지 떼려야 뗄 수 없는 관계였다.

　김종필은 정군운동 당시 하극상 사건으로 구속됐을 때 박정희 소장의 안전을 위해 예편을 결심했다. 또한 5·16혁명 이후 장도영 최고의장을 거세하고 박정희를 의장으로 옹립해놓은 것도 바로 김종필이었다. 그 뒤로도 김종필은 헌법 개정과 공화당 창당을 통해 박정희를 대통령으로 만드는 데 일등공신 역할을 했다.

　김종필의 충직한 태도는 새 정부를 세우는 박정희 대통령에게는 가장 큰 힘이었다. 초대 중앙정보부장, 미국과의 외교, 한·일협정, 공화당 창당 등 가장 중요한 일은 항상 김종필이 맡았다.

　김종필이 혁명을 주도했던 배경에 박정희가 있었고, 박정희가 혁명을 성공시킬 수 있었던 배후에 김종필이 있었다. 즉 김종필이 없었으면 박정희는 없었고, 박정희가 없었다면 김종필 역시 없었을 것이다. 김종필은 남이 하기 싫어하는 일, 힘들고 어려운 일을 도맡아 박 대통령을 18년간 뒷받침하는 데 온 힘을 쏟았다.

1962년 1월 1일, 새해를 맞아 최고회의 의장실을 찾은 김종필 중앙정보부장(오른쪽)이 박정희 의장에게 신년 인사를 하고 있다. 김 부장은 재임 중에도 재건국민운동본부가 착용을 권장한 재건복을 즐겨 입었다.

청와대에 올라온 김종필에게 믿음직한 눈길을 보내고 있는 박정희 대통령. (1963. 12)

영남지방 산업시설을 시찰한 후 경남 진해에서 휴가 중인 박정희 대통령(가운데)을 찾은 김종필 공화당 의장(오른쪽). 저녁거리로 박 대통령과 함께 불고기를 굽고 있는 모습이 정답다. (1965. 8. 22)

김종필 당의장(왼쪽에서 둘째)과 식사한 후 윗도리를 벗은 채 손목시계를 들여다보는 박 대통령(맨 오른쪽). "이제 떠날 때가 됐구먼"이라고 말하는 듯하다.

혁명

1979년 5월 16일 청와대에서 제14회 5·16민족상 시상식을 마친 뒤 뜰에서 기념촬영을 했다. 김종필이 박정희 대통령과 함께 찍은 사진은 이것이 마지막이었다. 왼쪽부터 최광수 의전수석, 김종필 의원, 박근혜, 박정희 대통령, 김성진 문공부 장관.

제 2 장

조국 근대화

5·16혁명은 조국 백년대계의 청사진 위에서 결행됐고, '조국 근대화와 경제발전'이라는 명확한 목표를 갖고 출발했다. 이러한 목표는 혁명 직후부터 구체적으로 실행되어, 새마을사업으로 이어진 국가재건운동－경제개발5개년 계획－수출진흥－국가기간산업 육성으로 도약했다. 김종필은 '근대화' 용어의 선창자로서, 혁명 이전부터 통치체제의 구상과 함께 경제 발전을 설계했고 세계를 돌아보며 조국의 경제 발전을 위한 길을 모색했다. 포항·울산 공업단지 조성, 중동 건설붐, 서독에의 광부·간호사 파견, 남미 이민 등 그의 손길이 안 간 데가 없었다.

기업 육성으로 근대화의 초석을 놓다

"개발도상국의 사람들은 추상적인 이론에 시간을 할애할 만큼 여유 있지 못하다.
우리에게 필요한 것은 근대화에 필요한 실리적이고 생산적인 것들이다."

—1971년 8월 24일, 국제회의장에서 '한국의 공업화' 연설 중

5·16혁명 직후 혁명정부는 혁명공약 제4항에서 천명한 민생고 해결과 조국 근대화 작업을 무엇보다 우선에 두었다. 집권 초기에 부정축재자 처벌과 기업의 구조조정을 단행하는 한편 농업 현대화, 기간산업 육성, 기능인 양성 등에 박차를 가했다.

혁명정부는 이 모든 것을 이루려면 경제인들의 주도적인 참여가 필요하다고 판단했다. 김종필은 군사혁명 이후 구속된 기업인에 대해 박정희 최고회의 의장에게 건의해 석방시킴으로써, 이들 기업인의 앞장선 근대화 작업을 추진했다. 그리고 일본에서 체류 중이던 삼성 이병철 회장에게 귀국을 요청했다. 귀국한 이병철 회장을 만난 자리에서 김종필은 한국에도 일본의 경단연 같은 경제인협회가 필요함을 피력했고, 김종필의 적극적인 권유에 따라 이병철 회장을 중심으로 한국경제인협회(現 전국경제인연합회)가 창설됐다.

이후 김종필은 한국경제인협회를 중심으로 재계와 지속적으로 교류하면서 국내 기업들의 활동을 적극적으로 지원했다. 이를 바탕으로 혁명정부는 경제개발 5개년 계획 하에 국가 기간산업을 육성하여 침체된 내수 경제의 돌파구를 마련했고 수출 주도 경제체제의 기틀을 다질 수 있었다.

961년 8월 16일 열린 한국경제인협회(現 전국경제인연합회) 창립총회 모습. 가운데 일어서서 회의를 주재하는
)가 초대 회장인 이병철 삼성 회장이다.

프랑스 방문 중에 보르도시 근교에 있는 마르셀 다소 항공회사 공장을 시찰, 최신예 미라주기와 콩코드여객기 제작과정을 살펴보고 있는 김종필 총리(오른쪽에서 둘째). (1973. 6. 7)

방한 중인 일본경제인단을 위한 만찬장에서 이병철 삼성그룹 회장(맨 왼쪽)과 담소를 나누는 김종필 총리. (1974. 6. 13)

새해 인사를 겸해 공화당 총재실을 예방한 정주영 회장 등 전경련 회장단과 경제 난국 해결방안 등에 관해 1시간 동안 의견을 나누었다. 왼쪽부터 최태섭 한국유리 회장, 정주영 회장, 김종필 공화당 총재. (1980. 1. 7)

충남 서산군 대산면에서 열린 삼성종합화학 대산콤비나트 기공식에 참석해 첫 삽을 떴다. 왼쪽부터 한승수 상공장관, 박준규 민정당 대표, 김종필 공화당 총재, 노태우 대통령, 이건희 삼성그룹 회장, 신현호 삼성물산 회장. (1989. 11. 13)

조국 근대화

김우중 전경련 회장 등 경제 5단체장을 서울 삼청동 총리공관으로 초청해 경제 난국 해결방안을 논의했다. 앞줄 왼쪽부터 박태준 자민련 총재, 김상하 대한상의 회장, 구평회 무협회장, 김종필 국무총리, 김우중 회장, 조세형 국민회의 총재권한대행, 김영배 국민회의 부총재. 뒷줄 왼쪽부터 이기호 노동장관, 이헌재 금융위원장, 김용환 자민련 수석부총재, 박상희 중소기업진흥회장, 김창성 경총 회장, 이규성 재경부 장관, 진념 기획예산처 장관, 정해주 국무조정실장. (1998. 9. 11)

서울 롯데호텔에서 열린 전경련 회장단 취임 인사회에 참석했다. 주요인사들이 신현확 전 총리의 건배사에 잔을 들고 있다. 왼쪽부터 정몽구 현대자동차 회장, 이건희 삼성그룹 회장, 이규성 재경부 장관, 김우중 전경련 회장, 김종필 총리, 박준규 국회의장, 이만섭 전 국회의장. (1999. 3. 11)

산업 발전의 토대를 마련하다

"고속도로 건설 장기계획이 완성되는 날,
전 국토는 문자 그대로 일일 생활권이 되고
지역 격차 해소와 산업 상호 간의 평균화가 이루어질 것이다."

— 1971년 11월 26일, 호남고속도로 전주~순천구간 기공식에서

혁명정부는 국가 재건과 민생고 해결을 혁명 과업으로 삼았지만 그 실행이 쉬운 상황은 아니었다. 더구나 민족상잔의 6·25전쟁을 치른 경제빈국 대한민국에 변변한 국가산업이 있을 리 만무했다.

이런 어려운 상황에서 정부가 경제개발을 위해 추진한 것은 국가 경제의 토대가 되는 기간산업 육성이었다. 혁명정부는 광산개발, 시멘트산업과 제철산업 육성, 도로 및 댐 건설사업을 본격적으로 실행에 옮겼다. 1970년대에 들어서는 조선, 자동차, 에너지산업 등을 주축으로 한 중화학공업을 육성했다.

포항제철(1968년)과 경부고속도로(1970년) 건설로 본격 궤도에 오른 국가 기간산업은 김종필 총리 시절인 1971년부터 1975년 사이에 크게 성장해 소양강댐 준공, 영동·동해 고속도로 기공, 서울지하철 개통, 삼척 동양시멘트 증설 준공 등을 차례로 이루었다.

김종필 총리는 1972년 4월 24일 중앙청 제1회의실에서 열린 제4차 수출진흥확대회의를 직접 주재했다.

수출진흥확대회의는 각 부처 장관 및 관계부서장, 경제단체장, 중소기업 대표 등이 참석한 가운데 매월 정기적으로 열렸으며, 1960년대와 1970년대 우리나라의 수출입국을 이끌었다.

조국 근대화

소양강댐(강원도 춘성군 신북면 소재) 준공식에서 기념탑을 제막하고 있는 김종필 총리 (왼쪽에서 셋째). (1973. 10. 15)

정부는 4대강 유역 종합개발사업의 하나로 소양강 다목적댐 건설을 1967년 4월에 착공, 연인원 616만 명을 투입하여 높이 223m, 길이 530m, 저수면적 70km², 총저수량 29억 톤의 다목적댐을 6년 6개월 만에 완공했다.

1974년 3월 28일 강릉시 교동에서 열린 영동·동해 고속도로 기공식에서 발파 스위치를 누르고 있는 김종필 총리(맨 오른쪽)와 김진만 의원(왼쪽에서 둘째).

3부 요인과 주민 3만여 명이 참석한 이날 기공식에서 김 총리는 치사를 통해 "지역개발의 격차를 해소하고 강원도의 광업자원과 관광개발의 획기적 전기가 될 것"이라며 고속도로 건설의 필요성을 강조했다.

김종필 총리가 이리공단에서 열린 이리수출자유지역 기공식에서 치사를 하고 있다. (1973. 10. 17)

김종필 총리가 양택식 서울시장(오른쪽)의 안내로 국내 최초 지하철인 서울지하철 1호선 서울역-청량리 구간의
전동차에 시승했다. (1974. 4. 19)

이후 1974년 8월 15일 지하철 1호선 서울역-청량리(9.54km) 구간을 비롯해 수도권 전철인 구로-인천,
서울역-수원, 청량리-성북 구간이 개통되면서 우리나라 지하철의 역사가 시작됐다.

조국 근대화

김종필 총리가 서울시외전화국에서 열린 '서울-부산', '울릉도-육지' 직통전화 개통식에 참석해 치사를 한 후 직접 박영수 부산시장, 김수학 경북지사, 고정환 울릉군수, 배성문 울릉도번영회장과 기념통화를 했다. (1975. 2. 7)

강원도 삼척군 삼척읍 동양시멘트 제4차 증설공사 준공식에서 준공 테이프를 자른 후 공장 시동 스위치를 눌렀다. 이양구 동양시멘트 회장(앞줄 오른쪽에서 둘째) 안내로 준공식 현장으로 이동 중인 김종필 총리. (1975. 10. 27)

국가기간산업 발전에 힘을 보태다

"경제 전문가가 총리를 맡는다고 현재의 위기를 극복할 수 있는 것은 아니다.
지난 정치 인생에서 나는 크건 작건 경제 문제를 직접 다뤄왔다.
그간의 경험으로 대한민국 경제를 다시 일으키는 데 최선을 다할 것이다."

― 1998년 3월 3일, 국무총리서리 취임 소감에서

　　1980년대를 거쳐 1990년대에 이른 대한민국은 그간 일궈온 국가 기간산업을 토대로 명실상부한 경제대국으로 성장했고, 이를 기반으로 1996년에는 경제협력개발기구(OECD)에 가입했다. 하지만 계속 성장할 것 같던 한국 경제는 김영삼 정권 말기에 외환위기를 겪으며 또다시 큰 위기에 직면했다.

　　1998년은 본격적인 외환 위기 상황을 맞아 대내외적으로 무척 힘들었고, 얼어붙은 국내 경제 상황을 극복하기 위한 돌파구가 절실했다. 김종필 총리는 IMF 외환위기를 벗어나기 위해 윌리엄 로즈 시티은행 부회장, 아이베스터 코카콜라 회장 등 해외 기업 총수들에게 외자유치를 부탁했다. 또한 프랑스를 방문하여 TGV 고속열차 기술 도입을 시도하는 등 해외 기술유치에도 신경을 썼다.

　　대외적으로 외자유치와 기술유치에 노력하는 한편, 대내적으로는 남강 다목적댐 준공, 서해대교 공사, 월성 원자력발전소 3, 4호기 기공 등 국가 기간산업의 발전에 힘을 보탰다. 이렇듯 IMF 위기를 전략적으로 극복하는 한편 산업의 근간이 되는 기간산업 육성에 지속적인 노력을 기울이고, 그 결실의 현장에서 산업근로자들을 격려하는 것도 잊지 않았다.

　　이렇듯 김종필은 두 번의 총리 기간을 통해 1970년대에는 산업화 시대를 여는 선구자로, 1990년대에는 국가적 위기 속에 재도약하는 전략가로 힘을 다했다.

김종필 총리는 서울 삼성동 한국종합전시관(KOEX)에서 열린 대우자동차 경차 '마티즈' 신차 관람회에 참석해
관계자들을 격려했다. (1998. 3. 27)

프랑스 파리를 공식 방문한 김종필 총리가 한국이 도입할 TGV 고속열차 시운전 기념식에 참석해 객실과 운전석에 직접 타보았다. (1998. 7. 11)

김종필 총리 부인 박영옥 여사가 울산 현대중공업에서 열린 'LNG선박 명명식'에서 선박명을 '테크노피아호'로 정하고 배를 진수시켰다. (1999. 8. 9)

김종필 총리는 1999년 11월 5일 경남 진주에서 열린 남강 다목적댐 준공식에 참석해 치사를 했다. 이 댐은 한국 수자원공사가 10년간 공사한 끝에 이날 준공했다.

대전엑스포 국제회의장에서 열린 제1회 WTA 대전 테크노마트 개회식에 참석한 김종필 총리가 무역전시장에 전시된 제품을 들여다보고 있다. 가운데가 김종필 총리, 오른쪽이 홍선기 대전시장. (1999. 11. 10)

경기도 평택에서 건설 중인 서해대교 공사현장을 시찰하고 관계자들을 격려했다. (1999. 12. 3)

1999년 12월 27일 경북 월성 원자력발전소 3, 4호기 준공식에서 치사를 하는 김종필 총리.

김 총리는 이날 치사에서 "원자력의 발전이 우리나라 산업의 근대화에 견인차 역할을 하게 될 것"이라고 격려하면서, 직원들의 치밀하고 성실한 안전의식을 당부했다.

제조업 육성으로 수출 100억 달러의 기반 조성

"수출입의 중요성은 이루 말할 수 없다.
무역공사는 새 상품 개발과 새 시장 개척을 통해 우리나라 수출 증진에 기여해야 한다."

−1971년 11월 30일, 대한무역공사 수출상품 전시장을 둘러보고

어떤 자원도 없는 우리나라에서 제조업 육성을 통한 수출 신장만이 살길이라고 생각한 1960년대에 정부는 '수출의 날'을 제정하고, 제조업 발전과 수출 확대에 총력을 기울였다. 이 당시 다른 나라와 경쟁관계에 있던 인건비 중심의 제조업, 특히 제일모직 등 섬유산업이 크게 발전했고 이후 자동차와 조선산업이 신장을 거듭했다.

단순 제조업만으로는 경제 발전에 한계가 있다고 생각한 김종필 총리는 신장세를 보인 자동차와 조선산업 육성을 적극 도왔고, 그의 이런 생각은 총리 재임 시기 디젤엔진 공장 준공, 조선사업의 확장으로 이어졌다.

제조업 전 분야에 걸친 성장은 우리나라 수출을 1964년 1억 달러, 1970년 10억 달러, 1977년 100억 달러까지 달성시켜 수출입국의 신화를 창조하는 계기가 됐다.

이 같은 수출신화를 이루기까지 우리나라 기업인들과 근로자들은 산업역군으로서 열악한 환경 속에 밤낮없이 일했으며, 월남전선과 중동의 사막에서 땀과 눈물을 흘리며 분투했다.

워커힐 호텔 전경 사진

1962년 1월 23일 워커힐 호텔(당시 국제관광호텔) 건축현장을 방문하여 기념식수를 하는 김종필 부장. 그 뒤 김 부장은 3·1절 기념행사 후 박정희 최고회의 의장과 함께 워커힐 호텔 기공식에 참석했다.

밴플리트 전 미8군사령관과 새나라자동 차 공장을 시찰한 김종필 중앙정보부장. (1962. 5. 20)

자동차 산업에 남다른 관심을 가진 김종 필 부장(오른쪽 셋째)이 밴플리트 전 미 8군사령관(오른쪽 넷째)과 함께 경기도 부평에 건설 중인 새나라자동차 공장을 시찰한 후 기념촬영을 했다. 새나라자 동차는 1963년 야당과 공화당 내 반김

종필계가 제기한 이른 바 4대 의혹 사건의 하나로 지목됐으나, 조사결과 김종필이 관여했다는 증거가 없는 것으로 판명됐다.

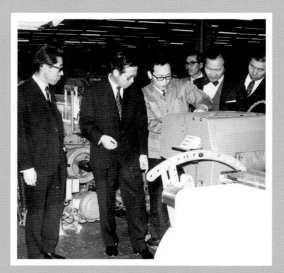

경북 경산에 있는 제일모직 공장을 방문한 김종필 총리(왼쪽에서 둘째)가 직원의 설명을 들으며 기계를 살펴보고 있다. 맨 왼쪽이 이은택 사장. (1972. 3. 16)

인천시 만석동에 있는 한국기계 디젤엔진공장 준공식에 참석해 테이프커팅을 하는 김종필 총리. 당시 개발도상국이던 한국에서 디젤엔진공장이 설립되는 것은 국가적인 관심사였다. 왼쪽부터 남덕우 경제기획원 장관, 장예준 상공부 장관, 김 총리, 한 사람 건너 이민우 한국기계 대표. (1975. 5. 20)

김종필 총리가 타코마조선소에서 시설 모형도를 보며 친형인 김종락 사장(맨 오른쪽)의 설명을 듣고 있다. 김
총리 왼쪽이 장예준 상공부 장관, 스나이더 주한 미 대사도 보인다. (1975. 5. 31)

농업의 현대화를 이끌다

"새마을사업은 일시적인 기분이나 들뜬 마음으로 급하게 추진해서는 안 된다.
장기적인 계획 하에 차근차근 실행에 옮겨야 한다."

−1972년 5월 4일, 새마을사업 현황 보고를 듣고

　　1960년대에 김종필 중앙정보부장이 기획한 국가재건범국민운동이 '근면·자조·협동' 정신의 새마을운동으로 이어지면서 우리나라 농촌은 엄청난 변화를 이룰 수 있었다. 1972년 국무총리로 재임하던 김종필은 지방장관회의에서 새마을운동의 생활화와 농민소득 증대의 중요성을 강조하면서 농축산업의 근대화를 이루기 위한 방안을 모색했다. 이에 따라 농촌의 초가 지붕은 슬레이트 지붕으로 바뀌었고, 마을의 좁은 길이 넓어졌으며, 비뚤어진 농로는 반듯하게 정리됐다. '하면 된다'는 의식의 발로로 겨울 농한기가 없어졌고, 비닐하우스 개발과 농기계 보급으로 새로운 농작물이 재배됐다. 특히 통일벼가 개발되어 주식(主食)의 획기적인 자급자족이 이루어졌고, 감귤·사과·배 등 각종 작물들이 지역 특산물로 브랜드화되면서 농가 수입에 혁신이 일어났다. 한편 우리나라에서 우유 생산이 무엇보다 중요하다고 생각한 김종필은 전국에 있는 목장을 직접 시찰하며 축산업의 현대화와 기업화를 모색했고, 그 방안으로 충남 서산에 삼화목장을 직접 개간해 설립하기도 했다.

　　김종필은 농업과 축산업이 지속적으로 발전할 수 있도록 영농 후계자 양성에도 관심을 기울였다. 그는 미국에서 시작된 농촌 젊은이들의 모임인 4H클럽에 관심을 갖고 총리 재임 시절부터 한국 4H 지도자들을 격려하고 적극적으로 지원했다. 4H는 농촌 근대화의 기반으로 성장했고, 김종필은 이 같은 공을 인정받아 한국4H연맹 명예총재로 추대됐다. 이렇듯 1960년대 국가재건범국민운동에서 시작해 1970년대 새마을운동으로 이어지는 농촌 근·현대화 사업의 중심에는 언제나 김종필이 있었다.

일본 시고쿠 감귤농장을 시찰하는 김종필. (1968. 11. 28)

일본 방문 중에 시고쿠 감귤농장을 방문한 김종필은 관계자로부터 농장 경영 실태와 재배과정 등에 대해
상세한 설명을 들었다. 이어 북해도에 있는 육우목장을 방문해 사육과정을 둘러본 김종필은 제주도 감귤
농장과 충남 서산의 삼화축산을 본격적으로 시작했다.

김종필 총리가 경기도 파주군 조리면 등원1
리에서 마을 노인들과 막걸리 잔을 나누며
농촌 실정을 듣고 있다. (1971. 10. 2)

김종필 총리는 김보현 농림부 장관, 김재식 전남지사와 함께 헬기로 전남 장성·함평과 전북 부안지역을 오가며
새마을부락을 시찰했다. 당시 시찰에는 문인 서정주, 김동리와 평가교수 전풍진, 류병진도 함께했다. (1972. 5. 11)

김종필 총리가 충북 청주에서 태종학 충북지사로부터 새마을사업 추진 현황을 보고받고 중원군 석천면, 음성군
음성읍, 보은군 외속면, 청원군 북일면 등 4개 새마을 부락을 시찰했다. 김 총리는 이날 각 부락에 리어카 10대,
건설화 신발 20켤레, 재봉틀 1대, 분무기 1대를 기증했다. (1972. 5. 24)

충남 연기군 서면 월하리 통일벼 집단 재배단지에서 열린 권농일 행사에서 반바지 차림의 김종필 총리(왼쪽에서 다섯째)가 이앙기를 모는 농민을 지켜보고 있다. (1972. 6. 1)

권농일 행사에서 치사를 한 후 직접 모내기를 하는 김 총리.

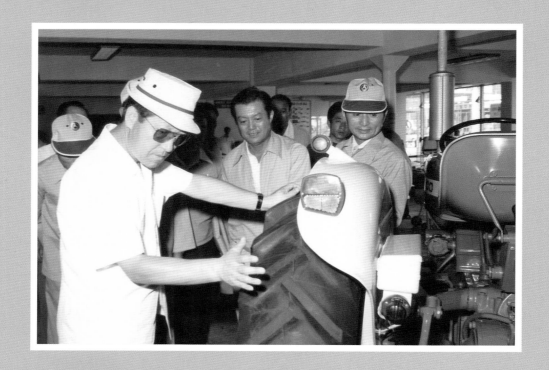

김종필 총리가 진주 농기계 제작사인 대동공업(사장 김삼만)을 방문해 1,000여 명의 근로자를 격려하고, 장예준 상공부 장관(가운데)과 공장 안에서 신제품을 살펴보고 있다. (1973. 8. 9)

조국 근대화

김종필 총리가 충남 서산 삼화목장 준공식에 참석해 강창진 사장(뒷좌석)으로부터 목장현황을 보고받은 후 직접 차를 몰고 개간지를 돌아보고 있다. (1973. 9. 8)

1973년 8월 9일 사흘간의 짧은 여름휴가를 보내기 위해 충남 서산 삼화목장에 도착한 김종필 총리가 목장의 소들을 살펴보고 있다. 김 총리는 이에 앞서 강원도 평창군의 삼양목장, 경북 경주의 경주목장, 경남 양산의 효암목장 등을 찾아 목장 시설과 초지를 시찰했다.

국무위원 부인들의 친목모임인 '양지회' 회장을 맡은 박영옥 여사(검은 옷 차림)와 회원들이 가나안 농장을 찾아 농사일을 거들고 있다. (1974. 9. 20)

전북 익산군 오산면에서 열린 전국농업기계전시회에 참석해 치사를 통해 "영농 기계화로 농촌 근대화와 과학영농 기반을 구축할 것"이라고 말했다. 이어 열린 농기구 시범경진대회에서 콤바인을 직접 타고 시운전을 하는 김종필 총리. (1974. 10. 22)

경기도 수원 새마을연수원에서 열린 제20회 4H구락부 중앙경진대회에 참석해 4H 지도자들을 격려했다. (1975. 4. 23)

김종필 총리는 이날 치사를 통해 주곡 자급화, 수리와 경지 정리, 농업 기계화, 4대강 유역 개발, 농어민 소득 증대, 농업기술 개발 등에 대한 정부의 지원계획을 밝혔다. 김 총리는 새마을사업과 함께 추진된 4H구락부 조직의 활성화를 위해 남다른 노력을 기울였으며, 이는 제3공화국 정부의 농촌 근대화 정책에 커다란 동력이 되었다.

김종필 총리가 한국4H연맹 명예총재로 추대받고 이를 수락했다. 양소희 회원이 김 총리에게 4H 배지를 달아주고 있다. (1975. 6. 23)

새마을 복장을 한 김종필 총리가 경북 월성군 건천읍 초천리 모범 새마을 부락에서 주민들과 담소를 나누고 있다. 김 총리는 이에 앞서 경기, 강원, 전남북, 경남북의 새마을 모범 부락을 찾아 주민들을 격려하고 마을 공동 사업에 필요한 시멘트와 TV를 기증했다. (1975. 8. 16)

석탄·전기·철강 산업 적극 추진

"조국은 바꿀 수 없는 우리의 어제, 또한 영원한 내일이다.
조국은 날마다 뼈아픈 우리의 오늘, 우리의 시간, 우리가 책임지는 생생한 현실이다."

– 저서 《JP 칼럼》에서

'자원이 빈약한 나라'. 1960년대 대한민국의 현실이 그랬다. 그나마 석탄산업 개발, 시멘트산업 육성, 발전소 건설 등을 통해 에너지 자원의 명맥을 겨우 잇는 정도였다.

1964년 2차 외유에 나선 김종필은 미국에 체류하는 동안 몬트리올과 캔자스 지역의 석탄공장, 루이지애나의 정유공장과 섬유공장, 휴스턴의 섬유공장 등 미국 남부지역의 산업시설을 두루 시찰했다. 미국 외유기간 중에 가진 산업시찰 경험은 귀국 후 우리나라 산업 발전에 큰 도움이 되었다.

그 당시 한국은 땔감 확보를 위한 무분별한 산림 훼손으로 산야는 민둥산으로 변했고 전력 사정이 아주 어려운 때였다.

김종필은 귀국 후 미국에서 봤던 산업 중 철강과 석탄 산업을 우리나라에서 적용하기 위한 방법을 모색했다. 강원도 태백지역의 석탄산업, 삼척발전소 건설 등 대체자원 및 에너지 확보를 위한 정책이 적극 추진된 것도 그 일환이었다.

강원도 장성광업소를 시찰하던 중 지하갱도까지 내려가 안전성을 점검하고 고생하는 채탄부들을 격려했다.
(1965. 8. 6)

갱 내부에서 관계자들의 설명을 듣
고 있다.

1960년대 삼척발전소 전경.

김종필 국회의원은 한여름 가벼운 옷차림으로 강원도 삼척발전소를 방문, 건설현장을 돌아본 후 한전 직원들과
현장 근로자들을 격려했다. (1965. 8. 7)

지방 산업시찰 중이던 김종필 총리가 포항제철을 방문해 박태준 사장의 안내로 공장 시설을 살펴보고 있다.
(1972. 2. 25)

월성 원자력 3, 4호기 준공식에 참석한 김종필 총리가 시설 내부를 시찰하면서 관계자로부터 설명을 듣고 있다.
(1999. 12. 27)

조국 근대화

항공산업의 기틀 마련

"나는 백주에 비치는 촛불과 같다.
해가 중천에 있을 때 촛불의 빛은 잘 보이지 않지만 그래도 계속 타고는 있다.
그러다가 구름이 덮이면 그 빛이 밝아지고
해가 서산에 기울어 어두워지면 그제서야 제 빛을 발한다."

— 실록 《박정희와 김종필》에 실린 'JP 어록' 중

"국적기가 날고 있는 곳이 그 나라의 국력이 뻗치는 곳이다"라는 박정희 대통령의
의중에 따라 김종필은 중앙정보부장 재임 시절인 1962년 6월 항공공사 설립을 추진했
다. 또한 같은 해 11월 미국의 노스럽 항공회사를 시찰하는 등 국내 항공산업 개발과
발전에 많은 관심을 기울였다. 항공공사는 1963년 3월 한진상사가 인수하면서 대한항
공으로 상호가 변경됐다.

이후 대한항공은 1971년 3월 새로운 항공협정을 통해 미국의 호놀룰루와 로스앤젤
레스의 취항권을 획득했으며, 1972년 취항식을 통해 마침내 태평양 횡단을 실현했다.
김종필 총리는 이 자리에 참석해 항공산업의 발전에 대한 의미를 설명하는 한편 승무
원을 격려했다. 그 뒤로도 1975년 서울-파리 직항운항 취항식에 참석하는 등 대한민
국 항공산업의 발전과정을 함께 했다.

KAL기 태평양 항로 개설 취항식에서 조중훈 대한항공 사장(왼쪽에서 다섯째)과 취항 테이프를 끊고 있는 김종 필 총리(왼쪽에서 넷째). (1972. 4. 19)

조국 근대화

김포공항에서 열린 KAL 점보1번기 '비약호(보잉 747기)'의 취항식에 참석해 탑승테이프를 끊고 조종사와 승무원들을 격려했다. 보잉기 조종석에서 기장의 설명을 듣고 있는 김종필 총리. (1973. 5. 16)

김포공항에서 열린 서울—파리 간 직항운항 KAL 1번기(DC9) 취항식에 참석해 조중훈 대한항공 사장, 피에르 랑디 주한 프랑스 대사와 테이프를 끊었다. 김종필 총리는 이날 첫 취항 탑승객 275명과 일일이 악수를 나누며 환송했다. (1975. 3. 14)

문화산업을 통해 국민 생활의 질을 향상시키다

"출판영상을 비롯한 문화산업 전 분야에 걸쳐
인프라 구축과 전문인력 양성을 위해 노력하겠다."

−1998년 11월 20일, 파주 출판문화정보산업단지 기공식에서

문화는 한 나라의 사상과 삶의 근간이다. 하지만 민생고에 시달리던 1950~60년대에는 문화예술을 향유하는 것이 사치라 인식됐었다.

그러나 김종필은 어려운 경제 여건 속에서도 정신문화의 계승 발전과 여가문화 활동의 중요성을 인식했다. 그는 대한민국 뮤지컬 공연의 모태가 된 예그린악단 창설을 앞장서 도왔으며, 오스트리아 빈소년합창단을 염두에 두고 리틀엔젤스 합창단·선명회어린이합창단 등의 국내외 활동을 적극 지원했다. 김종필의 뒷받침에 힘입은 그들의 공연은 국내에서는 서민들의 사랑을 받는 속에 국민 정서를 함양시켰고, 국외에서는 국위 선양의 역할을 톡톡히 했다.

음악·연극·영화 등 각 분야 문화예술계 인사들과의 접촉도 활발히 가졌고, 서울 능동의 골프장을 어린이대공원으로 조성하여 가족 단위의 놀이문화를 정착시키는 데 기여하기도 했다.

그의 문화산업에 대한 남다른 애정은 이후에도 계속되어 1998년 총리 시절에는 부여 백제역사재현단지 기공을 시작으로 백제문화권에 대한 개발을 추진했으며, 파주출판단지 기공 등을 통해 문화의 질적 발전에도 힘을 보탰다.

5·16혁명 1주년을 맞아 서울 시민회관에서
열린 아시아영화제 개막식에 참석했다. 왼쪽
부터 박정희 최고회의 의장, 육영수 여사, 송
요찬 내각수반, 김종필 중앙정보부장. (1962.
5. 16)

파리 국제민속예술제를 마치고 귀국한 단원
들이 중앙정보부를 방문했다. 국악 명창 박귀
희 여사가 김종필 부장에게 기념품을 전달하
고 있다. (1962. 6. 14)

1966년 5월 2일 열린 예그린 악단 발단식에서 치사를 한 후 다과회에 참석한 김종필 공화당 의장(테이블 뒤쪽). 예그린 악단(현재 서울뮤지컬)은 우리 전통공연을 세계에 널리 알린다는 취지로 1961년 설립됐다가 김종필이 외유를 떠나면서 해체됐다. 이후 정계에 복귀한 김종필이 후원회장을 맡으며 제2의 창단을 하게 됐고, 그때부터 지향점을 '한국적 뮤지컬 창출'에 두어 한국 공연문화의 모태가 됐다. 김종필이 작명한 '예그린'은 '옛과 어제를 그리며 내일을 위한다'는 의미로 과거와 현대가 조화된 음악 장르를 개척했다.

예그린 악단 단원들이 축하 연주를 하고 있다.

김종필 총리는 1973년 2월 19일 양택식 서울시장의 안내로 서울 성동구 능동에 있는 어린이대공원(구 서울컨트리클럽) 건설 현장을 시찰했다. 서울대공원은 혁명 직후 박정희 의장이 골프장을 갈아엎어 콩을 심자고 한 것을 김종필 중앙정보부장이 '외국 바이어 접대용' 골프장으로 유지시켰고, 후에 어린이대공원으로 건설됐다.

1973년 3월 30일 해외 공연을 마치고 돌아온 리틀엔젤스 합창단의 귀국 인사를 받고 있는 김종필 총리. 김 총리는 리틀엔젤스 합창단을 1960년 대부터 물심양면으로 지원했다.

서울 삼청동 총리공관으로 리틀엔젤스 단원들을 초청해 공관 앞마당에 서 다과를 베풀고 북한 평양 공연을 떠나는 아이들을 격려했다. 단원 한 명을 김 총리가 안아주고 있다. (1998. 4. 30)

선명회 어린이합창단 어린이에게 음료를 권하는 김종필 총리. (1973. 4. 14)

이날 김 총리는 지난 10년간 수많은 해외 공연을 통해 우리 고유의 문화예술을 해외에 널리 소개해온 한 국민속예술단, 국립국악원, 대한어린이무용단, 선명회 어린이합창단 등 194명에게 훈·포장을 수여한 후 다과를 베풀었다.

민족 고유의 문화예술을 해외에 널리 알린 공로로 김소희 명창
에게 국민훈장 동백장을 수여했다. (1974. 4. 14)

새마을운동을 소재로 한 연극 '활화산'의 전국 순회공연을 마친 국립극단 단원 16명을 코리아하우스로 초청해
만찬을 베풀고 노고를 치하했다. 김종필 총리는 국립극단 운영자금으로 1억 원을 지원하기도 했다. 왼쪽부터 장
민호, 백성희, 손숙, 김 총리, 윤주영 문공장관. (1974. 4. 26)

김종필 총리가 고향 부여에서 열린 백제역사재현단지 기공식에 참석해 공사 첫 삽을 뜨고 있다. 김 총리는 이 날 축사에서 "백제문화권 개발사업 계획을 다시 세워 경주문화권에 못지않게 복원 개발해 나가겠다"고 밝혔다. (1998. 4. 21)

충남 부여 백마강교(사비교) 개통식에서 참석 인사 및 군민 대표들과 테이프를 끊었다. 오른쪽 셋째부터 김범명 의원, 심대평 충남지사, 김종필 총리, 신낙균 문화관광부 장관, 이건개 의원, 맨 왼쪽이 유병돈 부여군수. (1998. 4. 21)

김종필 총리 내외가 서울 호암아트홀에서 공연된 '인간 박정희' 연극을 관람하고 출연진을 격려했다. 앉아 있는
김종필 총리 오른쪽이 박정희 역을 맡은 배우 이진수. (1999. 10. 30)

보이스카우트 한국연맹을 창설하다

"국적 있는 스카우트 훈련을 통해 한국인이라는 자각을 불어 넣어주어야 합니다."
– 1974년 7월 11일, 보이스카우트연맹 신임 임원진과의 면담 자리에서

　국가의 미래는 청소년에게 달렸다고 믿은 김종필은 중앙정보부장 시절부터 "청소년은 국가의 미래다. 청소년의 올바른 국가관과 도덕정신의 함양이 무엇보다 절실하다"고 입버릇처럼 말해왔다. 그의 이런 생각은 한국 보이스카우트 육성으로 이어졌다.

　보이스카우트 운동은 1907년 영국의 포웰에 의해 시작됐고, 우리나라에서는 이와 유사한 형태의 '대한소년단'이 1922년 조철호 선생에 의해 발족했다.

　어린 인재들을 키우는 데 관심을 가졌던 김종필은 대한소년단 중앙본부로부터 평생 소년단 회원증을 수령하는 등 청소년 육성에 적극적으로 참여했다. 그의 의지는 1966년 보이스카우트 한국연맹 창설로 이어졌고, 주변의 적극적인 권유 속에 보이스카우트 한국연맹 총재로 취임했다. 이후 그는 보이스카우트연맹의 각종 행사에 직접 참여해 청소년들과 함께하며 지속적인 지원 활동을 펼쳤다. 대한소년단 시절부터 직접 발로 뛰며 어린 꿈나무들을 지원한 그의 행보는 오늘날 한국 보이스카우트가 자리 잡는 데 큰 영향을 주었다.

중앙정보부부장실에서 보이스카우트 전신인 대한소년단 중앙본부가 수여한 평생소년단 회원증을 받았다. 소년대원이 김종필 부장에게 배지를 달아 주고 있다. (1962. 5. 31)

충남 대전에서 열린 충남지구 보이스카우트 전진대회에 참석한 김종필 보이스카우트 총재(맨 앞)가 대원들의 시가행진에 앞장섰다. (1966. 7. 23)

부산 수영수련장에서 열린 경남지구 보이스카우트 합동 야영수련회에 참석해 단원들을 격려하고 직접 캠프파이어 행사에 동참했다. (1966. 7. 27)

서울 워커힐호텔에서 개최된 세계보이스카우트 제6차 극동회의에 참석한 김종필 총재가 축사를 끝낸 뒤 스카우트식으로 인사하고 있다. (1968. 9. 27)

조국 근대화

서울 여의도에서 열린 보이스카우트연맹 회관 준공식에 참석한 김종필 총리가 보이스카우트 깃봉 사이로 걸어
가며 인사하고 있다. (1998. 4. 24)

엘리트 양성에 정성을 쏟다

"대학은 한마디로 내일에 이르러 보다 나은 주역으로 서기 위해 아쉬움 없이 땀을 흘리는 곳입니다."
– 1975년 2월 26일, 서울대 졸업식 축사에서

글로벌 대학으로 자리를 잡은 서울대는 1970년대 당시 서울시 동숭동, 연건동, 공릉동, 종암동, 을지로, 소공동, 남산동, 경기도 수원 등지에 단과대학으로 흩어져 있었다. 김종필 총리 재임 시절 이렇게 여러 곳에 흩어져 있던 단과대 캠퍼스를 신림동 관악캠퍼스로 통합하는 작업이 시작됐다. '대학생 데모대를 시내에서 멀리 내보내려 한다'는 등의 일부 반대여론에 아랑곳하지 않고 국립 서울대를 국제적 수준의 규모와 시설을 갖춘 세계적 대학으로 발전시키기 위해 집념을 쏟았다.

서울대 이전을 추진하는 과정에서 김종필은 기공식에 참석한 것은 물론, 신축공사 현장을 주기적으로 방문해 진척 상황을 보고받는 등 특별한 애정을 기울였다.

한편 김 총리는 강의와 면담 등을 통해 학생들과 수시로 소통했다. 한 강의에서 교련 철폐를 요구하는 질문을 받자 "교련은 어려움을 참고 견디는 힘을 단련하기 위한 것이지, 학원을 병영화할 이유는 그 어디에도 없다"며 대화를 통해 학생들을 설득하기도 했다. 학생들의 데모가 한창 절정에 이를 무렵에도 김 총리는 강압적 통제보다 소통을 우선시하여 기회가 있을 때마다 학생들과 대화를 시도했다.

이후 김 총리는 모교인 서울사범대에 연구소 설립 기금을 기부하는 등 서울대가 명실상부한 세계 명문대로 성장하는 것을 도왔다.

김종필 총리는 서울 관악산 기슭에 위치한 서울대 종합캠퍼스 제1단계 신축공사 기공식에 참석해 첫 삽을 떴다.
맨 오른쪽부터 민관식 문교부장관, 김종필 총리, 한심석 서울대총장, 서일교 총무처장관. (1972. 7. 20)

관악캠퍼스 신축현장을 방문해 공사현황을 보고받고 있다. 맨 왼쪽부터 민관식
문교부 장관, 김종필 총리, 한 사람 건너 한심석 총장. (1971. 8. 30)

예고 없이 서울공대를 방문해, 교련수업을 받는 학생들 틈에서 교관의 강의를 듣고 있는 김종필 총리. (1971. 8.
25)

김종필의 성금으로 서울사대 연구실 개관. (1972. 4. 26)

김종필 총리가 자신이 직접 쓴 서울사범대의 학생합동연구실 현판을 달고 있다. 현판식에 이어 김 총리는
테니스 코트 개장식에 참석해 제1회 김종필배 테니스 대회의 시구를 했다. 이날 개관·개장한 합동연구실
과 테니스 코트는 김 총리의 성금으로 만들어졌다.

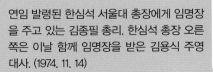

연임 발령된 한심석 서울대 총장에게 임명장
을 주고 있는 김종필 총리. 한심석 총장 오른
쪽은 이날 함께 임명장을 받은 김용식 주영
대사. (1974. 11. 14)

서울대학교 졸업식에 참석해 학위를 받은 학생들과 일일이 악수하며 축하인사를 전했다. (1999. 2. 26)

서울대 국제백신연구소 기공식에 참석해 첫 삽을 뜨고 있는 김종필 총리. (1999. 8. 18)

조국 근대화

한국기능올림픽을 창설하다

"자원이 부족한 환경에서 우리가 발전할 수 있는 길은 기술 개발뿐입니다.
자신의 기량을 갈고 닦아 경제 개발의 역군이 되어주길 부탁합니다."

— 1966년 11월 10일, 제1회 전국기능올림픽 대회 시상식에서

자원도 없고, 자금도 없던 1960년대. 우리에겐 사람밖에 없었다. 기술을 가진 인재 자원이 필요했다. 혁명정부가 국가 재건과 경제 발전을 이루기 위해 반드시 필요했던 것은 혁신적인 기술 개발이었다. 황무지 같던 기술 개발 분야를 개척하기 위해 국제교류와 전문적인 교육이 긴요했다. 정부는 이를 이루기 위한 방안으로 기능올림픽대회를 주목했다. 국제기능올림픽대회는 청소년 근로자 간의 기능경기를 통해 최신 기술을 교류하는 것은 물론 각국의 직업훈련제도와 실행 방법에 대한 정보 교환을 목적으로 하고 있었다.

1947년 스페인 직업청년단 주최로 시작된 국제기능올림픽대회는 초기에 유럽 국가들을 중심으로 진행되다가 점차 세계적 대회로 성장했는데, 우리나라는 일본에 이어 아시아 국가 중 두 번째 가입국이 됐다. 1966년 10월 4일 김종필 공화당 의장이 참석한 가운데 국제기능올림픽 한국위원회가 창립됐고, 같은 해 11월 10일 국내에서 제1회 전국기능올림픽대회가 열렸다. 김종필 당의장은 한국기능올림픽위원회 위원장을 맡아 기능인 육성에 공헌했으며, 2000년대에 이르기까지 관심과 지원을 아끼지 않았다.

祝 國際技能 오림픽 大会 韓國委員会 創立總会 慶

김종필 공화당 의장(왼쪽에서 셋째)이 위원장으로 위촉된 가운데 한국기능올림픽위원회가 창립됐다. (1966. 10. 4)

조국 근대화

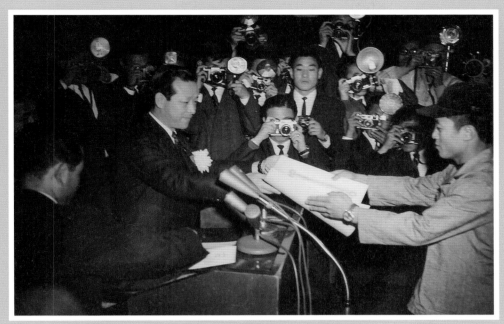

서울 시민회관에서 열린 제1회 전국기능올림픽대회 시상식에서 수상자에게 상장을 주고 있다. (1966. 11. 10)

김종필 총리는 국제기능올림픽대회 출전 선수단의 출국 신고를 받고 선수들과 일일이 악수를 나누며 선전을 당부했다. (1971. 8. 27)

김종필 자민련 명예총재 등 서울국제기능올림픽대회 고문들이 서울 조선호텔에서 간담회를 가졌다. 김종필 총재 오른쪽은 고건 전 총리. (2001. 2. 13)

국민의식 개혁에 박차를 가하다

"학생들에게 가정의례에 관한 교육을 철저히 시키는 한편,
홍보매체를 통해 국민계몽에 만전을 기하라."

― 1974년 6월 27일, 각 부처에 가정의례준칙 관련 지시를 내리며

1960년대에 혁명정부가 산업을 발전시키고 농촌을 근대화하는 과정에서 국민의식의 개혁은 필수적이었다. 가난에 찌든 국민들에게 '우리도 잘살 수 있다', '하면 된다'는 의식을 고취시키고 건전한 사회 기풍을 만들기 위해 정부는 여러 가지 다양한 운동과 제도를 마련했다.

혁명 이후 김종필의 주도로 진행된 재건국민운동과 이후 이어진 새마을운동의 활성화가 그 대표적인 사례다. 1969년에는 오랫동안 국민생활에 불편을 끼쳐온 경조사문화의 폐해와 허례허식을 없애기 위해 결혼·장례·회갑연 등 경조사에 적용할 '가정의례준칙'을 제정, 국민의식 개혁에 박차를 가했다.

재건국민운동을 벌이고 있는 시민들. (1966. 8. 18)

재건국민운동 월성군위원회 회관 모습.

서울 시민회관에서 개최된 제헌절 기념식에서 김종필 총리가 대통령 기념사를 대독한 후 재건국민운동중앙회
장인 안호상 박사와 이야기를 나누며 파안대소하고 있다. (1971. 7. 17)

조국 근대화

김종필 총리가 각계 대표로 구성된 가정의례준칙 위원들에게 위촉장을 주고 있다. (1971. 8. 27)

거리에서 가정의례준칙 캠페인을 벌이고 있는 시민들.

1961년 6월 12일 서울운동장에서 열린 국가재건범국민운동 촉진대회 모습. (사진《한국군사혁명사》)

국가재건범국민운동은 김종필 정보부장이 기획한 것으로, 근면 정신을 고취하고 생산 및 건설의식을 증진하며 반공이념을 확고히 하는 것을 목적으로 전개됐다. 김 부장은 운동본부(본부장 유진오 고려대 총장)를 설치하고 서울에서 정부 요인을 비롯한 시민과 학생 7만여 명이 참석한 가운데 제1회 국가재건범국민운동 촉진대회를 가졌다. 이를 기점으로 부산, 대구 등 대도시에서 연이어 대회가 개최됐다. 그 후 1964년 8월 사단법인 재건국민운동중앙회가 설립됐으며 1975년 12월 새마을운동중앙회로 개칭, 새마을운동으로 발전했다.

과학기술의 기반을 다지다

"오늘날 우리 처지에서 과학기술이 한낱 지식에 그치는 것은 아무 의미가 없다.
앞으로의 국력은 과학기술에 달렸다고 할 수 있을 만큼
모든 나라가 이 분야에 힘쓰고 있다."

– 1974년 4월 22일, 제7회 과학의 날 기념식 축사에서

    기능올림픽 창설, 국가 기간산업 개발 등 국가 산업 발전에 공을 들이던 김종필은 기술의 꽃이라 할 수 있는 과학기술에도 큰 관심을 가졌다. 공화당 의장 시절인 1966년 2월에는 우리나라 과학기술의 모태인 한국과학기술연구원(KIST)이 설립된 후 시간이 날 때마다 이곳을 방문해 연구 계획 및 현황을 보고받고 연구원들을 격려했다.

    1972년 5월에는 원자력청 원자력연구소에서 열린 연구용 원자로 준공식에 참석, 치사를 통해 과학기술의 중요성을 강조하는 등 과학기술 분야에 각별한 관심을 보였다. 이러한 그의 행보는 우리나라 과학기술의 태동과 성장에 큰 보탬이 됐다.

김종필 총리는 원자력청 원자력연구소에서 열린 연구용 원자로 '트리카마크 3호' 준공식에 참석해 치사를 통해 안보를 위한 과학기술의 중요성을 강조하고 과학자들의 연구개발 노력을 당부했다. (1972. 5. 10)

한국과학기술연구원(KIST)에서 개발한 통신용 FM무선기를 시연해보는 김종필 총리. 오른쪽이 최형섭 과기처 장관 (1972. 5. 19)

김종필 민자당 대표가 한국과학기술연구원에서 김은영 원장으로부터 연구개발품 현황을 듣고 있다. 김종필 대표 뒤 오른쪽부터 김길홍 비서실장, 이상득 의원. (1994. 6. 16)

인도 방문 중에 대우자동차 현지 공장에서 '티코' 생산 라인을 둘러보고 있는 김종필 총리. (1999. 2. 10)

5·16 민족상을 제정하다

"민족의 예지와 역량을 가다듬어야 할 이 시점에서
우리의 앞날을 밝힐 수 있는 횃불을 점화코자 5·16 민족상을 설립했다."

— 1966년 3월 24일 5·16 민족상 재단 설립 취지문 중

김종필은 대한민국 근대화의 밑거름으로 묵묵히 일하는 숨은 일꾼을 찾아내 그들을 치하하고 국가의 앞날을 밝히는 횃불로 삼고자 5·16민족상을 제정하는 데 앞장섰다. 1966년 3월 초대 총재 박정희, 이사장 김종필로 5·16민족상운영위원회가 구성됐고, 같은 해 5월 16일 첫 번째 시상식이 열렸다. 그 뒤 매년 5월 16일 학술, 교육, 사회, 산업, 안전보장 등 5개 부문에 걸쳐 개인이나 집단에게 수여됐다. 2015년 50주년을 맞은 5·16민족상은 그간 과학기술, 사회·교육, 학예 등이 추가돼 총 9개 부문에 걸쳐 시상하고 있으며, 2014년까지 총 309명이 수상의 영예를 안았다.

김종필은 박정희 대통령이 서거한 직후 총재직을 물려받아 1979년 11월부터 1980년 12월까지 1년간 위원회를 이끌었고, 이후 1993년부터 2007년까지 제5대 총재를 역임하는 등 대한민국 발전에 이바지한 일꾼을 찾는 데 이바지했다.

1987년 5월 16일 김종필 총재가 서울 힐튼호텔에서 제22회 5·16민족상 수상자들과 기념촬영을 했다. 왼쪽 일곱째가 김종필 총재.

예술부문 수상자인 미당 서정주 씨에게 5·16 민족상 정장(正章)을 수여하고 있다.

제 3 장

정치

'풍운아 김종필'은 반세기에 걸친 그의 정치 생애를 단적으로 표현한 말이다. 혹은 빛나는 영광의 자리에서, 혹은 망명 아닌 망명으로 우여곡절을 겪으며 부침을 거듭한 김종필은 그 유(類)가 없는 정치 행보를 걸었다. 여야 정당들의 대표였고 박정희, 김영삼, 김대중 세 사람을 대통령으로 만든 킹메이커로 2인자 역할도 마다하지 않았다. 헌정사상 최다선인 9선 국회의원을 지내는 동안 언제나 국민의 편에 섰으며 행동으로 모범을 보였다. 또한 그는 '정치는 허업'이라 말하고 정치의 옳은 결과물을 국민에게 돌릴 때만이 진정한 정치가 구현된다고 강조했다.

한국 최초의 근대정당을 만들다

"공화당은 박정희 의장을 차기 대통령 후보로 추대할 것이며,
박정희 의장은 우리 당의 총의를 받아들일 것으로 믿는다.
구 정치인의 해금을 건의할 것이며, 야당과의 TV토론을 제의한다."

– 1963년 2월 8일, 기자회견을 통해 박정희 의장을 공화당 대선 후보로 추대하며

1962년 12월에 제3공화국 헌법이 공포되고 이듬해 1월부터 정치활동 규제가 해제됐다. 이에 따라 윤보선 등 구 정치인들이 다시 움직이기 시작했고, 혁명정부 역시 혁명공약 중의 하나인 민정이양에 대비할 필요성을 느꼈다.

김종필 중앙정보부장은 1962년 초부터 혁명이념을 승계할 참신하고 유능한 신진인사들을 중심으로 신당 창당을 주도했다. 1963년 1월 중앙정보부장을 사임한 김종필은 김정렬, 윤일선 등 사회 각계 인사 12명과 함께 재건당 발기모임을 갖고 정구영 변호사 등과 구 자유당 계열 인사, 대한국민당 계열의 윤치영·임영신 등을 포섭한 후 신당 발기위원회를 조직했다.

하지만 이 과정에서 최고회의 내부의 일부 위원들이 신당의 조직체계와 자신들의 입지에 불만을 나타내고 김종필 주도 하의 신당 창당에 강력 반발했다. 이에 김종필은 내부 분열을 염려해 창당준비위원장을 사퇴하고 2월 25일 외유길(1차 외유)에 올랐다.

신당 민주공화당은 김종필이 사퇴한 채로 2월 26일 창당대회를 가졌다. 초대 총재에는 정구영, 당의장에는 김정렬이 선출됐다.

당시 민주공화당은 원내와 사무국으로 이원화된 조직체계를 지향했는데, 이는 기존의 국회의원 개인 중심의 정당체제에서 벗어난 우리나라 최초의 근대 정당 모습이었다고 할 수 있다.

1962년 12월 17일 제3공화국 출범을 알리는 헌법 개정안에 대한 국민투표가 실시됐다. 김 정보부장은 서울 장충동 투표소에서 투표한 후 청와대로 박정희 의장을 예방, 국민투표 실시 관련 사항을 보고했다.

국가재건최고회의는 4·19 이후의 내각제 헌법을 대통령 중심제로 바꾸는 등의 헌법 개정안을 국민투표를 거쳐 최종 의결한 후 헌법 공포식을 가졌다. (1962. 12. 27)

서울시 종로 삼영빌딩에서 가칭 '재건당' 발기 모임을 가졌다. 오른쪽 둘째부터 김정렬, 김종필, 박현숙, 윤일선, 이원순. (1963. 1. 17)

1963년 1월 1일, 혁명 후 금지했던 정치활동이 재개되자 재야 정치인들은 단일 야당 창당에 합의하고, 전 내각수반 송요찬 등이 박정희 의장의 민정 참여 반대성명을 발표하는 등 정국이 요동치기 시작했다. 이 무렵 혁명정부의 민정이양에 대비, 정당 조직에 전념하기 위해 중앙정보부장을 사임한 김종필은 뜻을 같이 하는 사회 각계 인사 12명과 함께 가칭 '재건당' 발기모임을 가졌다.

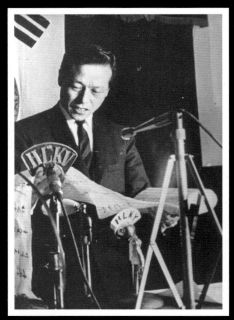

당명을 민주공화당으로 확정한 발기인 총회(조선호텔)에서 위원장으로 선출된 김종필이 발기선언문을 낭독하고 있다. (1963. 1. 18)

민주공화당 창당준비위원장으로 선출. (1963. 1. 18)

가칭 '재건당' 발기모임을 주도했던 김종필은 78명의 발기인이 참석한 민주공화당 창당 발기 선언 대회(아래 사진)에서 임시의장으로 선출됐다. 그러나 김동하·오치성 최고위원 등이 당 조직의 이원화(사무국과 국회의원)를 반대하면서 김종필의 당직 사퇴와 당 기구 일원화 등을 결의하고 이를 박정희 최고회의 의장에게 건의했다. 이에 반대한 정구영·김성진 등 재경 발기위원 42명은 김종필 당직 사퇴 철회를 박 의장에게 건의했다. 박 의장은 최고회의를 소집해 최고위원들의 단합과 결속을 호소하고, 최고위원의 당 참여문제 등을 골자로 한 6개 항의 수습방안을 제시했다. 우여곡절 끝에 공화당은 결국 대의원 493명이 참석한 가운데 이갑성 임시의장의 사회로 개최된 창당준비위원회에서 위원장에 김종필, 부위원장에 정구영을 선출했다.

民主共和党發起宣言大會
1963. 1. 18.

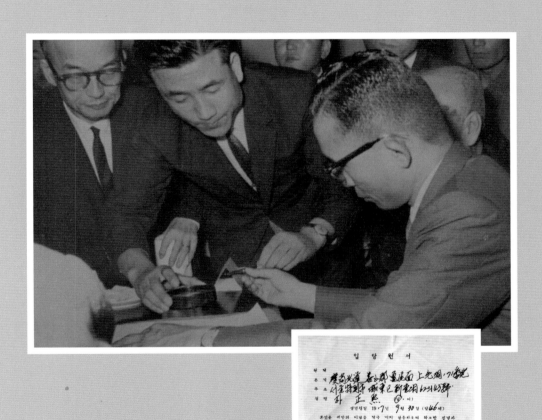

박정희 최고회의 의장이 정구영 공화당 총재, 윤치영 당의장이 지켜보는 가운데 공화당 입당원서에 서명하고
있다. 가운데 서명을 돕고 있는 이는 김진봉 보좌역. (1963. 8. 31)

서울 효창구장에서 열린 공화당 행사
에 걸린 '소' 그림. (1969. 10. 15)

김종필은 공화당을 창당하면서 미
국 정당들이 상징동물(공화당-코
끼리, 민주당-당나귀)을 내세운 것
에 착안해 공화당 상징동물을 소로
정하고 각종 행사에 엠블렘으로 활
용했다. 김종필은 자신이 소띠인 것
은 물론, 소는 묵묵히 일하고 죽어
서도 모든 것을 인간에게 바치는 유
용한 동물이라는 점에서 '소'를 상
징동물로 선택했다.

김종필 민자당 최고위원은 충남 부여
에서 열린 백제문화제 씨름대회에 우
승 상품으로 황소 한 마리를 내놓았
다. (1990. 9. 28)

'자의 반 타의 반'으로 오른 외유길

"제가 여기에서 없어져야 될 것 같습니다.
공격할 대상이 없어지면 조용해지지 않겠습니까."

− 1963년 2월 22일, 박정희 의장에게 외유 허락을 구하며

민주공화당 창당과 관련한 내부 갈등, 일부 5·16혁명 세력으로부터의 견제, 4대 의혹 사건의 재수사 개시 등 당 내외부적 문제로 인해 김종필은 1963년 2월 20일 모든 공직을 사퇴하고 '자의반 타의반'의 외유 길에 올랐다. 결국 그는 민주공화당 창당의 주역임에도 불구하고 창당 대회를 보지 못했다.

그러나 외유 동안 순회대사의 자격으로 여러 국가를 방문하며 또 다른 차원의 외교적 지평을 넓혀갔다. 복잡하게 얽혀 돌아가는 정국을 뒤로 하고 8개월 동안 외유에 나선 김종필은 각국 지도자 면담, 선진국 산업시찰, 강연 및 세미나 참석 등 다양한 활동을 벌이며 선진 문물의 견문을 넓혔다. 특히 광부와 간호사의 서독 파견, 고속도로 건설, 남미 이민 등은 김종필이 귀국한 직후 박정희 대통령에게 건의해 이루어진 것으로 외유 기간 중의 핵심 성과였다.

1963년 10월 23일 8개월간의 외유를 마치고 귀국한 김종필은 민주공화당 평당원으로 복당했으며, 11월 26일 충남 부여에서 제6대 국회의원으로 당선되어 현장정치에 뛰어들었고, 12월 6일 민주공화당 의장으로 임명되면서 본격적인 정치의 장을 펼치게 됐다.

내외신 기자회견에서 일체의 공직 사퇴를 발표하는 김종필. (1963. 2. 20)

김종필은 창당과 관련한 내부 갈등에 책임을 지고 공화당사에서 내외신 기자회견을 갖고 일체의 공직 사퇴를 발표했다. 사퇴 성명에서 "이 나라에 새 질서를 확립하는 데 밑거름이 되고자 열과 성을 다해 왔으며 이러한 신념에서 민주공화당 창당을 위해 산파역을 맡고 나섰으나, 이 시간부터 일체의 공직에서 물러나 기꺼이 초야의 몸이 되겠다"고 말했다. 이날 밤 위로차 청구동 자택을 찾아온 김정렬, 이후락, 김형욱 등과 바둑을 두고 새나라자동차로 서울 시내를 드라이브했다.

출국하는 김포공항에서 부인 박영옥 여사와 귀엣말을 나누는 김종필. 딸 예리 양이 엄마 팔을 잡고 있다. (1963. 2. 25)

김종필은 출국 전에 중앙청 기자실에서 제1차 외유 기자회견을 가졌다. 출국하는 공항에서 '이번 여행은 나의 희망 반, 외부의 권유가 반이었다'고 언급한 것을 동아일보 이만섭 기자가 '자의반 타의반'으로 보도해, 이후 김종필을 따라다니는 수식어가 됐다.

3개월 동안의 외유를 마치고 김
포공항을 통해 귀국한 김종필
가족. 이날 공항에는 윤치영 등
300여 명의 출영객이 나왔다.
(1963. 10. 23)

아시아, 중동, 유럽, 미국, 남미
를 순회하고 돌아온 김종필은
인사를 통해 "그동안 여러 나
라를 돌아다니면서 많은 것을 보고 배웠으며, 구라파보다는 미국이 넓고 미국보다는 아시아가, 아시아보
다는 세계가 넓다는 것을 보았다. 대한민국은 그 어느 나라도 지배할 수 없으며 대한민국 또한 남의 나라
를 지배할 수 없다는 간단한 원리를 깨달았다. 많은 나라들이 상호 협조하여 자기 나라의 이익을 최대한
보장하고 있고 단결과 화합으로 발전을 기약하고 있었다. 우리도 후손들에게 더 좋은 나라를 만들어 물려
주기 위해 더 힘껏 일해야 하며, 이를 위해 나는 대한민국의 어느 구석에서라도 성심껏 도울 것이다"라고
말했다.

공화당 평당원으로 복당한 후 가진 기
자간담회. (1963. 10. 29)

평당원으로 복귀한 뒤 김종필은 기
자회견을 통해 "8개월의 외유 동안
과거 불미스러운 일들이 나의 부덕
때문이라고 반성하고 돌아왔다. 앞
으로 일체의 낡은 권위에 도전하는
뉴프런티어의 기수가 되겠다"라고
말했다. 또 충남 부여에서 국회의원
선거에 출마할 뜻도 밝혔다. 이후 김
종필은 1963년 11월 26일 실시된 제
6대 국회의원 총선에 출마, 고향인
충남 부여에서 당선됐다.

고려대에서 학술강연. (1963. 11. 4)

고려대 총학생회가 주최한 학술사상 대강연회에 참석해 '한국의 민족주의와 민주주의' 주제로 강연하는
김종필. 이날 강연에서 김종필은 "근대화를 위해 의식의 혁명, 민족주의 힘의 발휘, 새로운 가치관의 확립
새로운 엘리트의 형성이 필요하다"고 강조했다.

공화당에 다시 돌아온 후 1개월여 만에 당의장에 임명된 김종필. 청와대에서 박정희 대통령(오른쪽)이 김종필 공화당 의장(왼쪽)에게 임명장을 주고 있다. (1963. 12. 4)

윤보선 민정당 대표의 자택을 방문한 김종필. (1964. 1. 2)

공화당 당의장에 복귀한 김종필은 1964년 초 윤천주 사무총장, 노석찬 대변인과 함께 윤보선 민정당 대표 최고위원의 안국동 자택을 방문, 새해 인사를 했다. 김 의장은 "몸도 불편하실 텐데 외출할 때 타시라고 승용차를 가져왔다"며 박정희 대통령의 뜻을 전했으나, 다음 날 윤 대표는 승용차를 돌려보냈다.

두 번째 외유길에 오르다

"당 중심의 개각 개편 없이는
당 내분과 시국 불안을 해소할 수 없고
당의장직도 수행할 수 없습니다."

– 1964년 4월 25일, 당내 김종필 퇴진 압박이 강해지자 박 대통령에게 당의장 사의를 표명하며

1964년 3월 24일 서울대·연세대·고려대 등에서 한·일회담을 반대하는 시위가 일어났다. 한·일회담은 시급한 한국 경제발전의 재원을 조달한다는 목적 외에, 미국의 동아시아 정책 추진에서도 매우 중요한 사안이었다. 하지만 일부 야당과 언론 및 대학가에서 이를 반대하는 여론이 들끓었고 이는 학생시위로 이어졌다.

이 시위는 3월 30일 11개 대학의 학생 대표가 박정희 대통령과 면담하며 자신들의 생각을 전달함으로써 일단락됐다. 하지만 한·일회담이 지속적으로 추진되는 가운데 다시 학생시위가 일었고, 6월 3일에는 시민까지 가세하여 시위 참여 인원이 1만여 명을 넘어섰다. 결국 서울시 전역에 비상계엄령이 내려졌고, 이 계엄은 7월 29일까지 지속됐다.

김종필은 한·일회담 추진 중에 일어난 일련의 사태에 책임을 지고 공화당 의장을 사임하고, 6월 18일 2차 외유의 길에 올랐다. 2차 외유기간 동안 김종필은 미국 롱아일랜드 대학에서 명예법학박사 학위를 받는 등 자기계발에 매진했다. 이후 1년여 만에 외유를 끝내고 1965년 12월 27일 민주공화당 의장으로 복귀했다.

2차 외유길에 오른 김종필. (1964. 6. 18)

김종필 당의장은 공화당 내분, 한·일회담과 관련한 학생들의 반대 시위(6·3사태) 등에 대한 정치적 책임을 지고 당의장직을 사임한 뒤 또다시 외유 길에 나섰다. 일본으로 출국하기 위해 김포공항에 도착한 김종필 부부.

미국 워싱턴에서 포즈를 취한 김종필 부부. (1964. 7)

2차 외유 중 미국 워싱턴 한국대사관 앞에서 부인 박영옥 여사와 함께 기자들의 카메라 앞에 섰다. 당시 주미 특파원들은 김종필 당의장에게 존 F. 케네디(JFK) 미 대통령을 연상하며 '김종필K(JP Korea)'라는 애칭을 붙여 보도했다. 후에 줄여서 'JP'로 진화했다.

외유 중 미국 보스턴 하버드대 앞에서 부인과 함께한 기념촬영. (1964. 8)

2차 외유를 마치고 공화당 당의장에 복귀한 김종필이 취임식을 마친 뒤 정구영 전 총재와 악수하고 있다. (1965. 12. 27)

국회 본회의에서 신년도 민주공화당의 정책 기조에 대해 대표연설을 하는 김종필 당의장. (1966. 1. 21)

정치적 견제를 당하다

"그동안 두 차례나 외유를 하면서 국가와 당 그리고 여러분을 위해서
큰 봉사도 못하고 심려를 끼친 것을 뉘우칩니다. 두 차례의 선거를 앞둔 올해,
동지들의 단합과 적극적인 참여를 촉구합니다."

– 1967년 2월 26일, 공화당 창당 4주년 기념식에서

한·일회담 반대시위로 인한 6·3사태로 2차 외유에 나섰던 김종필은 1965년 말 공화당 의장에 복귀했다. 외형상으로는 박정희-김종필 체제가 복원됐으나 정국운영은 박 대통령 친정체제로 4인체제가 전면에 포진했다. 김종필 당의장은 실권 없는 당의장에 불과했다.

1967년 대통령 선거에서 박 대통령은 여유있게 당선됐다. 뒤이어 실시된 제7대 총선에서는 공화당이 원내 개헌선을 상회하는 의석을 확보했다. 김종필 당의장은 대선과 총선에서 우군의 지원 없이 홀로 선거 현장을 뛰며 득표 유세에 온 힘을 기울였다.

그러나 양대 선거의 승리를 자축할 틈도 없이 야당의 유례없는 관권·타락선거 공세와 그 후유증으로 연말 정국은 파행 운영될 수밖에 없었다.

김 당의장은 대선과 총선과정에서 4인체제의 견제와 소외를 당해야 했고, 또 대야 협상 과정에서도 소외되어 정치적으로 매우 어려운 국면을 맞았다. 이는 곧 1968년 정계은퇴 결심의 요인이 되었다.

국회 본회의에서 정당 대표연설을 하는 김종필 공화당 의장. 뒤는 이효상 국회의장. (1967. 1. 23)

제6대 대통령 선거 유세. (1967. 4. 3)

김종필은 민주공화당의 제6대 대선 선거사무장으로서 전국 5,000리를 돌며 73회에 걸쳐 박정희 대통령 후보의 당선을 호소하는 유세활동을 펼쳤다. 충남지역의 한 학교 교정에서 유세를 하던 중 주전자 물을 컵에 따르며 "우리나라가 성장을 하고 나면 이 컵에 물이 넘치는 것만큼 복지를 누릴 수 있다"고 말했다.

부인 박영옥 여사와 함께 서울 청구동 투표소에서 제6대 대통령 선거 투표를 했다. (1967. 5. 3)

선거가 끝난 후 밤 11시경 당사 상황실을 찾은 박정희 후보에게 개표 상황을 설명하는 김종필 당의장.

개표 상황에 자신을 얻은 김종필 당의장이 공화당사 내 기자실을 찾아 기자들과 바둑을 두고 있다. (1967. 5. 4)

김종필 공화당 당의장이 제6대 대통령 선거에서 윤보선 후보를 누르고 승리한 박정희 대통령에게 중앙선거위
원회 사광욱 위원장이 교부한 대통령 당선인 통지서를 전달했다. (1967. 5. 6)

제7대 국회의원 선거에 출마한 김종필 당의장은 20여
일 동안 전국을 돌며 유세를 벌였다. 충남 서산에서
지원 유세 도중 선 채로 도시락을 먹고 있다. (1967. 5.
21)

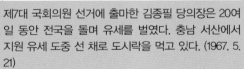

제7대 총선 유세 중 박영옥 여사(둘째 줄 가운데)가 청
중 속에 앉아 남편 김종필 후보의 연설을 듣고 있다.
(1967. 5. 21)

경남 진해에서 지원 유세 중인 김종필 공화당 의장.

야권 원로 정치인들과 함께. (1967. 7. 25)

서울 예총회관 앞에서 거행된 고 상산(常山) 김도연 박사의 사회장 영결식에 참석해 자리를 함께한 윤보선, 유진오, 박순천 등 야권 원로 정치인들과 잠시 환담을 나누었다. 오른쪽부터 김종필 당의장, 윤보선 전대통령, 유진오 신민당 당수.

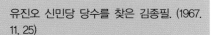

유진오 신민당 당수를 찾은 김종필. (1967. 11. 25)

제7대 국회의원 선거를 부정선거로 규정한 신민당이 국회 등원을 거부하고 국회에서 농성을 벌인 가운데, 김종필 공화당 의장이 점퍼 차림으로 농성장을 찾아 유진오 신민당 당수에게 담뱃불을 붙여주고 있다.

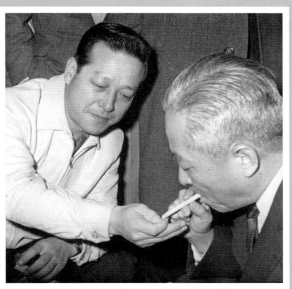

국민복지회 사건과 정계 은퇴

"1967년 대통령 선거가 끝나면 그만두겠다고 생각하고 있다가
기회를 놓쳐서 그냥 있던 참인데, 나를 몰아내려는 움직임이 있다는 것을 알고
속에서 불덩이 같은 화가 치밀어 올랐다."

–JP 회고담 중에서

　　김종필 당의장은 1967년 말까지 선거 후유증 수습을 위한 대야 협상에 전념했다. 이어 1968년 초 발생한 김신조 일당의 무장공비 침투사건, 미 정보함 프에블로호 납북사건, 예비군 창설 등으로 정신없이 분주했다. 진작부터 정계 은퇴를 생각하고 있었으나 대내외 여건이 허락하지 않았다.

　　1968년 5월에 들어 '국민복지회' 사건이 터졌다. 당내 김용태 의원 등이 농어촌 발전을 위한 연구단체로 만들었다는 조직이 다음 대선에 박정희 대통령 후계자로 김종필을 옹립하려는 단체로 둔갑되어 칼날이 김종필에게로 향해졌다.

　　그렇지 않아도 1967년 양대 선거 이후 당내 4인체제로부터 극심한 견제를 받아 정계를 떠날 기회를 엿보던 김종필 당의장은 5월 30일 전격적으로 공화당 탈당과 동시에 정계 은퇴를 발표했다.

　　국민복지회 사건은 공화당 내 비주류와 3선 개헌 추진 세력이 김종필을 견제하기 위해 조작한 사건이라는 견해가 많다.

1968년 한 집회에서 나란히 앉아 웃고 있는 박정희 대통령과 2인자로 주목받던 김종필 공화당 의장. 두 사람 모두 웃고 있지만 김 의장이 3선 개헌을 추진하는 박정희에게 처음이자 마지막으로 반발해 정계를 은퇴했던 해다. 그러나 박정희의 뜻을 끝내 거스를 수 없었던 김종필은 정계 은퇴 1년도 못 돼 다시 불려와 3선 개헌 지지에 앞장서야 했다.

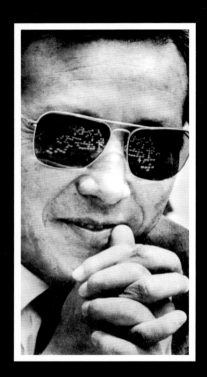

정계 은퇴 후 바둑 삼매경 (68.6.4)

김종필 당의장은 1968년 5월 30일 공화당을 탈당하고 국회의원을 비롯한 모든 공·사직에서 사퇴, 사실상 정계 은퇴를 선언했다. 이튿날 부산으로 내려가 칩거 중 극동호텔에서 구태회 의원과 바둑을 두고 있는 사진(선글라스에 비친 바둑판이 선명하다). 박정희 대통령과 모든 당직자들이 김 당의장의 사퇴를 간곡히 만류했으나 끝내 뜻을 굽히지 않았다. 그의 정계 은퇴 배경에는 이른바 4인체제 주도의 정국 운영, 3선 개헌 추진세력의 '국민복지회사건' 조작 등이 결정적 요인으로 작용했다. 김종필은 사퇴 선언 후 자택까지 따라온 동아일보 김진배 기자에게 "목수가 자기 살 집을 짓는 것은 아니다"라는 유명한 말을 남겼다.

모든 공직에서의 은퇴를 선언한 김종필 공화당 의장. (1968. 6. 3)

은퇴를 선언한 김종필 의장이 이·취임식장에
서 신임 윤치영 공화당 의장서리(왼쪽)와 악수
를 나누고 있다. (1968. 6. 5)

1968년 5월 정계 은퇴를 선언한 김종필이 5개월 후 미국 나들이를 위해 김포공항을 출발하기 전 부인 박영옥 여사와 기자회견을 하고 있다. (1968. 10)

JP를 소외시킨 4인체제

1964년의 6·3사태와 JP의 외유 이후 한·일회담과 월남파병 등 산적한 국정 과제 속에서 공화당 내에서는 주류와 비주류, 혁명 주체와 비주체, 군 출신과 민간 출신 간의 갈등이 고조되어 박정희 대통령은 자신의 정치력에 한계를 느끼고 있었다.

이때부터 박 대통령은 당내 통합과 국정 효율화를 위해 자신의 손발이 되어줄 친위 세력의 필요성을 절감하고 혁명 주체인 길재호와 비주체인 김성곤을 중심으로 소위 당내 '4인체제'를 출범시키고, 여기에 김형욱 정보부장과 이후락 비서실장을 가세해 명실상부한 친위 세력을 구축했다. 1966년 초의 공화당 당직 개편은 곧 4인체제의 전면 배치였다.

박 대통령은 5·16혁명 후 5년간은 정권유지를 위해 JP의 도움이 필요했으나, 친위 세력 구축 이후에는 반JP 세력의 JP 견제를 묵인 내지 지원했다.

이와 같은 구도 속에서 국민복지회 사건으로 비롯된 JP 퇴진은 마침내 박정희 대통령의 3선 행로를 터주는 결과로 이어졌다.

박정희 요청으로 다시 정계로

"정치를 할 생각은 없으나, 나라에 도움이 된다면 어떤 일이든 할 용의가 있습니다."
– 1970년 3월 24일, 구미(歐美) 동창회 10주년 기념만찬 연설에서

김종필이 정계 은퇴를 선언한 후 박정희 정부는 3선 개헌 활동을 빠르게 진행했다. 3 선 개헌의 골자는 임기 4년에 1차에 한해 중임할 수 있다는 기존 헌법을 3선까지 가능 하도록 바꾸는 것이었다. 대통령의 3선 개헌안은 1969년 9월 14일 국회에서 통과한 후 10월 17일 국민투표를 통해 확정됐다.

3선 개헌이 사실상 확정될 무렵, 박정희와 민주공화당은 1971년에 있을 대통령 선거 를 구체적으로 준비하기 시작했다. 이를 위해 당내 결속은 물론 대외적으로 추진력이 있는 사람이 절실했고, 그 적임자로 김종필이 다시 거론됐다. 즉 민주공화당이나 박정 희에게 김종필은 반드시 필요한 인물이었다.

민주공화당과 박정희의 요구에 김종필은 정계 은퇴 2년 7개월 만인 1970년 12월 28 일 민주공화당 총재 수석상임고문이라는 직책으로 정치 일선에 복귀했다. 이후 민주 공화당 부총재에 임명되고 1971년 5월 25일 3선 국회의원으로 당선되면서 본격적으 로 정치 활동을 펼쳤다.

1971년 3월 18일 김종필은 청와대에서 박정희 공화당 총재로부터 부총재 임명장을 받았다. 다음 날 김종필이 서울 소공동 공화당 당사에 출근한 것은 그가 모든 당직과 국회의원직을 내던진 지 2년 10개월 만의 일이었다.

1971년 5월 김종필 공화당 부총재가 8대 총선 투표 후 자택에서 밝은 표정을 짓고 있다.

정치

제7대 대선에서 박정희 후보 지원

"이번에 각하 표가 의외로 적었던 것은 역시 저희들 보좌하는 사람들 잘못인 것 같습니다."
"요담에 내가 그만두기 전에 그런 면에서 취약점을
확실히 보완할 수 있는 체제를 정비해 놓는 게
내가 마지막에 해야 할 일이 아닌가 하는 생각이 요새 들어."

−1971년 4월 28일, 박정희 대통령과의 대화에서
(이 대화로 박정희 대통령은 제7대 대통령 선거 후 유신체제를 구상한 것으로 볼 수 있다.)

1971년 제7대 대통령 선거는 집권당인 공화당과 단일 야당인 신민당의 싸움이었다. 특히 유진산이 당수로 있던 신민당은 '40대 기수론'을 펼친 김영삼, 김대중, 이철승 등의 등장으로 세대교체의 바람이 거세게 일고 있었다. 당시 신민당은 전당대회에서 김대중이 김영삼을 물리치고 최종 대선 후보로 선출되어 박정희와 맞서게 됐다.

만장일치로 박정희를 추대한 공화당은 본격적인 선거체제를 마련하기 위해 김종필을 복귀시켰다. 1971년 3월 민주공화당 부총재로 임명된 김종필은 대통령 선거운동의 핵심적인 역할을 수행, 한 달간의 선거 유세 기간 동안 총 81회에 걸쳐 지지 유세를 펼치는 등 박정희 대통령 후보 지원에 매진했다.

선거 결과 박정희 후보가 53.2%의 득표율로 김대중 후보를 누르고 제7대 대통령으로 당선됐다. 하지만 박정희는 이전 선거에 비해 득표 수가 줄어든 것을 두고 현행법으로는 더 이상 본인이 대통령에 당선될 수 없다고 판단했고, 이 생각은 이후 유신체제로 이어졌다.

제7대 대통령 선거 대전 유세장에서 공화당 박정희 후보가 옆에 앉아 연설 순서를 기다리는 김종필 부총재에게 무언가 적혀 있는 메모를 건네고 있다. (1971. 4. 10)

대전 유세장에서 박정희 후보 지원 유세에 나선 김종필이 수만 명의 군중 앞에서 열변을 토하고 있다. 김종필은 공화당 부총재로서 충북 제천을 시작으로 선거 하루 전인 4월 26일까지 31일 동안 하루도 빠짐없이 총 81회에 걸쳐 전국 곳곳 12만8,000km를 강행군했다.

춘천 유세장에서 육영수 여사에게 간이 고깔모를 씌워
주고 있다. (1971. 4. 13)

제7대 대선 유세 도중 찬조연사의 연설을 듣다가 만면에 웃음을 띠고 있는 박정희 후보, 육영수 여사, 김종필
부총재. (1971. 4. 13)

중앙청 광장에서 열린 제7대 대통령 취임식에서 박정희 대통령과 육영수 여사를 식장으로 안내하는 김종필 국
무총리. 박 대통령 바로 뒤에 박영옥 여사, 윤주영 문공부 장관이 보인다. 이날 경축식에는 미 애그뉴 부통령 등
59개국 180여 명의 각국 경축사절을 비롯 1,000여 명이 참석했다. (1971. 7. 1)

제11대 국무총리 취임

"닉슨 미 대통령의 중국 방문 때 한국 문제가 논의될 가능성에 대비하여
'한국 문제는 한국 사람 모르게 논의될 수 없다'는 확고한 의지를 미국 측에 이미 전달했다."

−1971년 8월 9일, 국회 본회의 외교·안보에 관한 질문에 답하며

　　박정희 대통령은 선거에서 김대중 후보를 이기기는 했으나 지지율이 떨어진 것에 불안감을 느꼈다. 또한 대선 이후 시행된 제8대 국회의원 선거에서 과반석을 차지했지만 예상보다 적은 113석에 머무른 것도 석연치 않아 했다. 이에 박 대통령은 보다 안정적인 국정 운영이 필요하다는 결론을 내렸고, 그 방안으로 김종필을 국무총리로 임명했다.

　　김종필이 국무총리로 임명된 이면에는 국정 운영의 안정 외에 공화당 안팎으로 커지고 있는 김종필 세력을 견제하려는 뜻도 있었다. 하지만 국무총리에 취임한 김종필은 이런 정치적 배경과 상관없이 맡은 바 소임을 다했다.

　　당을 넘어 공조를 추구하던 이 시기에 김종필, 김대중, 김영삼으로 이루어진 이른바 '3김 시대'가 열렸다. 김종필은 5·16혁명 주체세력임과 동시에 공화당의 여권 인사로, 김대중과 김영삼은 야권 인사로 1960~70년 정치 행적에서 다른 행보를 걸었다. 이후 이들의 관계는 1990년 3당 합당으로 김영삼과의 연합, 1997년 대선에서는 DJP(김대중-김종필) 연합으로 이어졌다.

1971년 6월 4일 아침 중앙청에 첫 등청하는 김종필 제11대 국무총리.

신임 김종필 총리가 박정희 대통령으로부터 임명장을 받고 있다. (1971. 6. 4)

박 대통령의 김종필 총리 임명은 7대 대통령 선거에서 야당의 김대중 후보에게 신승한 이후의 정국 운영과 무관치 않을 것이라는 평가를 낳았고, 한편으로는 김종필을 정치를 배제한 '국정 운영'에 한정시켜 두려는 박 대통령의 의도가 개재됐다는 추측도 있었다.

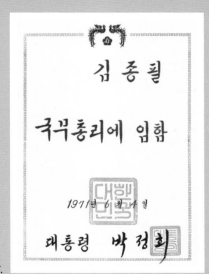

박정희 대통령으로부터 받은 제11대 국무총리 임명장.

취임선서를 하는 김종필 제11대 국무총리. (71. 6. 4)

신임 김종필 국무총리와 전 각료가 박정희 대통령 앞에서 취임선서를 하고 있다. 전날 단행된 개각 명단
은 다음과 같다. 국무총리 김종필(46·신임), 부총리 겸 경제기획원 장관 김학렬(48·유임), 외무부 장관 김
용식(58·신임), 내무부 장관 오치성(45·신임), 재무부 장관 남덕우(46·유임), 법무부 장관 신직수(44·신
임), 국방부 장관 정래혁(45·유임), 문교부 장관 민관식(53·신임), 농림부 장관 김보현(47·유임), 상공부
장관 이낙선(44·유임), 건설부 장관 태완선(56·신임), 보사부 장관 이경호(54·신임), 교통부 장관 장성환
(51·유임), 체신부 장관 신상철(47·유임), 문공부 장관 윤주영(43·신임), 총무처 장관 서일교(50·유임),
과기부 장관 최형섭(51·신임), 통일원 장관 김영선(53·유임), 무임소(경제) 장관 이병옥(44·유임), 법제
처장 유민상(50·유임), 원호처장 장동운(44·유임).

김종필 신임 총리와 백두진 전 총리(왼쪽)가 중앙청에서 열린 총리 이·취임식에서 악수를 나누고 있다. 김종필 총리는 취임식 후 김홍일 신민당 당수에게 전화를 걸어 취임 인사와 함께 협조를 당부했다. (1971. 6. 4)

김진봉 정무비서관 겸 공화당 수석 부총재 보좌역에게 임명장을 주고 있는 김종필 총리. 뒤 왼편이 서일 교 총무처 장관, 그 옆이 민관식 문 교부 장관. (1971. 6. 4)

백남억 공화당 의장과 환담. (1971. 6. 18)

김종필 총리가 6·3 개각과 연이은 공화당 당직 개편 후 처음으로 전 국무위원과 당무위원을 초청한 만찬회에서 백남억 당의장과 당정 협조에 관해 이야기를 나누고 있다. 1960년대 중반 반김종필 세력의 선봉에 섰던 이른바 4인방(백남억, 길재호, 김진만, 김성곤) 세력들은 3선 개헌 추진과정에서 김종필과 그 지지 세력을 갖가지 방법으로 견제하고 공격함으로써 결국 김종필이 정계 은퇴를 하기에 이르렀었다.

김종필과 길재호 의원의 심각한 대화. (1971. 6. 18)

워커힐 호텔 초청 만찬회에서 김종필 국무총리가 길재호 공화당 정책위 의장과 심각한 표정으로 얘기를 나누고 있다. 육사 8기 동기생인 두 사람은 5·16혁명 주체세력으로 혁명 전후와 제3공화국 수립과정에서 긴밀하게 국정의 모든 문제를 논의하는 사이였으나, 1960년대 중반 길 의원이 반김종필 4인방이 됨으로써 이후 두 사람의 관계는 매우 껄끄러웠다.

주한 미 대사관에서 열린 미국 독립기념일 축하 리셉션에서 김종필 총리가 김영삼 의원과 진지한 대화를 나누고 있다. 왼쪽부터 김종필 총리, 김영삼 의원, 한병기 의원. (1971. 7. 5)

같은 장소에서 김수한 추기경과 반갑게 인사하고 있다. (1971. 7. 5)

당을 넘어 공조共助를 추구하는 국무총리

"정부는 앞으로 외교 및 안보 문제에 대한 초당적인 중지를 모으기 위해,
필요한 경우 야당과 사전 협의를 가질 것이다."

– 1971년 8월 16일 국회 외무분과위에서 남북 간 정당대표자 회담과 관련하여 답하며

　　김종필은 1971년 제 11대 국무총리로서 4년 6개월, 1998년 제31대 국무총리로서 2년여 동안 재임하면서 이 나라 산업화 시대와 민주화 시대의 국정운영에 직접 참여한 진기록을 남겼다.

　　11대 국무총리 시절에는 유신체제라는 특수한 상황에서 무엇보다 국정 안정에 만전을 기했다. 이에 김 총리는 여야 지도자와 국회의원, 대법원장 등을 수시로 면담했으며, 재야인사들과의 교류는 물론 경제인들을 비롯한 언론·종교·문화예술·체육계 등 각계 인사들과 지속적으로 접촉했다.

　　김 총리는 국정 책임의 2인자로서 농촌경제를 살리기 위한 새마을운동의 전도사를 자임, 전국 곳곳을 돌면서 일선기관과 농민들을 격려했다. 또한 본격적인 공업강국, 수출입국을 위한 그의 다각적인 노력은 1970년대에 중화학공업의 육성과 수출 신장 등 산업화 시대를 여는 기반이 됐다.

첫 국회 국정보고를 하는 김종필 국무
총리. (1971. 8. 6)

사법파동으로 인한 여야 대립으로 공
전됐던 국회가 정상화되어 전 국무위
원과 함께 국회 본회의에 출석, 총리
취임 후 처음으로 국정보고를 했다.

중앙청 제1회의실에서 김학렬 부총리 등 전 국무위원들이 배석한 가운데 총리 취임 후 첫 기자회견을 하고 있
는 김종필 총리. (1971. 9. 4)

김 총리는 이 회견에서 시정 기본방향, 경제 불안에 대한 종합안전대책, 남북 적십자회담의 단계적 구상,
주요 사건의 연발에 따른 국민 불안 해소대책, 주월 국군의 철수 등 통일·안보문제 등 국정 전반에 대한
구체적 대책과 소신을 밝혔다.

10일간의 중앙부처 순시계획에 따라 외무부를 방문, 김용식 외무장관으로부터 업무보고를 받았다. (1971. 12. 14)

중앙청 총리실에서 신임 정석모 치안국
장과 이건개 서울시 경찰국장에게 임
명장을 준 뒤 격려하고 있다. 김종필 총
리 왼쪽은 김현옥 내무부 장관. (1971. 12.
14)

1972년 새해 첫 국무회의 주재. (1972. 1. 4)

김종필 총리가 새해 첫 국무회의를 중앙청에서 주재했다. 이에 앞서 중앙청 중앙홀에서 전 국무위원과 재경 3급 이상 공무원이 참석한 가운데 열린 정부 시무식에서 김 총리는 안보 우선 행정, 안정과 성장 추구, 부조리 척결 등 3대 시정방향을 제시했다.

경제기획원을 시작으로 계속된 박정희 대통령의 각 부처 연두순시에 김종필 총리가 항상 배석했다. 사진은 보건사회부 연두순시 자리에 박 대통령과 나란히 앉은 모습. (1972. 1. 13)

박 대통령과 함께 외무부의 업무현황 보고를 듣는 김종필 총리. (1972. 1. 18)

총리실에서 신임 김용환 상공부 차관에게 임명장을 주고 있는 김종필 총리. 김 차관은 후일 신민주공화당과 자유민주연합 창당, DJP 연합 등 김종필의 큰 정치적 고비마다 행보를 함께했다. (1972. 3. 8)

서울 남산 야외음악당에서 거행된 고 철기 이범석 장군 국민장 장례식에 참석해 조사를 통해 고인을 추모했다. 영전에 분향하는 김종필 총리. (1972. 5. 17)

김종필 총리가 국회 본회의에 출석해 '7·4 남북공동성명'의 내용과 발표 경위, 정부 대책을 보고하고 있다. 7·4 남북공동성명에 대한 대정부질의와 정부 측 답변은 이후 나흘간 계속됐다. (1972. 7. 5)

이임 인사차 총리실을 예방한 최두선 대한적십자사 총재를 접견하고 그간의 노고를 치하했다. 최두선 총재는 동아일보사 사장 재직 시 박정희 대통령에 의해 국무총리로 기용됐으며, 그 후 한적 총재로 일했다. (1972. 8. 18)

혁명 동지로서 10월 유신에 동참하다

"닉슨 대통령에게 10월 유신의 배경과 남북대화에 대해 자세히 설명했다.
닉슨 대통령은 한국을 계속 지원하겠다고 확언했고,
한국사태에 대해 충분히 이해하고 받아들일 수 있다고 말했다."

─1973년 1월 5일, 주미 한국특파원들에게 닉슨 대통령과의 면담 내용을 전하며

   3선 개헌으로 마지막 임기인 3선에 임한 박정희 대통령은 또다시 새 개헌을 준비했다. 1972년 10월 17일 박 대통령은 긴급국무회의를 개최하고 오후 7시 비상계엄령을 선포한 후 4개 항의 '특별선언'을 발표했다. 특별선언은 첫째, 국회 해산 및 정당 및 정치활동 중지 등 현행 헌법의 효력을 중지한다. 둘째, 정지된 헌법의 기능은 비상국무회의가 대신한다. 셋째, 평화통일 지향의 개정 헌법을 1개월 내에 국민투표로 확정한다. 넷째, 개정 헌법이 확정되면 연말까지 헌정 질서를 정상화한다는 내용이었다. 이후 11월 21일 국민투표를 통해 유신헌법이 확정됐다.

   '조국의 경제발전이라는 공(功)인가, 자유민주주의를 억누르는 과(過)인가'라는 선택의 기로에서 김종필 총리의 번뇌는 적지 않았다. 그러나 박정희의 혁명동지로서 맡은 바 역할을 다한다는 결론을 내린 김종필은 TV 대담 등을 통해 유신헌법 개정의 필요성을 알리고 12월 27일 유신헌법을 공포했다. 유신체제 하에서 김종필 총리는 내 편과 적을 구분하지 않고 국정을 위한 인재를 천거하는 등 인화 도모에 적극적인 자세로 임했다. 특히 김성곤 전 의원의 경우 공화당 시절 김종필을 견제하던 인물로, 한편으로는 정적이라 할 수 있는 사람이었지만 대한상의 회장으로 천거했다. 한편 그동안 혁명정부를 이끌어온 인물들과도 긴밀한 관계를 유지하고 학계와 행정계 인사들의 고른 등용에 신경을 썼다. 국내외적으로 어려운 시국에서 내각을 총괄하는 총리로서 민심 수습을 위한 '소통의 정치'를 누구보다 절감한 그는 이처럼 화합의 정치를 추구하면서 주기적인 민정시찰로 국민을 돕는 국정 운영을 꾀했다.

10월 유신 TV 대담. (1972. 11. 18)

김종필 국무총리는 KBS·MBC·TBC 3사가 동시 방영하는 대담 프로그램에 출연해 10월 유신의 배경, 지도 자론 및 한국의 미래상에 대해 설명했다. 이날 대담자로 문화방송 최석채 회장(맨 오른쪽), 중앙일보 신상 초 논설위원(왼쪽에서 둘째), KBS 강찬선 아나운서(맨 왼쪽)가 출연했다.

총리실을 예방한 기독교계 전군신자화(全軍 信者化)위원회 위원들을 접견했다. 이 자리 에서 김종필 총리는 논산훈련소 교회 신축 을 위해 금일봉을 전달했다. 왼쪽부터 시계 방향으로 김일환·백낙준 위원, 김종필 총리, 김용우·한경직·오재경 위원, 맨 왼쪽 얼굴 가려진 이는 이영열 목사. (1972. 8. 1)

서울 신당4동 투표소에서 부인 및 맏딸과 함께 통일주체국민회의 대의원 선거 투표를 하고 있는 김종필 총리.
(1972. 12. 15)

유신헌법 공포. (1972. 12. 27)

김종필 총리가 중앙청 중앙회의실에서 열린 유신헌법 공포식에서 식사를 통해 유신헌법을 공식 선포했다. 이에 앞서 10월 17일 박정희 대통령 주재 긴급국무회의에서 국회 해산, 헌법 효력 중단, 전국 비상계엄 선포 등을 의결하고, 김성진 청와대 대변인이 대통령특별선언을 발표함으로써 10월 유신이 단행됐다. 10월 23일 박 대통령이 주재한 비상국무회의에서는 비상국무회의법과 국민투표에 관한 특례법 및 동 시행령이 통과됐다. 이후 청와대 비상국무회의에서 헌법개정안(유신헌법)을 의결, 유신헙법에 대한 국민투표일을 결정했다. 11월 21일 실시된 국민투표에서 총유권자의 91.9% 투표, 투표자의 91.5% 찬성으로 유신헌법이 확정됐다.

김종필 총리가 윤천주 부산대 총장에게 임명장을 수여한 후 선서를 받고 있다. 헌법학자인 윤 총장은 5·16혁명 직후 당시 김종필 중앙정보부장과 혁명 주체들의 설득으로 혁명정부에 참여, 헌법체계 확립에 크게 기여했으며 민주공화당 사무총장을 역임했다. (1973. 5. 9)

새로 임명된 황인성 총리비서실장에게 임명장을 주고 있다. (1973. 3. 12)

총리실을 찾은 민복기 대법원장의 예방을 받고 유신헌법 하에서 행정부와 사법부 간의 역할과 협조 문제에 대해 의견을 교환했다. 이날 대법원장의 예방은 김종필 총리가 대법원으로 민복기 대법원장을 먼저 방문한 데 대한 답방이었다. (1973. 3. 15)

1974년 1월 5일 함병춘 주미대사에게 임
명장을 수여하는 김종필 총리. 교수 출신
의 함 대사는 함태영 전 부통령의 아들로
1983년 버마 아웅산 묘소 참사 때 대통령
비서실장으로 수행하던 중 순직했다.

대한상의 주최 신년인사회에 참석한 김종필 총리를 영접하는 김성곤 회장. (1974. 1. 8)

김성곤 회장은 1960년대 중반 김종필을 극도로 견제한 이른바 '4인체제'의 한 사람이었다. 그는 오치성
내무장관 해임안과 관련한 항명 파동으로 강제 정계 은퇴를 당했다가 김종필의 천거로 대한상의 회장을
맡았다.

서울 명동에서 민정시찰 중인 김종필 총리. (1974. 10.3)

서울 명동 예술극장에서 열린 개천절 기념식에서 대통령 경축사를 대독한 후, 주변 명동 일대를 걸으며
민정을 살폈다. 가운데에 김종필 총리, 왼쪽에 곽상훈 제헌의원, 이밖에 정일권 국회의장, 남덕우 경제부
총리, 구자춘 내무부 장관 등의 모습이 보인다.

유신체제 아래 화합을 추구하다

"과거 같으면 이런 자리를 만드는 것조차 힘들었을 것이다.
오늘은 여야가 자리를 같이했다는 자체만으로 뜻이 깊다."

－1973년 5월 11일, 3개 원내교섭단체 부부 동반 만찬을 주최하며

　　5·16군사혁명 이후 김종필은 초대 중앙정보부장을 시작으로 민주공화당 당의장, 국무총리 등 여권의 핵심인사로 등장했다. 하지만 김종필은 여권의 입장에만 서지 않고 야권을 비롯한 사회 각계각층과의 교류를 중요하게 여겼다. 국정 운영을 함에 있어 다양한 의견을 듣기 위해서였다.

　　국무총리 재임 중 보다 활발한 교류와 소통을 중시, 특히 야당인 신민당 의원과의 관계를 우호적으로 유지하기 위해 노력했다. 일례로 유신체제가 들어선 1973년 5월 17일에는 여야 국회의원 부부들을 초청하여 만찬을 주최했다. 이 자리에는 국무위원과 공화당, 유정회는 물론 정일형, 이철승, 고흥문, 김영삼, 신도환, 정해영, 이민우 등 신민당 중진 모두가 참석하는 등 국회의원 200여 명이 자리를 같이 했다.

　　이후 국회에서 유신체제의 역사적 의의를 설명했고, 해외 순방 보고 등 다양한 국정 보고를 통해 정부와 국회의 협력을 위해 노력했다. 이러한 김종필 총리의 노력으로 유신체제 하에서도 국가 발전을 위한 여야의 협조 무드가 유지될 수 있었다.

제8대 국회 개원을 맞아 김종필 총리가 여야 의원과 국무위원 전원을 영빈관으로 초청하여 만찬을 베풀었다.
김 총리가 만찬장에 들어서는 김홍일 신민당 당수를 반갑게 맞고 있다. (1971. 7. 26)

여야 의원 초청 만찬에서 김영삼 의원을 맞이하는 김종
필 총리 내외. (1973. 5. 17)

김종필 총리는 서울 타워호텔에서 여야 의원들과 정
부 각료 부부를 위한 초청 만찬을 베풀었다. 이날 만
찬에는 태완선 부총리를 비롯한 전 국무위원과 공화
당·유정회·신민당 국회의원 200여 명이 참석했으며,
신민당에서는 유진산 총재를 제외한 정일형·이철승·
고흥문·김영삼·신도환·정해영·이민우 의원 등 당 중
진 모두가 참석했다.

유럽과 일본 방문 후 귀국한 김종필 총리는 공화당과 신민당을 각각 방문한 데 이어 서울 삼청동 총리공관으로 정부 인사 및 여야 중진들을 초청, 해외 순방 결과를 설명했다. 사진은 신민당사에서 유진산 총재(오른쪽)와 악수하고 있는 김종필 총리, 앉아있는 사람은 정해영 의원. (1973. 6. 20)

미국 방문 출국 인사를 하기 위해 총리실을 방문한 이철승 국회부의장(왼쪽)과 환담을 나누고 있다. (1973. 6. 21)

총리실에서 여성 정치인 박순천 여사와 함께. (1973. 11. 1)

1973년 12월 3일 시행된 개각 사흘 뒤인 12월 6일 청와대 국무회의에 나란히 참석한 박정희 대통령과 김종필 총리. 당시 개각에서 김 총리를 비롯해 태완선 경제기획원 장관, 남덕우 재무부 장관 등 9명이 유임되고 김동조 외무부 장관, 서종철 국방부 장관, 신직수 중앙정보부장, 함병춘 주미대사 등 15명이 새로 임명됐다.

유신정우회 창립 1주년 기념식에 참석해 주요 참석자들과 함께 축하 케이크 촛불을 끄는 김종필 총리. 왼쪽부터 김 총리, 백두진 유정회 회장, 정일권 국회의장, 구태회 무임소 장관. (1974. 3. 11)

유정회는 정치적 성격을 띤 조직이지만 정당이나 정부기관이 아닌 준정당 조직으로 유신헌정체제의 수호 및 발전과 원내 정치적 입지 구축을 위한 독자적인 원내교섭단체로서의 역할에 활동 목표를 두었다. 이후 통일주체국민회의 선출 국회의원 임기인 3년에 맞춰 1976년과 1979년에 각각 개편됐고, 1980년 10월 27일 제5공화국 헌법의 발효에 따라 통일주체국민회의와 함께 해체됐다. 유정회 소속으로 4선이 된 김종필 총리는 정부와 공화당과 유정회 간의 협조 방안을 조율하여 유신사업 전반에 대해 정부와 여권이 힘을 모을 수 있는 기반을 만들었다.

서울 상도동에 마련된 고 유진산 신민당 총재의 빈소를 찾아 분향하고 있는 김종필 총리. 오른쪽부터 정일권 국회의장, 김종필 총리, 이효상 공화당 의장서리. (1974. 4. 28)

고 육영수 여사를 떠나보내다

"영부인께서는 우리와 유명을 달리하셨지만,
그 영명한 영혼이 이 겨레가 지향하는 나라 건설의
밝은 길잡이가 되어주실 것을 믿어 의심치 않습니다."

－1974년 8월 19일, 육영수 여사 장례식 조사에서

1974년 8월 15일 광복절 기념식이 열리던 국립중앙극장에서 북한의 사주를 받은 조총련계 재일교포 문세광이 쏜 총탄에 의해 영부인 육영수 여사가 피격 당했다. 육영수 여사는 서울대 의과대학 부속병원으로 이송된 후 오전 11시부터 오후 4시 20분까지 뇌수술을 받았으나 끝내 숨을 거두었다.

당시 서산목장에서 휴가 중이던 김종필 총리는 육영수 여사 피격 소식을 접하고 바로 상경해 오후 4시 30분경 서울대병원에 도착했다. 김 총리는 육영수 여사 사망 다음 날인 16일 국무회의를 열어 국민장을 치를 것을 결정하고 장례위원장으로 직접 장례를 지휘했다. 8월 19일 육영수 여사는 김 총리의 조사를 마지막으로 서울 동작동 국립묘지에 안장됐다.

중앙청 광장에서 거행된 육영수 여사 국민장에서 김종필 국무총리가 조사를 하고 있다. (1974. 8. 19)

비운의 흉탄에 유명을 달리한 지 사흘 만에 고 육영수 여사가 서울 동작동 국립묘지에 안장됐다. 왼쪽부터 김종필 총리 내외, 큰딸 박근혜, 아들 박지만, 둘째 딸 박근영. (1974. 8. 19)

여의도 국회 시대 개막

"새 정치의 희망 찬 출발을 위한 국회의사당 신축 부지를 여의도로 결정했습니다."

– 1967년 12월 27일 여의도 국회 시대의 서막을 알리며

1967년 12월 27일 김종필 공화당 의장이 국회의사당 신축부지를 여의도로 결정하겠다고 발표, 여의도 국회 시대의 서막이 올랐다. 여의도 국회의사당은 1969년 7월 17일 착공해 총공사비 135억 원으로 대지 10만 평, 건평 2만4,700평의 석조건물로 현대건설에 의해 신축, 1975년 9월 1일 준공식을 가졌다.

국회의사당은 제헌 국회 당시 중앙청에서 시작하여 한국전쟁 때 대구시 문화극장, 부산시 문화극장 등으로 옮겼다가 다시 서울로 이전하여 중앙청, 시민회관 별관 등을 거쳐 현재 여의도 국회의사당까지 이어지고 있는데, 단일 의사당 건물로는 동양에서 가장 크다.

건물 위의 둥근 지붕은 국민의 다양한 의견들이 찬반 토론을 거쳐 하나의 결론을 내린다는 의회민주정치의 본질을 상징하며, 장차 통일이 되어 국회의원 정원이 늘어날 것을 대비해 국회 본회의장은 좌석이 이동식으로 되어 있다.

서울 여의도에 신축한 국회의사당 준공식에서 3부 요인들이 개관 테이프를 자르고 있다. 왼쪽부터 민복기 대법원장, 박정희 대통령, 정일권 국회의장, 김종필 총리. (1975. 9.1)

국회의사당 전경.

제10대 국회의원으로 활동 재개

"1968년과는 달리 정말로 내가 정계를 떠날 때가 온 것 같다.
그래서 모든 걸 청산할 생각이다.
꼭 정치를 하거나 관직에 있어야 국가에 봉사하는 것은 아니다."

– 1978년 8월 22일 기자들과의 간담회에서,
하지만 이후 박정희 대통령의 부름을 받고 다시 정계로 복귀하게 된다.

1975년 12월 20일 김종필 총리는 취임 이후 4년 6개월 만에 총리직을 그만두게 됐다. 건강상의 이유를 들어 총리직을 내려놓은 김종필은 유정회 평의원으로, 한·일의원연맹 관련 일 외에는 정치적으로 나서지 않고 대통령 특사로 중남미·아프리카·구주 등을 방문, 해외 순방 외교를 펼치는가 하면 새마을 부락, 탄광촌 방문 등 민생 현장 방문으로 일정을 보냈다.

그 사이 제2대 통일주체국민회의 총회에 의해 1978년 7월 박정희 대통령 후보가 제9대 대통령으로 선출됐으며 제10대 국회의원 선거일이 12월 12일로 결정됐다.

김종필은 충남 부여·서천·보령 지역구에 공화당 후보로 출마하여 전국 최고 득표율로 당선됐다. 이렇게 5선 당선으로 정계에 복귀한 김종필은 1979년 2월 20일 공화당 총재 상임고문으로 임명되면서 본격적으로 정계활동을 재개했다.

제10대 국회의원선거에서 충남 부여·서천·보령 지역구에 공화당 후보로 출마한 김종필 의원이 부여중학교 교정에서 2만여 명이 운집한 가운데 열린 합동유세에서 후보연설을 했다. (1978. 12. 7)

충남 부여 선거 유세 중 김종필 후보 부부가 시민들과 직접 대면하고 있다.

10대 국회의원 선거에 출마한 김종필 의원이 부여지구당 사무실에 들른 지인들과 기념사진을 찍었다. 왼쪽부터 김진봉, 김 의원, 김종락, 신문영, 이긍규, 정인량.

압도적인 표차로 제10대 국회의원에 당선(5선)된 김종필 의원이 기자회견을 하고 있다. 뒷줄 맨 오른쪽이 비서
실장인 김진봉 의원. (1978. 12. 13)

공화당사에서 열린 제10대 국회의원 당선자
대회에 참석한 김종필 의원이 당의장실에서
이효상 당의장과 환담하고 있다. (1979. 1. 23)

정치

총선 후 처음 열린 제10대 국회 본회의에 출석한 김종필 의원. 오른쪽부터 오치성·박종규·김종필 의원. (1979. 3. 15)

박정희 대통령을 떠나보내다

"이분이 이렇게 가시다니….
천하를 마음대로 주름잡던 분이 숨을 거두고 이런 데 누우셨구나."
— 1979년 10월 26일, 박정희 대통령의 시신을 보고

1979년 10월 26일 김재규 중앙정보부장에 의해 박정희 대통령이 서거했다. 당시 언론사 사장 등과 저녁식사를 마친 후 청구동 자택에 돌아와있던 김종필은 밤 11시경 청와대에 급히 들어오라는 전화를 받았다. 그리고 청와대로 올라가 김계원 비서실장으로부터 박정희 대통령의 서거 소식을 상세히 들었다.

박 대통령 서거 다음 날인 10월 27일 최규하 총리가 대통령권한대행이 됐고, 정부는 최규하 총리를 위원장으로 하는 박정희 대통령 장례위원회를 구성하여 박 대통령 장례를 국장으로 치르기로 결정했다. 11월 3일 박정희 대통령이 서울 동작동 국립묘지에 안장되면서 5·16혁명을 시작으로 3선 개헌, 유신체제로 이어져 온 박정희 정권은 그 막을 내렸다.

중앙청 광장에서 거행된 고 박정희 대통령 영결식장에서 유족들이 오열하고 있다. 왼쪽부터 고인의 아들 박지만, 큰딸 박근혜, 그 뒤로 김종필 친족 대표. (1979. 11. 3)

빈소에서 분향하는 유족들.

대통령 통대선거 불출마를 선언하다

> "지금은 내가 나설 때가 아니오. 당신이 대통령이 되시오.
> 나도 적극 밀고 공화당도 밀도록 하겠소."
> — 1979년 11월 13일, 김종필을 대통령으로 추대하는 최규하 대행에게

10·26 사태 이후 박정희 대통령의 갑작스러운 죽음으로 인해 정국은 혼란에 빠졌다. 1979년 10월 29~30일 양일간 노재현 국방부 장관은 육·해·공군 참모총장 등 군 수뇌부회의를 열어 유신헌법을 폐지하기로 비공식 합의하는 한편, '최규하 대행을 통일주체국민회의에서 대통령으로 선출한다'는 비상시국대책회의의 통보에 반대하지 않기로 했다.

11월 10일 최규하 대통령권한대행은 특별성명을 통해 "현행 헌법에 규정된 시일 내에 대통령 선거를 실시하며, 새로 선출된 대통령은 전임자의 임기를 모두 채우지 않고 빠른 시일 내 헌법을 개정하여 그 헌법에 따라서 선거를 실시할 것"이라고 발표했다.

이 과정에서 공화당은 10대 대선에 후보를 내지 않기로 결정하는 한편 당무회의에서 김종필 의원을 공화당 총재로 선출했다. 그러나 다음 당무회의에서 김 총재를 대통령 후보로 선출할 것을 다시 의결하자 김종필 총재는 11월 16일 당 총재 취임식에서 통일주체국민회의에서 치를 대통령 보궐선거에 출마하지 않겠다고 선언했다. 당시 김영삼, 김대중과 함께 차기 대통령 후보로 언급되던 김종필 총재의 대통령 불출마 선언은 국민들을 놀라게 했다. 하지만 김 총재의 발언은 공화당 총재 취임 후 첫 기자간담회에서 "새 시대의 여야관계 재정립, 시국 수습을 위해 누구와도 만나겠다"라고 밝혔듯, '국민적 합의가 이루어지는 진정한 민주적 정치체제가 구축되어야 한다'는 그의 정치적 신념에서 나온 것이었다.

대통령 보궐선거 불출마 선언. (1979. 11. 16)

김종필 공화당 총재는 취임식에서 통일주체국민회의에서 치를 대통령 보궐선거에 불출마하겠다고 밝혔다. 국민들을 놀라게 한 김 총재의 불출마 선언은 '박정희 대통령의 불의의 서거로 유신체제는 끝났으며, 따라서 국민적 합의가 이루어지는 진정한 민주적 정치체제가 구축되어야 한다'는 그의 정치적 신념에서 나온 것으로 풀이된다.

박정희 대통령 서거 후 공화당은 박준규 당의장서리(서 있는 사람) 주재로 총재 상임고문·당무위원 연석회의를 개최, 통일주체국민회의에서 선출하는 제10대 대통령 선거에 당 후보를 내지 않기로 결정했다. (1979. 11. 10)

총재 취임 후 첫 기자간담회. (1979. 11. 13)

공화당 당무회의에서 만장일치로 총재로 선출된 김종필 총재는 첫 기자간담회를 갖고 당을 민주적으로 운영하고 새 시대를 맞아 여야관계를 재정립할 것을 밝혔다. 더불어 통일주체국민회의에 대선 후보로 출마하는 문제는 추후에 결정할 것이며 시국 수습을 위해 누구와도 만나겠다고 말했다.

민주 정국을 위하여

"우여곡절은 있었지만 우리 역사는 긍정적 방향으로 흐르고 있습니다.
이 흐름에 대한 양측의 확인이 있으니 앞으로 어떤 일이든 토론 상의하고
시시비비를 가리면서 국정을 펴나갑시다."

–1979년 11월 17일 김영삼 총재와의 영수회담 자리에서

김종필 민주공화당 총재는 기자간담회에서 밝힌 대로 안으로는 공화당의 재정비와 안정을 꾀했고, 밖으로는 여야 공조를 위해 야당 총재와의 만남을 이어갔다.

먼저 김영삼 신민당 총재와 영수회담을 가졌으며 곧바로 양일동 통일당 총재와도 회담을 가졌다. 김종필 총재는 야당 총재와의 회담을 통해 '평화적 정권교체의 기틀 마련과 국회의 활성화'에 합의하고 국회 정상화를 이끌어냈다.

또한 당 내부적으로는 당 소속 의원 전원을 상임위별로 만나 단합과 협조를 당부하면서 당의 결속을 도모했다. 이후 당사에서 열린 의원총회에 참석해 "앞으로 종교계·노동계 등 사회 각계각층 지도급 인사들과 만나 의견 수렴을 하겠다"고 말했다.

그 뒤 자신이 밝힌 바대로 국토통일원 고문들과의 면담, 공화당 전직 사무국 요원들의 친목단체인 은행나무동우회와의 만남 등을 통해 국가안보와 국정 안정에 노력을 기울였다.

이렇듯 김종필은 박정희 대통령 서거 이후 권력 싸움에 뛰어들지 않고, 차기 대통령 보궐선거 불출마 선언 이후 여야를 막론한 인사들과의 만남을 통해 국정 안정과 민주주의 의회 정착을 위해 노력했다.

김종필-김영삼 영수회담. (1979. 11. 17)

김종필 공화당 총재와 김영삼 신민당 총재가 서울 마포 신민당사에서 여야 영수회담을 가졌다. 두 사람은 이 자리에서 '소통을 이루는 의회정치'에 합의했다. 신민당 전당대회 이후 첨예한 대립을 보여온 여야관계는 YH사태로 더욱 악화되었다. 그러나 10·26을 고비로 전환의 새 시대를 맞아 신임 김종필 총재는 여당 총재로선 사상 처음으로 마포당사로 김영삼 총재를 예방, 평화적인 정권교체의 기틀을 마련하는 데 합심 노력할 것을 다짐했다.

통일당 양일동 총재와 회담. (1979. 11. 19)

신민당에 이어 통일당을 찾은 김종필 총재가 양일동 통일당 총재와 이야기를 나누고 있다. 두 총재는 평화적 정권교체의 기틀을 마련하는 데 여야가 모든 역량을 발휘하고 협력하기로 했다.

국토통일원 고문인 곽상훈, 박순천, 박종화, 모윤숙 등 원로 20명을 서울 신라호텔로 초청해 오찬을 하면서 시국 수습과 향후 정국 운영에 대해 고견을 들었다. 왼쪽이 곽상훈 고문. (1979. 11. 28)

은행나무동우회에 정국 안정을 위한 협조 당부. (1979. 11. 29)

김종필 총재는 당사를 방문한 은행나무동우회 회원들에게 오찬을 베풀고 "지금은 무엇보다 정국 안정을 위해 여야 모두 다 같이 협조해야 할 때"라고 말했다. 공화당 전직 사무국 요원들의 친목단체인 은행나무동우회는 이날 김종필 총재의 대선 불출마 소식을 듣고 그 뜻을 알기 위해 당사를 찾았다.

1998년 겨울, 은행나무동우회 회원들이 만찬을 함께한 후 김종필 총리와 기념촬영을 했다.

서울의 봄

"우리 공화당은 박 대통령의 유업을 선택적으로 계승하여
80년대 자유민주주의의 꽃을 피우겠다."

— 1979년 12월 20일, 서울시당 당직자 간담회에서

박정희 대통령의 서거 이후 맞은 첫 번째 해인 1980년은 전두환, 노태우 등 신군부세력이 일으킨 군사 반란사건(12·12사건)으로 정국이 매우 혼란스러웠다. 국민들은 불안정한 정국에 대해 불안감을 느끼는 한편 새로운 정치에 대한 기대 또한 충만했다.

김종필 총재는 이러한 국민들의 기대를 가슴에 품고 최규하 대통령 체제에서의 안정적인 국정 운영을 이루기 위해 공화당을 재정비하는 한편, 재계·군부 등 다양한 인사들을 만나며 새로운 정치체제 구축을 위해 노력했다.

이 과정에서 박찬종, 오유방 등 당내 소장파 의원들 중심으로 정풍운동이 일어났다. 이들은 5개 결의문을 통해 "부정부패자, 권력형 치부자, 도덕 타락 인사, 해바라기성 정치인의 출당 또는 당직 사퇴 등 당내 정풍운동이 전개되어야 한다"고 주장했다. 이에 대해 김종필 총재는 당무회의를 통해 "소장뿐만 아니라 노장들도 같은 생각이다. 그렇지만 극단으로 몰면 부작용의 우려가 있으므로 차근차근 개혁하겠다"는 소견을 밝히며 당 체질 개선을 약속했다.

이와 더불어 김 총재는 정주영 전경련 회장과의 접촉을 통해 경제 난국을 타결할 수 있는 방안을 모색하는 한편, 이희성 육군참모총장, 주영복 국방부 장관은 물론 예비역 장성들과 교류하면서 국가 안보에도 관심을 기울였다. 김종필의 이러한 행보는 시국이 불안하지만 이 시기에 반드시 정치 발전을 이루어야 하며, 그것이 곧 국민을 위한 최선의 방안이라는 신념에 따른 것이었다.

김종필 공화당 총재가 의원총회에서 당헌 개정과 당 기구 확대
개편안 및 당직 인선안에 대해 설명하고 있다. (1979. 12. 26)

공화당 당사 강당에서 공화·유정회 의원과 행정부 인사 등 1,000여 명이 모인 가운데 8년 만에 신년 단배식을
갖고 새해 새 출발을 다짐했다. 왼쪽부터 김유탁·이영근 의원, 박영옥 여사, 김종필 총재, 육인수·길전식 의원.
(1980. 1. 1)

새로운 체제의 공화당 시무식. (1980. 1. 7)

박정희 대통령 서거 이후 김종필 총재의 새로운 지도체제를 갖춘 민주공화당이 새해 시무식을 가졌다. 통일주체국민회의 대통령 출마를 완강히 거부했던 김종필 총재는 이날 시무식에서 "참다운 의회민주주의와 국민 의사가 국정에 반영될 수 있는 헌법을 갖는 것이 우리의 뜻"이라고 강조하고, 정국안정을 위해 모든 노력을 기울이겠다고 말했다.

구미에서 환대받는 김종필 총재. (1980. 2. 1)

김종필 총재가 대구에서 열린 경북·대구 당원 단합대회를 마치고 박정희 대통령 생가가 있는 선산·구미
지역에 들르자 당원들이 '백년취객 잘 오셨소'라는 플래카드를 들고 환영했다. 김 총재는 대구 단합대회
에서 "처갓집에 왔는데 여러분이 이 사위에게 암탉 이상 가는 박수로 맞이해 주어서 정말 고맙다"고 인사
하며 당원들의 단합을 호소했다.

주영복 국방부 장관, 위컴 유엔군사령관 등 한·미
군 간부들을 서울 롯데호텔로 초청, 만찬을 베풀
기 전 김 총재가 이희성 육군참모총장 겸 계엄사
령관과 악수를 나누고 있다. 이희성 사령관 왼쪽
은 문형태 국회 국방위원장. (1980. 2. 12)

공군 예비역 장성 모임인 보라매 회원 20명을 만찬
에 초청해 안보상황과 정치현안에 대해 의견을 나누
었다. 맨 왼쪽이 김종필 총재, 그 옆이 김정렬 전 공
군참모총장. (1980. 2. 20)

육군 예비역 장군 초청 만찬. (1980. 3.4)

김종필 총재는 이응준·백선엽 장군 등 역
대 육군참모총장 출신의 예비역 장군 11명
에게 만찬을 베풀고 향후 정치 일정과 국
가 안보 문제 등에 대해 대화를 나누었다.
이 자리에서 이응준·이형근·김용배 장군
등은 "김 총재의 뜻이 이루어지기를 바란
다"며 격려했다.

'춘래불사춘'에 정국 안정을 도모하다

"지금 나는 차창(車窓)이 흐려진 상태에서 천천히 조심스럽게 운전하고 있다.
정국 자체가 불투명한 이때 당 내부에서 시끄럽게 하는 것은 현명하지 못하다."

– 1980년 4월 3일, 전예용 당의장서리 취임식에서

1980년 4~5월 김종필 총재는 대내외로 매우 바쁘고 긴박한 나날을 보냈다. 당시 정치·사회적으로 한 치 앞을 내다볼 수 없는 불투명한 정국에서 김 총재는 '춘래불사춘'이라는 생각으로 당 내외 상황에 대처해 나갔다.

당 내부적으로 이후락의 반발, 박찬종 등의 정풍운동 추진 등으로 당은 내부 분열의 조짐이 나타났다. 갈등이 극에 치닫자 김종필 총재는 의원총회를 통해 이후락, 임호, 박찬종, 오유방 등의 징계를 결정했다. 이로 인해 위기에 처할 뻔했던 김종필의 당내 지도력은 다시 굳건해졌고, 다음 대선에서 승리하기 위한 당의 결속을 더욱 다져나갈 수 있었다.

또한 김영삼 신민당 총재와 영수회담을 지속해가면서, 헌법 개정안의 발의 책임이 대통령에게 있다는 이유로 정부 주도 개헌안을 만들겠다는 주장과 관련하여 "개헌안은 국회가 주도적으로 단일안을 만들어야 하며 정부는 국회 개헌을 존중해야 한다"는 데 인식을 같이했다.

외부적으로는 여성단체와 재일민단 등 정계 외 인사들과 두루 만났고, 버스안내양, 신문배달소년 등 사회적 약자도 직접 찾는 등 사회 전반의 목소리를 듣기 위해 노력했다. 또한 야당 인사들과의 만남을 통해 정국 안정을 도모하는 한편 개헌특위 정상화를 통한 개헌을 추진했다.

김영삼 신민당 총재가 김종필 공화당 총재와 회담에 앞서 악수하고 있다.

김영삼 신민당 총재와 오찬회동. (1980. 3. 5)

김종필 공화당 총재와 김영삼 신민당 총재는 서울 외교구락부에서 오찬회동을 갖고 국회 주도 개헌에 합의했다. 왼쪽에 김종필 총재, 김창근 공화당 정책위 의장, 최영철 대변인, 오른쪽에 황낙주 신민당 원내총무, 김영삼 총재, 박한상 사무총장, 이택돈 정책위 의장이 보인다. 이 자리엔 공화당의 양찬우 사무총장, 김용호 원내총무, 신민당의 박권흠 대변인도 참석했다.

기간당원들에게 1981년 대선 승리 당부. (1980. 3. 17)

서울 가락동 당 중앙훈련원에서 있은 기간요원 훈련 개강식에 참석, "과거 잘못에 대한 반성과 함께 신뢰
받는 정치, 균형 있는 경제, 정의로운 사회, 격조 높은 문화의 90년대를 이룩해야 하며, 이를 위해 내년 대
선 승리를 이끌어야 한다"고 강조했다. 개강식 후 구내식당에서 당 소속 국회의원, 훈련생들과 육개장으
로 저녁식사를 함께 했다. 맨 앞부터 배식 받는 김종필 총재, 이효상·정일권·박준규 고문.

전예용 당의장서리 취임식 참석. (1980.
4. 3)

공화당사에서 가진 전예용 당의장서
리 취임식에 참석한 김종필 총재는
"당의 단합과 결속으로 불투명한 정국에 슬기롭게 대처해 줄 것"을 당부했다. 왼쪽부터 김종필 총재, 정일
권 고문, 전예용 당의장서리.

부인 박영옥 여사와 함께 당 훈련원을 찾은 김종필 총재를 맞이한 부산·경북지역 부녀회장들이 일제히 팔을 치켜들며 "김종필을 지도자로!"를 외치고 있다. (1980. 4. 8)

김종필 총재 내외가 서울 가락동에 있는 정치훈련원을 찾아 훈련 중인 당원들을 격려하고 제166기 부산지역 여성 당직자들과 함께 공화당의 상징동물인 황소 조각상 앞에서 기념촬영을 했다. 앞은 김종필 총재 내외, 뒷줄 맨 오른쪽은 김유탁 훈련원장, 맨 왼쪽은 김임식 의원. (1980. 4. 8)

세계적 석학인 스칼라피노 교수의 예방을 받고 동북아 정세와 국내 정치 발전 과제 등에 대해 의견을 나누었다. 맨 왼쪽이 스칼라피노 교수, 김종필 총재 옆은 통역을 맡은 김운용 태권도 연맹 총재. (1980. 4. 8)

김종필 총재가 공화당사를 방문한 이철경 여성단체협의회 회장 등 여성단체 간부 10여 명을 접견하고 여성의
사회 참여, 청소년 및 근로여성 문제 등에 대해 좌담회 형식의 장시간 대화를 나누었다. (1980. 5. 1)

망명 아닌 망명길에 오르다

"상부에서 지시하는 대로 하게. 나중에 내가 도장만 찍어주면 되는 게 아닌가.
그러나 없는 것을 꾸며서는 안 되네. 있는 그대로 진실만을 바르게 기록하게.
당신들이 조사한 기록이 언젠가는 역사 앞에 드러날 것이고, 그때 모든 진실이 밝혀질 테니까."

−1980년 5월 18일, 구금되어 조사를 받던 중 수사관에게

10·26 사태 이후 국정이 혼란한 상태를 틈타 전두환, 노태우를 위시한 신군부 세력은 1979년 12월 12일 군사 반란을 일으켜 정권 장악을 위한 책동을 가시화했다. 신군부의 이런 움직임에 학생들을 중심으로 시위가 일어났고, 1980년 5월 15일 서울역에 10만여 명의 시위대가 모이며 정점을 이뤘다.

이렇게 학생시위가 확산되면서 김종필 총재는 당직자 회의를 통해 시국 수습방안을 논의하는 한편, 정부에 대해 국민의 신뢰를 회복할 수 있도록 과도정부의 정치 일정과 계엄 해제 문제 등을 명확히 할 것을 권고하기로 했다. 야권의 김영삼 신민당 총재 역시 과도정부의 시국 대처를 비판하는 특별담화문을 발표했다.

하지만 여야의 노력에도 불구하고 신현확 국무총리는 TV를 통해 시국담화를 발표하며 비상계엄령을 전국으로 확대했다. 신군부는 20사단 병력을 서울 잠실운동장과 효창운동장으로 이동시키고 정치인과 재야인사를 체포하거나 자택연금 조치를 취했다.

5월 17일 구금됐던 김종필 총재는 부정축재 혐의를 쓰고 모든 공직에서 사퇴하게 됐다. 구금된 지 46일 만인 7월 1일 풀려났으나 지속적인 감시와 통제를 받았다. 전두환 정권에 의해 일체의 정치활동을 금지당한 채 야인 생활을 하던 중, 1984년 7월 미국 공화·민주 양당의 전당대회 참관을 위해 출국했다.

寫瓶

一九八三年六月

於紐育

金鍾泌

우리는 變해가는 時代에
適應하지 않으면 아니되지만
그와 同時에 또한
不變의 原則을 堅持하지
않으면 아니된다

망명지에서 술병을 그리다. (1983. 6)

12·12사건(1979. 12. 12)과 광주사태(1980. 5. 18)로
신군부가 등장해 김종필 총재는 모든 공직에서 사
퇴하고 정치활동을 전면 금지 당했다. 이후 김종필
총재는 1984년 고국을 떠나 미국에 있었다. 미국 뉴
욕에 있던 어느 날 술병을 그리며 울적한 심사를 달
랬다.

신군부의 등장으로 모든 정치활동을 중단한 지 8년만에 대한상의 주최의 신년인사회에 참석, 정수창 대한상의 회장 소개로 전두환 대통령과 처음으로 인사를 나누며 환담했다. 오른쪽부터 전두환 대통령, 정수창 회장, 김종필 신민주공화당 총재, 유기정 중소기업협회장. (1988. 1. 6)

정계 복귀를 선언하다

"본인의 부덕과 죄 많은 탓으로 어이없이 중단 당한 채 오늘에 이른
조국 근대화와 민족 중흥의 과업을 일관된 굳은 의지로 펼쳐나갈 것을 다짐한다.
앞으로 꽃피는 전국 산하를 유람하며 만날 사람을 만나겠다."

— 1986년 3월 26일, 민족중흥동지회 주최 '김종필 귀국환영회'에서

1980년 6월 모든 공직을 사퇴한 후 정치활동 규제에 묶인 김종필은 1985년 3월 6일
을 기해 김대중, 김영삼과 함께 정치활동 규제가 해제되어 모든 정치활동을 할 수 있게
됐다. 하지만 당시 미국에 체류하던 김종필은 정치활동 규제가 풀렸음에도 불구하고
아직 때가 아니라는 이유로 귀국을 미뤘다. 이에 민족중흥동지회 등에서 김종필의 귀
국과 정계 복귀를 타진하고 나섰고, 결국 김종필은 미국으로 떠난 지 1년 7개월 만에
다시 한국 땅을 밟았다.

귀국 후 정계 복귀를 선언한 김종필은 지지 기반을 재구축하는 데 심혈을 기울였다.
1986년 4월 구 공화당 지역조직을 재정비할 것을 천명하고 전국을 돌며 예전의 공화
당 관계자들을 두루 만났으며, '김종필 구국선언 촉구대회', '민족중흥동지회 제19차
월례모임' 등을 통해 각계 인사들을 만나 정치 재개와 창당 의지를 밝혔다.

특히 민족중흥동지회 월례모임에서는 "1960~70년대의 집중화 현상은 오늘날 논란
의 대상이 되고 있으나, 어제가 있었기에 오늘이 이룩된 것이다. 어제를 지우면, 내일
도 오늘을 지울 것이다. 때문에 어제를 지우려는 자에게는 내일이 없다. 언젠가는 국민
에게 올바른 심판을 받은 뒤, 못 다 한 일들을 이룩하고 생을 마쳐야겠다고 생각하고 있
다"며 정계 복귀의 이유와 사명감을 피력했다.

전 공화당 총재 김종필 내외가 방미 1년 7개월 만에 김포공항을 통해 귀국해 300여 명의 출영객에 둘러싸여 있다. (1986. 2. 25)

김종필과 이후락이 구 여권 인사들 모임에서 6년 만에 만나 악수를 나누었다. 1980년 당시 김종필 총재를 비난하며 공화당을 탈당해 결별했던 이후락은 이날 "박정희 대통령의 민족 중흥 위업을 김종필 총재가 이어받아야 한다"고 말했다. 오른쪽이 김종필, 뒤쪽 가운데가 구자춘 전 내무부 장관. (1986. 3. 11)

민족중흥동지회 모임에서 정치 재개 의지를 표명하고 있는 김종필. (1986. 3. 26)

김종필은 민족중흥동지회가 주최한 '김종필 귀국 환영 및 제4회 회원의 날' 모임에 참석해 정치 재개를 피력했다. 구 공화·유정회 관계자 2,000여 명이 참석한 이날 모임은 1980년 5·17비상계엄 이후 최초의 구 여권 공개행사였다. 민족중흥동지회는 1984년 12월 구 공화·유정회 의원과 행정부 장·차관 출신들이 박정희 대통령의 유업을 발전시키자는 뜻으로 결성, 김종필 전 총재를 명예회장으로, 전예용 전 공화당 의장을 회장으로 추대했다.

정구영 전 공화당 총재 묘소 참배. (1986. 4. 15)

충북 영동에 있는 고 정구영 전 공화당 총재 묘소에 참배하고 유족들을 위로했다. 김종필은 5·16혁명 후 민주공화당을 만들 당시 정구영 변호사를 삼고초려(三顧草廬)하다시피 해 당 지도자로 모셨고 생전의 그의 꼿꼿한 정치적 신념을 늘 존경했다.

육사 8기생 임관 37주년을 맞이해 서울 육군회관에서 열린 기념만찬에 참석, 동기생들에게 인사말을 하고 있다. (1986. 5. 23)

신민주공화당을 창당하다

"나는 지난날의 뉘우침에 대한 보상을 하기 위해서도
내가 해야 할 일을 결자해지의 심정으로 해나갈 것이다."

－1987년 9월 20일, 서울 주요대학 학생대표들과의 토론회에서

1987년 4월 13일 전두환 대통령은 현행 헌법을 유지한다는 내용의 4·13 호헌 조치를 발표했다. 이는 대통령 직선제로의 변화를 꿈꾸던 국민들의 분노를 사 6월 민주항쟁을 불러왔다. 국민들의 반발을 이기지 못한 신군부 세력은 결국 6·29 선언을 통해 평화적 정권이양과 대통령 직선제로의 헌법 개정, 김대중을 비롯한 시국 사범의 석방 등 시국수습 8개 항을 선언했다.

지속적으로 정치 재개 의사를 천명하던 김종필은 1987년 7월 10일 열린 '역사를 통해 본 한국 지역사회의 새로운 방향' 강연회에서 "대통령 선거가 실시될 경우 국민의 심판을 다시 받을 각오가 되어 있다"라고 말해 대통령 선거 출마 의사를 처음으로 밝히고 9월 28일 공식적으로 정계 복귀를 선언했다.

김종필의 정계 복귀 선언에 맞춰 구 민주공화당 계열의 정치인들이 김종필을 중심으로 다시 집결했고, 한국국민당 소속의 구 민주공화당계 정치인들도 탈당하여 창당 작업에 참여했다. 이들을 중심으로 신당 창당은 순조롭게 진행됐고, 1987년 10월 5일 5,000여 명의 지지자가 모인 가운데 신민주공화당 창당 발기인대회가 열렸다.

신민주공화당은 서울 신문로1가의 신화빌딩에 당사를 차린 뒤 1987년 10월 30일 서울 동숭동 흥사단 강당에서 창당대회를 열었다. 이 자리에서 김종필을 신민주공화당 총재와 대선 후보로 선출했으며, 김 총재는 대선 후보 수락 연설에서 "국가와 국민을 위해 마지막으로 봉사와 헌신을 하라는 명령으로 알고 역사적 사명을 다하겠다"라고 대선에 임하는 각오를 천명했다.

'김종필 구국선언 촉구대회'에서. (1987. 9. 12)

부산 행복예식장에서 열린 '김종필 구국선언 촉구대회'에 참석해 2시간 동안 열변을 토했다. 이날 행사는 3,000여 명의 지지자들이 몰려 예식장 4층까지 만석을 이룬 것은 물론 행사장에 입장하지 못한 사람들을 위해 건물 바깥에 멀티비전 6대가 설치되는 등 성황리에 치러졌다. 이후 김종필은 전국 각지를 돌며 각계 인사들을 만나 정치 재개와 신당 창당 의지를 밝혔다.

정계복귀 선언대회. (1987. 9. 28)

서울 신라호텔에서 5,000여 명의 지지자들이 모인 가운데 정계복
귀 선언대회를 가진 뒤 내외신 기자회견을 했다. 김종필은 이날 정
계복귀선언 연설에서 "지난날 공화당 정권의 치적에 대한 국민의
정당한 심판을 받기 위해, 참다운 민주주의의 추진력이 되기 위해,
나라의 안정과 지속적 성장을 뒷받침하기 위해, 땀 흘려 일하는 침
묵하는 다수에게 보람을 안겨주기 위해, 조국의 근대화와 통일의
길잡이가 되기 위해 그동안 쌓아온 모든 지혜와 경험, 그리고 심혈
을 다 바쳐 남은 정열을 불태울 것을 다짐하며 정치현장에 복귀한
다"고 정계복귀 의지를 밝혔다.

충남 부여군 부여읍 백마강변 구드레 광장에서 부여와 인근 군민 10만여 명이 운집한 가운데 열린 '정계복귀 환
영대회'에서 김종필이 두 팔을 번쩍 들어 환영 인파에 답례하고 있다. (1987. 9. 29)

서울 뉴서울호텔에서 열린 서울청년회 주최 '김종필 선생 정계 복귀 환영 청년대회'에 초청연사로 참석, 연설했다. 1,000여 명이 참석한 이날 대회에서 청년들로부터 신당을 적극 지지하는 결의문을 전달 받았다. (1987. 10. 13)

신당 창당 선언 이후 새 당사 마련 과정에서 유무형의 압력을 받던 중 서울 신문로 소재 신화빌딩의 3개 층을 임차하고 가칭 신민주공화당 창당준비위원회 현판식을 가졌다. 이 현판 글씨는 김종필 총재가 직접 썼다. 왼쪽 부터 김용채·최재구 의원, 김 총재, 김효영 의원. (1987. 10. 25)

金鍾泌 新民主共和党 總裁 招請
寬勳 討論会

관훈클럽 초청토론회에서 연설. (1987. 11. 3)
서울 프레스센터에서 열린 관훈클럽 초청토론회에 참석한 김종필 신민주공화당 대선 후보는 기조연설을
한 후 패널리스트와 방청석의 질문에 대해 일문일답식 토론을 진행했다. 이날 토론회에서는 김 총재의 정
계 복귀와 신민주공화당 창당 배경, 대선 후보로서 정국 전망, 국내외 정세 등에 관해 질의응답이 있었다.

여성 당직자 정치대학 교육. (87. 11. 5)
서울 유스호스텔에서 열린 전국 지구
당위원장 부인과 여성부장들의 정치
대학 제1기 교육 수료식에 참석, 수료
증을 주고 12월 대선에서의 필승 의지를 다짐했다. 140여 명의 여성 당원들은 1박2일간 교육에 참여했다.
앞줄 가운데가 김종필 총재 내외.

대선과 총선을 통해 재기하다

"우리는 시간적 여유도 없이 쫓기는 상황에서 출발해
갖은 방해와 봉쇄책동에도 불구하고 최선을 다했다.
어려운 상황에서 우리를 성원해준 분들에게 보답하기 위해서도
지금을 새 출발의 계기로 삼아 새 역사를 창조하는 데 앞장서야 한다."

− 1987년 12월 17일, 대통령 선거 개표 결과를 보고

1987년 12월 16일, 16년 만에 대통령 직선제 선거가 실시됐다. 6월 항쟁의 결과로 얻어낸 대통령 직선제는 89.2%의 투표율을 기록할 만큼 국민들의 관심이 컸다.

대선 전까지 국민들은 1970~80년대 민주화 항쟁의 핵심 인물이었던 김영삼과 김대중의 후보 단일화에 높은 기대를 보였지만, 두 사람은 서로 의견 차이를 좁히지 못한 채 제각각 대통령 후보로 나왔다. 결국 1987년 제13대 대통령 선거는 집권당인 민주정의당의 노태우 후보, 박정희 정권의 핵심 세력이었던 신민주공화당의 김종필 후보, 통일민주당의 김영삼 후보, 평화민주당의 김대중 후보 등 노태우와 3김의 대결 양상으로 펼쳐졌고, 야권의 표가 분산되면서 신군부 세력인 민주정의당 노태우 후보가 당선됐다.

김종필 총재는 비록 대선에서 성공하지 못했지만 신민주공화당의 정치적 입지를 다지는 효과를 얻을 수 있었다. 이렇게 다져진 정치적 입지는 이듬해 치러진 제13대 국회의원 선거에서 그대로 나타나, 신민주공화당은 35명의 국회의석을 확보하는 성과를 거두었다.

1987년 9월 신당 창당을 앞두고 전국을 순회하던 김종필이 경남 함양의 한 식당에서 지역 인사들과 자장면으로 점심식사를 하면서 건배하고 있다. 오른쪽에서 둘째가 김종필.

김종필 대선 후보가 경남 울산 유세장에 나타난 이후락과 귀엣말을 나누고 있다. (1987. 11. 9)

충남 공주시 금강 백사장에서 열린 김종필 환영대회에 참가한 10만 인파가 '김종필 지지'를 연호했다. (1987. 11. 16)

장충공원 50만 유세. (1987. 12. 12)

대선 유세 중 최대 인파(50만 명)가 모인 서울 장충공원 유세에서 김종필 대통령 후보는 노태우 민정당 후보의 사퇴를 강력히 요구하고 집권층과 공무원들의 부정선거를 규탄하는 한편, 민주주의의 기회를 살리기 위해 민정당 정권을 몰아내 달라고 호소했다. 유세가 끝난 뒤 농악대와 구국청년당원들을 앞세운 지지자들이 서울시청 앞까지 카퍼레이드를 벌이는 동안 엄청난 군중이 가두로 나와 뒤따르는 바람에 시내 교통이 일대 혼잡을 이뤘다.

총선 개표에 환하게 웃는 김종필 총재. (1988. 4. 27)

1988년 4월 26일 치른 제13대 국회의원 총선에서 선전한 신민주공화당 후보들에 대한 개표상황을 지켜
보면서 환한 웃음을 지었다. 공화당은 총선에서 35개의 의석을 확보해 국회 내 캐스팅보트를 행사할 수
있는 기반을 갖췄으며, 김 총재는 이번 총선에서 6선을 기록했다. 왼쪽부터 장영순 선대위원장, 김종필 총
재, 김한선 사무2차장, 뒤쪽 오른쪽부터 김용채 사무총장, 김용호 사무1차장.

여소야대 정국에서 야권 공조를 이루다

> "야3당이 정치 현안들을 정치권에 수렴하는 차원에서 공동합의문을 만들었으므로,
> 여권도 문제 해결을 위한 정치력 발휘가 필요하다."
>
> – 1989년 1월 25일 당직자 회의에서 야3당 공조에 관해 이야기하며

제13대 대선은 민주정의당 노태우 후보의 당선으로 마무리됐지만 이듬해인 1988년 4월에 실시된 제13대 총선에서는 야권의 선전이 눈에 띄었다. 특히 35석을 확보한 신민주공화당은 국회에서 캐스팅보트 역할을 수행할 수 있는 위치로 자리매김했다. 또한 평화민주당과 통일민주당, 신민주공화당이 전체 299석 중 164석의 의석을 확보해 대한민국 헌정 사상 최초로 여소야대 정국을 형성했다.

이에 야권 결집의 필요성을 느낀 김종필 총재는 김대중 총재와 김영삼 총재에게 3김 회동을 제의하는 친필 서신을 보냈고, 양 김 역시 찬성의 뜻을 밝혔다.

김종필 총재의 주도 하에 야권 공조는 순조롭게 진행됐고, 1988년 5월 18일 야3당 총재 간 첫 회담이 열렸다. 내외신 기자 100여 명이 지켜보는 가운데 진행된 회담에서 야3당이 협력해 여소야대 정국을 주도적으로 이끌기 위한 방안이 폭 넓게 논의됐고, 그 결과 6개 항의 '국정운영방안'과 4개 항의 '당면문제 해결방안'에 합의했다. 이후 6월 8일에는 야3당이 남북 학생 판문점 회담 관련 공동발표문에 합의했다.

이렇게 야3당 총재회담을 중심으로 야권 공조가 활발하게 진행되면서 노태우 정권은 국정 운영에 큰 차질을 빚게 됐고, 이는 추후 3당 통합으로 이어졌다.

1988년 5월 2일 김종필 신민주공화당 총재는 친필 서신을 김대중, 김영삼 총재에게 보내 3김 회동을 제의했고, 양 김 씨 역시 적극 찬동한다는 답신을 보내왔다.

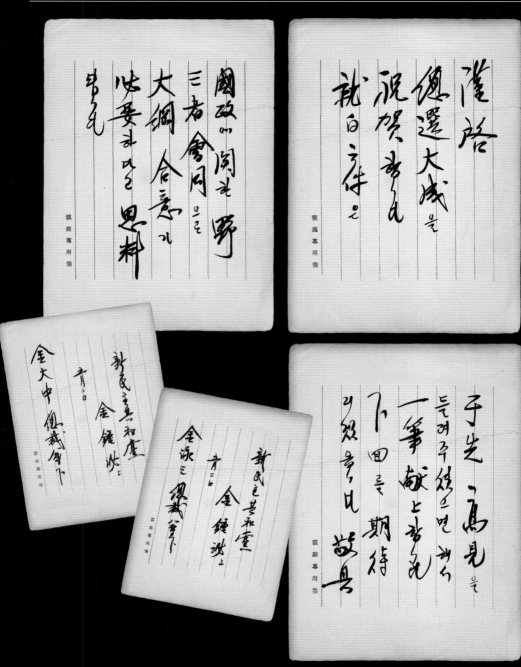

근계(謹啓) 총선 대성(大成)을 축하합니다. 취백지건(就白之件)은 국정에 관한 야 3자 회동으로 대강 합의가 필요하다고 사료됩니다. 우선 고견을 들려주셨으면 해서 일필(一筆) 헌상(獻上)합니다. 하회(下回)를 기대하겠습니다.

— 1988년 5월 2일 김종필 총재가 김대중·김영삼 총재에게 보낸 편지

보내주신 글월을 잘 배독하였습니다. 김영삼 선생과 더불어 3인이 만나서 국정에 관해서 협의하자는 말씀에 전폭 찬성하고 있습니다. 회합의 일정은 특별한 계획이 없으시면 저희 당의 전당대회인 오는 7일 이후 내주 중반경이면 좋겠습니다. 민주당 측 사정도 알아보시고 다시 회시해 주시면 감사하겠습니다. 더욱 건승하시고 귀당의 모든 일이 잘 되시기를 빌겠습니다.

—김종필 총재의 제의에 대한 김대중 총재의 답신

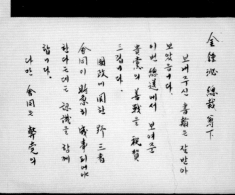

보내 주신 서한을 잘 받아보았습니다. 이번 총선에서 보여준 귀당의 선전을 축하드립니다. 국정에 관하여 3자회동이 시급히 성사되어야 한다는 데는 인식을 함께합니다. 다만 회동은 폐당의 체제 정비가 끝난 후가 되어야 한다고 생각합니다. 이 점 해량하여 주시기 바랍니다.

—김종필 총재의 제의에 대한 김영삼 총재의 답신

노태우 대통령 초청으로 야권 3당 총재들이 청와대를 방문해 영수회담을 가졌다. 오찬 회동에 앞서 김종필 총재가 노태우 대통령과 악수를 나누고 있다. (1988. 5. 28)

청와대에서 오찬 회동 중인 노태우 대통령과 야권 3당 총재들. 오른쪽부터 노태우 대통령, 김대중·김종필·김영삼 총재. (1988. 5. 28)

이 회담에서 민주화 추진 방향, 올림픽의 성공적 개최를 위한 공동노력, 지역감정 해소, 자유민주주의 체제 수호, 시국 현안 등 정국 운영 전반에 대해 논의했는데, 특히 남북문제 등 안보·외교 문제, 구속자 추가 석방문제, 국회 5개특위 운영문제, 해직공직자 복직 및 보상 문제 등이 중점적으로 다뤄졌다.

남북 학생 판문점 회담 문제를 논의하기 위한 회담이 김종필·김대중·김영삼 총재가 회동한 가운데 서울 여의도 국회 귀빈식당에서 열렸다. 이날 의제는 회담을 주선한 김종필 총재가 미리 준비한 공동성명 초안을 놓고 서로 조정하는 형식으로 진행됐다. (1988. 6. 8)

여야를 넘어 의회 민주정치로

"노 대통령은 야3당 총재가 합의하여 제기한 광주 문제 책임자 인책과
전·최 두 전직 대통령의 국회 증언을 통해 국민에게 용서를 빌고 관용을 얻어
화해와 화합으로 광주사태와 5공비리 문제를 조속히 매듭지어야 한다."

– 1989년 10월 12일, 국회 연설 중에

김종필 총재는 야3당 총재회담을 주도적으로 이끌면서 야권의 공조를 꾀했다. 하지만 김종필 총재가 원한 것은 단순히 야당으로서의 공조만이 아니라 여야가 협력해 대한민국의 경제적 난국을 타개하고 발전할 수 있는 의회정치를 이루는 것이었다. 이에 김 총재는 김대중 평민당 총재와 김영삼 통일민주당 총재는 물론 박태준 민정당 대표와의 회담 등을 통해 여야를 넘어선 정국 안정을 다지기 위해 노력했다.

또한 1988년 제13대 총선을 시작으로 지속적으로 신민주공화당의 당세를 확장하던 김 총재는 여당과 정부를 견제하며 의회주의의 기틀을 마련하는 한편, 5공 비리 문제 척결에도 앞장섰다. 또한 당 내부적으로는 신민주공화당의 전신인 민주공화당의 정신을 계승, 당의 정체성을 확립해갔다. 새로운 의회 민주정치를 위해 야당으로서의 역할을 수행하는 속에 신민주공화당의 입지는 더욱 커졌다.

국회 첫 대표연설. (1988. 7. 1)

김종필 신민주공화당 총재는 정계 복귀 후 처음으로 국회 본회의에서 대표연설을 했다. 김 총재는 5공 비리 문제와 관련해 "그 전모를 캐내 국민에게 알리고 현명한 민의에 따라 엄정하게 처리, 이 땅에서 다시는 이러한 비리가 재연되지 못하도록 장치를 해야 한다"고 강조했다. 뒤쪽은 김재순 국회의장.

고 박정희 대통령 9주기 추도식 개최. (1988. 10. 26)

그동안 5공화국 정부의 노골적인 방해로 제대로 된 추도행사를 갖지 못했던 고 박정희 대통령 추도식을 대규모로 개최했다. 이날 묘소 참배객은 2,000여 명을 넘었다. 분향하고 있는 김종필 총재 뒤로 전예용 민족중흥동지회 회장, 윤치영 전 당의장, 최재구 공화당 부총재 등이 보인다.

1988년 12월 26일 서울 마포구 도화동 성지빌딩에 새 당사를 마련하고 현판식을 가졌다. 공화당은 1990년 초 3당 합당을 하기까지 이 빌딩에 입주했다.

신민주공화당의 새 당사 입주식에 참석한 김대중·김영삼·김종필 총재와 윤길중 민정당 대표(맨 왼쪽부터).

야3당 총재회담 주도. (1989. 1. 24)

김종필 신민주공화당·김영삼 통일민주당·김대중 평화민주당 총재가 서울 마포 가든호텔에서 조찬 회담
을 갖고 7개 항의 정국 주도 방안에 합의했다. 이날 3야당 총재회담은 공화당의 주선으로 이루어졌다. 이
회담에서는 최규하·전두환 전 대통령의 5공특위 증언, 노태우 대통령 중간평가, 남북관계와 북방정책에
초당적 협력, 비민주 악법 정리와 민생 입법, 지방자치 실시, 사회 안정과 생업 보호, 노사문제의 자율적
해결 등을 합의, 발표했다.

노태우 대통령과 단독 만찬회동을 가진 김종필 총재. (1989. 3. 7)

김대중 총재로부터 노태우 대통령과의 회담 내용을 듣는 김종필 총재. (1989. 3. 11)

평민당 총재실을 방문해 김대중 총재로부터 전날 가진 노 대통령과의 회담 내용에 대해 설명을 들었다. 이에 앞서 김종필 총재는 국회 총재실로 찾아온 김대중 총재에게 노 대통령과의 회담 내용을 설명한 바 있다. 이 자리에서 두 총재는 관심의 초점이었던 중간평가 문제는 사실상 유보된 것으로 확인했다.

김재순 국회의장이 서울 신라호텔에서 주최한 김영삼 총재의 소련 방문 환송 만찬 모임에 4당 대표들이 참석, 손을 맞잡고 기념촬영을 했다. 왼쪽부터 김종필 공화당 총재, 김영삼 민주당 총재, 김재순 국회의장, 김대중 평민당 총재, 박준규 민정당 대표. (1989. 5. 27)

김종필 총재가 '내각제 개헌'을 주장하고 김대중 평민당 총재가 '내각제 개헌 검토 용의'를 표명한 데 이어 이종찬 민정당 사무총장이 '내각제가 기존 당론'임을 재천명함으로써, 내각제에 대한 1노(노태우) 2김(김종필, 김대중)의 뜻이 모아지는 상황이 됐다. 반면 김영삼 민주당 총재는 "내각제는 일고의 가치도 없다"고 홀로 고집을 부리는 형국을 언론이 시사만평에 담았다. ('경향만평', 1989. 4. 3)

1989년 10월 2일 김종필 공화당 총재와 김영삼 민주당 총재가 경기도 안양골프장에서 골프를 하던 중 골프채를 휘두르던 김영삼 총재가 실수로 엉덩방아를 찧고는 파안대소하고 있다. 두 총재는 골프 후 만찬에서 5공 청산을 위해 야3당 공조체제 복원이 필수적이라는 데 의견을 같이 하고, 야3당 총재회담을 갖기로 하는 등 7개 항을 합의했다.

정치

"5공 문제는 슈베르트의 미완성 교향곡과 같다.
이제 우리는 이를 미완의 장으로 남기고 새롭게 도약해야 한다."

1989년 초부터 지속적으로 요구되어오던 5공 비리 청산에 대한 요구는 12월까지 이어졌고, 이에 5·18 광주민주화운동 당시 특전사령관이었던 정호용 의원과 계엄사령관이었던 이희성 주택공사 사장이 사퇴했다. 뒤이어 마침내 전두환 전 대통령에 대한 국회 청문회가 열렸다. 하지만 청문회는 야당 의원들의 소란으로 인해 일곱 번의 정회 후 증언이 모두 이루어지지 못한 채 중단됐다.

김종필 총재는 1990년 1월 1일 신민주공화당 신년 단배식에서 전두환 전 대통령의 국회특위 청문회 증언과 관련해 "여러 곡절을 거쳐 증언대를 마련했으나, 풀어야 할 사람이나 풀려나야 할 사람들이 모두 철학은 물론 역사관·시국관도 없고 상식선도 못 지킨 것 같아 퍽 유감"이라며 전 전 대통령의 증언 내용과 야당 의원들의 대응 태도를 비판했다.

또한 5공 문제에 관해 "1822년 슈베르트는 제2장으로만 된 미완성 교향곡을 만들고 길지 않은 생애를 끝냈다"며 "전 씨 증언이 미흡한 것이 사실이나, 이제 5공 문제는 미완의 장으로 역사의 평가에 맡겨놓고 정치권은 새로운 경제도약과 정치안정에 최선을 다해야 할 것"이라고 밝혀 5공 청산 문제에 대한 종결 입장을 확고히 밝혔다.

1990년 신년 단배식에서 5공 청산 종결 입장을 분명히 밝힌 김종필 총재가 새로운 도약을 기원하며 건배하고 있다. (1990. 1. 1)

3당 합당과 민주자유당 출범

> "건전 야당의 육성과 발전은 곧 집권당 스스로의 절차탁마切磋琢磨인 만큼 이를 위해 각별한 노력을 기울여야 한다."
>
> – 1990년 2월 9일, 민주자유당 창당대회 최고위원 취임식에서

1990년 1월은 정계 개편에 대한 이야기가 심심치 않게 돌던 때였다. 김종필 총재는 정계 개편에 대해 "정계 개편은 편의적이고 야합적으로 이뤄져서는 안 되며, 이해를 바탕으로 대국적 측면에서 전개되어야 한다"고 주장하며 정계 개편을 주도적으로 이끌었다.

민주당 김영삼 총재와의 회동에서 현재의 4당체제로는 현실 타개가 어려우므로 정계 개편이 필요하다는 데 의견을 같이 했고, 노태우 대통령과 영수회담에서 여야가 대화와 타협의 정치를 다진다는 데 합의하는 한편 "장기적으로 내각책임제 개헌이 이루어질 수 있도록 정계가 재편되어야 한다"고 강조했다.

김종필 총재 중심으로 움직이던 정계 개편은 1990년 1월 21일 민정·민주·공화당의 3당 합당으로 마무리됐고, 김 총재는 이틀 뒤에 공화당 해체를 알리고 3당 합당 추인을 받았다. 이로써 1987년 10월 30일 창당했던 신민주공화당은 2년 3개월 만에 해체됐다. 이후 1990년 2월 9일 통합 신당인 민주자유당이 공식 출범했고, 이날 창당대회에서 노태우 대통령과 김영삼, 김종필이 공동대표로 선출됐다.

민정·민주·공화 3당의 합당은 헌정사상 계엄령이나 강제력에 의하지 않은 최초의 통합 신당으로서 의의가 있었다. 대화와 설득으로 3당 합당과 신당 창당을 일궈낸 김종필 최고위원은 이후 노태우 대통령, 김영삼·박태준 최고위원 등과 함께 민주자유당의 체계 확립 및 원활한 국정 운영을 위한 여당의 행보를 이어가기 위해 노력했다.

1990년 1월 '1노 3김'. 왼쪽부터 김대중, 김종필, 노태우, 김영삼.

새해 인사 겸 신임 인사차 공화당사를 방문한 민정당 박태준 대표위원을 반갑게 맞이해 환담을 나누었다. 이즈음 정계개편설이 무성해 김종필과 박태준 두 사람의 만남을 두고 언론의 관심이 높았다. 오른쪽이 박태준 대표. (1990. 1. 8)

김종필 총재는 임시당무회의를 열고 이의 없이 합당(민정·민주·공화당)을 공식 의결, "이제 건전 보수세력이 대동단결해 90년대 정치의 추진세력이 되어야 한다"며 합당 취지를 설명했다. (1990. 1. 30)

신민주공화당은 서울 세종문화회관에서 1,500여 명이 참석한 가운데 임시전당대회를 열고 민정·민주당과의 3당 합당을 만장일치로 의결했다. 이로써 구 공화당을 승계하여 1987년에 창당한 신민주공화당은 2년 3개월 만에 제4당으로서의 활동을 마감했다. (1990. 2. 5)

신민주공화당 김종필 총재가 당 해체 전당대회에서 당기를 흔들어 고별인사를 하고 있다. (1990. 2. 6)

서울 여의도 중소기업회관에서 열린 3당 합당 수임기구
합동회의에서 신당 창당을 결의, 민주자유당을 공식 출범
시켰다. 창당 서명식에서 서명하고 있는 김종필 총재와 이
병희, 김문원 의원. (1990. 2. 9)

3당 합당으로 공식 출범한 민주자유당은 서울 삼성동 종합전시장에서 노태우 대통령을 비롯한 3부 요인, 소속
국회의원, 정계 원로, 주한 외교사절과 당원 등 3,200여 명이 참석한 가운데 자축연을 열었다. 왼쪽부터 윤치영,
박태준, 김영삼, 노 대통령, 김종필, 신현확. (1990. 2. 9)

민주자유당 현판식. (1990. 2. 15)

서울 여의도 대원빌딩에서 김영삼, 김종필, 박태준이 함께 민자당 중앙당사 현판식을 가졌다. 민자당의 탄생은 보수세력의 결집으로 상징되며, 여소야대 정국을 여대야소로 재편한 중요한 정치적 의미가 있었다. 그러나 노태우 대통령 재임 중 내각제 개헌을 한다는 전제조건이 있었음에도 불구하고, 결국 무위로 끝나고 말았다.

민자당 전당대회에서 총재로 선출된 노태우 대통령이 김종필을 비롯한 세 최고위원의 손을 들어 대의원들에게 답례인사를 하고 있다. (1990. 5. 9)

合意文

歷史的인 民主自由黨의 제 1차 全黨大會를 앞두고
우리 3人은 信賴와 協調아래 國家와 黨의 發展을 위하여
合黨精神에 입각, 獻身할 것을 다짐하며 다음과 같이
合意한다.

1. 議會와 內閣이 함께 國民에게 責任지는
   議會民主主義를 具現한다.

2. 1年 以內에 議院內閣制로 改憲한다.

3. 이를 위하여 今年中 改憲作業에 着手한다.

1990年 5月 6日

民主自由黨 最高委員 盧泰愚
        最高委員 金泳三
        最高委員 金鍾泌

민주자유당의 제1차 전당대회를 앞두고 노태우·김영삼·김종필 최고위원이 의원내각제 개헌에 서명한 합의문. (1990. 5. 6)

노태우, 김영삼, 김종필, 박태준의 청남대 회동. (1990. 7. 24)

노 대통령과 김영삼·김종필·박태준 최고위원 등이 청남대에서 회동, 정국 상황을 논의했다. 이날 노 대통령은 야당이 요구한 국회 해산과 총선 실시를 단호하게 거부하면서, 야당의 장외투쟁과 의원직 사퇴 공세는 19세기 말 당파 싸움으로 국권을 침탈당한 역사의 재판이 우려된다고 말했다. 사진은 오찬회동 전후로 이어진 골프 라운드. 왼쪽부터 김종필, 노 대통령, 김영삼, 노재봉 총리.

청남대 골프 라운드 중에 김종필이 김영삼을 옆에 태우고 카트를 운전해 이동하고 있다.

1990년 10월 26일 서울 동작구 국립묘지에서 열린 박정희 대통령 서거 제11주기 추도행사에서 김종필 민자당 최고위원 부부와 박근혜·지만 씨 등이 분향하고 있다.

추도행사에서 만난 고인의 큰딸 박근혜에게 다정하게 인사하는 김종필 부부.

김영삼을 대통령으로 만들다

"나는 마루 밑의 받침대 같은 역할, 다시 말해 조연을 할 생각이다.
일선에 나서지 않으면서 뒷바라지를 할 생각이다.
조연이 잘하면 주연들이 박수갈채를 받게 돼있다. 나는 조연으로 만족할 것이다."

– 1990년 1월 21일, 3당 통합 관련 기자회견에서

3당 합당을 통해 건전한 여당의 목표를 가지고 출범했던 민주자유당은 이후 계파 갈등과 거대 여당에 대한 국민들의 반감 등으로 인해 1992년 치러진 제14대 국회의원 선거에서 원내 과반수 확보에 실패했다.

이에 민자당의 당 내분은 더욱 거세졌는데, 특히 대통령 선거 후보 배출을 두고 민주계의 김영삼 대표, 민정계의 박태준 최고위원의 갈등이 두드러졌다. 하지만 공화계인 김종필 최고위원은 3당 합당 때부터 지켜온 "당 화합을 위해 주연 아닌 조연으로서의 역할에 충실하겠다"는 공언대로 대선 후보 출마 대신 당의 화합에 앞장섰다.

당 대표최고위원으로 지명된 김종필 대표는 "앞으로는 모든 당무를 서로 상의해 처리하고 당정 일체를 이뤄나가는 한편 당의 기강을 바로잡겠다"고 자신의 역할을 피력하면서 정권 재창출을 위한 당원들의 단합을 호소했다.

이후 김영삼 대통령 후보 선출에 불만을 품은 민정계 인사들이 탈당해 대선 운동에 어려움을 겪게 됐지만, 김종필 대표는 이에 상관치 않고 대통령선거선대위를 발족하고 김영삼 후보 지원 활동을 본격적으로 시작했다.

김종필 대표의 김영삼 후보 지지 유세는 충청권·경상권·호남권 등 지역별 유세는 물론 재계와 군부 등 사회 각계각층으로 확산됐고, 김종필의 지원 하에 치러진 제14대 대통령 선거에서 마침내 김영삼 민자당 대통령 후보가 당선됐다.

민자당 후원회 제1차 운영위 개최 후 세 최고위원이 운영위원들과 함께 기념촬영을 했다. 앞줄 왼쪽에서 일곱 번째가 김종필, 아홉 번째가 김영삼, 열한 번째가 박태준 최고위원. (1992. 2. 6)

김종필, 김영삼 대표최고위원을 대선 후보로 지지. (1992. 4. 8)

김종필 최고위원은 노태우 대통령과 제14대 대선 후보에 관해 협의한 후 김영삼 대표최고위원을 비밀리에 만나 대선 후보 지지를 표명했다. 이날 김종필 최고위원은 그 전제조건으로 김영삼 대표최고위원에게 대선 당선 후 정부의 내각제적 요소 활성화, 박정희 대통령 기념관 건립, 당과 국회 기능 활성화 및 당원 중 총리 기용 등을 요구했다. 김영삼 대표최고위원은 이 조건들을 문서로 보장하겠다고 했으나, 김종필은 정치적 약속은 문서보다 신의가 중요하다며 사양했다. 그러나 이 약속은 끝내 지켜지지 않았다.

박태준 최고위원에게 경선출마 자제 요청.

1992년 4월 12일 민자당의 대선 후보 경선을 앞두고 서울 남성대에서 노 대통령과 세 최고위원, 이원경 대선후보경선관리위원장, 당3역이 골프 회동을 가졌다 (왼쪽부터 박태준, 김영삼, 노 대통령, 김종필). 김종필은 이날 오후 서울 성북동 포철 영빈관에서 박태준 최고위원을 따로 만나 노 대통령의 뜻을 전하며 대선 후보 경선 출마 자제를 요청했으나 박 최고위원은 이를 거절했다.

민자당 대통령 후보 경선 출마를 놓고 갈등이 심화되는 가운데 열린 당직자 회의에서 김영삼 대표와 김종필, 박태준 최고위원이 서로의 의중을 드러내지 않은 채 파안대소하고 있다. (1992. 4. 13)

당무회의가 끝난 후 엇갈린 자세로 회의장을 떠나면서 서로 알 수 없는 미소를 짓고 있는 김영삼 대표와 박태준 최고위원. (1992. 4. 17)

金泳三民主自由黨大統領候補推戴委員會

김종필 대표와 당직자들이 김영삼 민자당 후보의 선거 사무실에서 김영삼 대통령 후보 추대위원회 현판식을 거행하고 있다. (1992. 4. 29)

1992년 8월 30일 김종필 민자당 대표최고위원은 서울 근교 남성대 골프장에서 대표최고위원 취임 후 처음으로 노태우 대통령과 골프모임을 가졌다. 왼쪽부터 김 대표최고위원, 민관식 당 고문, 노 대통령, 김재순 당 고문.

1992년 10월 21일 민자당은 중앙당사에서 제14대 대통령선거대책위 발족식을 가졌다. 이춘구 의원이 김영삼 · 김종필이 지켜보는 가운데 선대위 출범 기념 서명판에 일곱 번째로 사인하고 있다.

김영삼 대통령 후보 추대 위 위원장을 맡은 김종필 민자당 대표가 김영삼 후 보와 담소를 나누고 있다.

정치

김영삼 민자당 대통령 후보가 1992년 12월 19일 새벽 당선이 확실시되자 여의도 당사 상황실로 나와 손을 들어
답례하고 있다.

화합 속의 개혁을 지향하다

"당은 대통령의 개혁의지를 뒷받침해야 한다. 이제 종전과 같은 당내 잡음이 있어서는 안 되며,
우리 역시 개혁의지를 갖고 당의 쇄신을 위해 노력해야 한다."

— 1993년 1월 13일, 당무회의에서

김영삼 후보의 대통령 당선 이듬해인 1993년 1월 4일 대통령직인수위원회가 조직
됐고 이에 따라 김종필 대표의 당내 행보는 김영삼 정권의 기초 다지기에 집중됐다. 김
대표는 새해 시무식에서 공론화를 통한 당 의사 결정, 당정 일체, 당 기강 확립 등 세 가
지 당 운영방침을 제시하면서 당의 쇄신을 강조했다. 또한 새 대통령의 개혁의지와 국
정운영을 뒷받침하기 위해 당원들이 협력해줄 것을 당부했다.

김영삼 후보를 지지하여 마침내 대선을 승리로 이끈 김 대표는 이후 민자당의 체제
정비와 기강 확립을 위해 최선을 다하는 한편, 새 정권이 화합과 공조를 이루는 행보를
이어갈 수 있도록 야당을 포함한 신·구 정치인, 종교계를 막론한 사회 각계각층 인사들
과의 교류를 적극적으로 추진했다. 안으로는 개혁과 쇄신을 추구하는 강한 지도자로,
밖으로는 포용과 관용을 갖춘 교량적 선도자로 맡은 바 소임을 묵묵히 수행했다.

제2회 남북한 장애인복지대회 참석. (1992. 11. 7)

김종필 민자당 대표최고위원이 서울 잠실 올림픽종합운동장에서 열린 제2회 남북한 장애인복지대회에 참석해 장애인들에게 휠체어 등 보장구를 전달했다. 맨 왼쪽부터 서의현 조계종 총무원장, 강영훈 대한적십자사 총재, 김수환 추기경, 김종필 대표최고위원.

김종필 민자당 대표가 경기 광명지구당 개편대회에서 위원장
으로 선출된 손학규 서강대 교수와 손을 잡고 인사하고 있다.
(1993. 4. 4)

서울 효창공원 의열사에서 거행된 임시정부 수립 74주년 기념 '효창원 7인 순국선열' 합동추모제전에서 이기택
민주당 대표와 함께 분향하는 김종필 대표최고위원. (1993. 4. 13)

1993년 9월 황인성 총리가 서울 삼청동 공관으로 역대 국무총리를 초청, 만찬을 베풀었다. 왼쪽부터 노재봉, 이현재, 현승종, 박충훈, 신현확 전 총리, 황인성 총리, 김종필, 김상협, 유창순, 이한기, 남덕우, 노신영, 강영훈, 정원식 전 총리.

1993년 12월 18일 총리 취임 인사차 서울 여의도 민자당사를 방문한 이회창 총리를 맞이해 "모두 기대가 크다"며 덕담을 전했다.

의원내각제를 꿈꾸며 자민련을 창당하다

"민자당 탈당의 이유는 김영삼 대통령의 3당 합당정신과
내각제 약속에 대한 유린 때문이다. 앞으로 신당을 만들어
내각제 개헌을 추진해 나가고 진취적 보수와 합리적 진보의 결합을 통해
점진적 개혁을 기해 나가겠다."

– 1995년 2월 9일, 민자당 탈당과 신당 창당 공식 선언 기자회견에서

김종필 대표가 김영삼 대통령을 대선 후보 때부터 지지했던 데에는 전제조건이 있었다. 현행 헌법상의 내각제적 요소 활성화, 박정희 기념관 조성, 당과 국회의 존중이 그것이었다. 그러나 김영삼 후보는 대통령이 된 후 약속을 저버렸고, 이로 인해 두 사람의 관계에 금이 가기 시작했다.

여기에 덧붙여 김영삼 대통령과 김종필 대표의 개혁에 대한 견해 차이도 있었다. 개혁을 주장하되 그 방법은 온고지신의 자세로 신중을 기해야 한다는 김종필 대표와 달리, 독선적으로 국정을 운영하던 김영삼 대통령은 결국 김 대표와 되돌릴 수 없는 관계가 됐다.

결국 김 대통령은 1995년 1월 10일 김종필 대표와의 오찬 회동에서 "당의 세계화와 지방선거 대비를 위해 김종필 대표가 물러나 줬으면 좋겠다"고 통보했다.

이에 김종필 대표는 1995년 1월 19일 민자당 대표직을 사퇴하고, 2월 9일 민자당 탈당과 신당 창당을 선언했다. 그와 함께 이종근·구자춘·정석모·조부영·이긍규 의원 등이 동시 탈당함으로써 1990년 1월 이루어진 3당 합당은 사실상 와해됐다.

이후 자유민주연합을 창당, 초대 총재로 취임한 김종필은 보수와 진보의 창조적 통합자로 새롭게 도약, 자유민주주의를 선택한 대한민국의 역사적 정당성을 지킨다는 의지를 굳건하게 실행해 나갔다.

김영삼 대통령의 연두 기자회견이 있은 1995년 1월 6일 오전 김종필 대표가 굳은 표정으로 민자당사에 들어서고 있다.

김종필 대표의 퇴진 문제가 정치 쟁점으로 부각되고 있는 가운데 충남 공주시민 90여 명이 "YS는 세계화 충청인은 JP"라고 쓴 플래카드를 단 관광버스를 타고 전북 익산에 나타나 눈길을 끌었다.

청구동 자택에서 민자당 대표직 사퇴를 밝히는 김종필 대표. (1995. 1. 19)

김종필 대표가 국회의원회관에서 민자당 탈당 및 신당 창당을 발표하고 있다. (1995. 2. 9)

자유민주연합 창당 발기인대회. (1995. 2. 21)

서울 장충동 앰버서더 호텔에서 발기인 1,710명이 참석한 가운데 자유민주연합 창당 발기인대회가 열렸다. 이 대회에서 김종필(왼쪽)을 명예창당준비위원장으로, 박준규 전 국회의장(오른쪽)을 창당준비위원장으로 선출했다. 김종필 위원장은 격려사를 통해 "우리 정치의 비극은 국가 의사의 결정이 단 한 사람의 권력자에 의해 이루어지고 있는 것"이라며 김영삼 정권을 비판하고 의원내각제로의 전환을 역설했다.

자민련은 1995년 3월 3일 서울 신수동 인산빌딩에서 김종필 명예준비위원장, 박준규 창당준비위원장 등 관계자들이 참석한 가운데 창당 준비위 현판식을 갖고 새 당사에 입주했다.

자민련 창당대회가 개최된 서울 장충체육관을 꽉 메운 당원들이 당기(黨旗)가 입장하자 모두 자리에서 일어나
박수를 치고 있다.

자유민주연합 총재 취임. (1995. 3. 30)

자유민주연합은 서울 장충체육관에서 대의원, 당원, 주한 외교사절 등 1만 2,000여 명이 참석한 가운데 창
당대회를 열고 새로운 야당으로 출범했다. 이날 창당대회에서는 김종필 전 민자당 대표를 당 총재로 선출
하고, 의원내각제 추진과 단일지도체제 등을 골자로 한 당헌을 채택했다. 왼쪽부터 구자춘 · 김용채 부총
재, 박준규 최고고문, 김종필 총재, 유수호 전당대회 의장, 정석모 · 김용환 · 최각규 부총재.

자민련의 도약

"우리 정치권력은 정체성·신뢰성·도덕성 상실로 위기를 맞고 있다.
이것을 바로잡는 정치세력은 오직 자민련밖에 없다.
대통령제는 1인 독재체제이며 이를 막기 위해 의원내각제 추진이 필요하다."

– 1995년 3월 30일, 자민련 총재 취임사에서

구 공화당계 인사를 중심으로 창당된 자유민주연합의 김종필 총재는 "포말(泡沫)처럼 사라지는 정당이 아니라 21세기를 주도적으로 이끌어가는 정당을 만들겠다. 앞으로 젊고 패기 있는 젊은이들을 규합해서 전국을 기반으로 하는 정당을 만들 것"이라고 말했다.

김 총재는 의원내각제의 필요성을 주장하며, 발전적 의회정치에 대해 목소리를 높였다. 그의 이 같은 신념은 신민당과의 합당을 일궈냈고, 이로 인해 자민련은 의원수 21석으로 단숨에 원내교섭단체로 성장했다. 또한 민자당을 탈당한 박준병 의원과 신한국당을 탈당한 정상천 의원이 자민련에 입당하는 등 전·현직 의원들의 입당 러시가 이어져 당세가 더욱 커졌다.

자민련의 당세 확장은 1995년 6월 27일 치러진 지방선거에서도 그대로 드러나 창당 3개월 만에 시·도지사 선거에서 충청·강원권을 석권, 언론은 이를 두고 '6·27의 최대 승리자는 김종필'이라는 표현을 쓰기도 했다.

이 같은 자민련의 도약으로 향후 정국 추이는 신 3김 시대 도래, 내각제 개헌 문제 제기, 3당 구도 정계 재편 등으로 변화했다. 이후 자민련은 이듬해 치러진 제15대 국회의원 선거에서 또다시 약진하여 의석수 50석을 확보, 명실상부한 3당으로 자리매김하며 정국의 중심에 서게 됐다.

자민련, 신민당과 통합하다. (1995. 5. 17.)

자민련과 신민당은 국회에서 합당수임기구 전체회의를 열어 양당 통합을 공식 결의하고 김종필 총재, 김복동 수석부총재의 지도체제를 추인했다.

국회 본회의에서 정당 대표연설. (1995. 7. 7)

자유민주연합 창당과 뒤이은 신민당과의 합당으로 원내 교섭단체가 된 자민련의 김종필 총재가 국회 본회의에서 정당 대표연설을 했다. 김종필 총재는 연설을 통해 일각에서 거론되고 있는 환상적 통일론을 경계하며 "대북 쌀 제공과 경수로 지원은 국회 동의를 받아야 한다"고 주장하고, 정부·여당의 실정을 강력히 비판했다. 이날 연설에 대해 민자당과 민주당 일부 의원들까지 "김종필 총재가 구구절절 옳은 탁견을 보였다"며 찬사를 아끼지 않았다. 뒤쪽은 황낙주 국회의장.

민자당 사무총장을 역임한 박준병 의원이 민자당을 탈당하고 자민련에 입당했다. 자민련 창당 이후 구 여권 인사와 충청, 강원, 경북·대구지역의 정치인들이 연이어 입당하는 가운데 박준병 의원(충북 보은·옥천·영동)의 입당은 보수세력의 결집이라는 차원에서도 정치권의 큰 관심을 불러 일으켰다. 왼쪽부터 박철언, 이학원, 김종필 총재, 구자춘, 박준병, 한영수, 김복동. (1995. 10. 14)

김종필 총재가 신한국당을 탈당하고 자민련에 입당한 정상천 의원(부산 중·동구)에게 부총재 임명장을 주고 있다. 그 옆은 김종호·조부영 의원. (1996. 2. 28)

김종필 총재는 제15대 총선에서 국회의원 8선으로 당선됐다. 선거 결과 신한국당 139석, 국민회의 79석, 자민련 50석, 민주당 15석, 무소속 16석으로 집계, 자민련은 창당 1년 만에 제3당으로 부상했다. 김 총재로서는 1988년 13대 총선(신민주공화당 35석)에 이어 두 번째로 정치 재기를 이룩한 셈이 됐다. 박준규 최고고문을 얼싸안는 김종필 총재.

서울 올림픽파크 호텔에서 가진 제15대 국회의원 당선자 세미나에 참석한 자민련 의원들이 연수복을 입고 기념촬영을 했다. 오른쪽 여섯째부터 박준규 최고고문, 김종필 총재, 김복동 수석부총재. (1996. 5. 13)

야당 파괴 공작에 맞서 국민회의와 공조

"멀리 있다고 안 되고 가깝다고 된다는 것은 어불성설이다.
멀어서 더욱 가까워질 수 있고 가까워서 더 가까워지기 어려울 수도 있는 것이다.
다만 나를 떠나야 한다. 나는 나를 떠난 지 오래다."

– 1996년 12월 18일, 기자회견 중 김대중 총재와의 공조에 대해 답하며

1996년 4월 총선에서 과반 의석수 확보에 실패한 신한국당은 야당 의원 빼가기 및 표적수사를 통해 불안한 정국 탈출을 모색했다. 하지만 이러한 행위는 오히려 야권 연대로 발전하는 계기가 됐다. 김종필 자민련 총재는 신한국당의 행위를 야당 파괴 공작으로 명명하고 "총선 결과 3당 분할구도 속에서 여야가 차원 높은 대화정치를 하라는 국민의 뜻을 짓밟고 당선자의 인권을 유린하는 행위"라고 주장하며 정면 투쟁을 결의했다. 이 결의는 국민회의 김대중 총재와의 회담으로 이어졌고, 그 결과 양당은 신한국당 규탄 대규모 장외집회를 개최했다.

이후 김종필 총재와 김대중 총재를 중심으로 한 야권 공조는 계속됐다. 특히 김종필 총재는 1996년 9월 6일 국민회의 창당 1주년 기념식에 참석해 "관점과 인식의 차를 극복하며 공조와 협력을 해 나가자"고 말해 야권 공조의 중요성을 주장했다. 민의를 존중해 자신을 버린다는 김종필 총재의 뜻은 후일 1997년 대통령 선거의 야권 후보 단일화로 이어졌다.

자민련·국민회의 합동 '4·11 총선 민의수호 결의대회'에서 김종필 자민련 총재와 김대중 국민회의 총재가 두 팔을 들고 군중들에게 인사하고 있다. (1996. 5. 26)

서울 보라매공원에서 자민련과 국민회의가 합동으로 신한국당을 규탄하는 대규모 장외집회를 가졌다. '4·11총선 민의수호 결의대회'라는 이름의 이 날 집회는 총선 이후 정부·여당이 국회 과반 의석 확보를 위해 갖가지 탄압과 수단으로 야당 당선자들을 영입하거나 무리한 구속수사를 하는 것을 규탄하기 위해 열렸다.

여당 규탄 장외집회 중 연설하는 김종필 총재.

두 총재가 태극기를 들고 환호하는 군중 사이로 카퍼레이드를 하고 있다.

국회 자민련 총재실을 방문한 이홍구 신한국당 대표를 맞아 정국 운영방안에 대해 의견을 교환했다. (1996. 7. 12)

1996년 9월 6일 김종필 자민련 총재가 국회 의원회관에서 열린 새정치국민회의 창당 1주년 기념식에 참석해 김
대중 총재와 나란히 앉아 담소하고 있다. 김종필 총재는 축사에서 "관점과 인식의 차를 극복하며 공조와 협력
을 해 나가자"며 양당의 공조를 강조했다.

제10회 仁村賞 시상 및 수상자
1996. 10. 11 仁村紀念會 東亞日報社

인촌상 시상식 및 축하연에 참석한 김종필 총재. 오른쪽부터 최형우 의원, 이만섭 전 국회의장, 김병관 동아일보 회장, 김 총재, 이건희 삼성그룹 회장, 김수한 전 국회의장, 이수성 전 총리, 정인영 현대자동차 회장. (1996. 10. 11)

한국방송기자클럽 주관 '김종필 자유민주연합 총재 초청 정책토론회'. (1996. 12. 4)

한국방송기자클럽이 주관한 정책토론회에 참석한 김종필 총재는 "내년 대선에서 이기려면 야권이 후보 단일화를 해야 하며,

단일 후보는 당선 가능성이 높은 사람이 지정돼야 할 것"이라고 말했다. 또한 내각제와 관련해 '나에겐 잠들기 전에 가야 할 몇 마일이 남아 있다'는 프로스트의 시 구절을 인용하면서, "잠들기 전이란 말은 내가 정계를 떠나기 전을, 가야 할 몇 마일은 내각제를 의미하는 것으로, 내각제에 대한 나의 확고한 결의를 강조한 것"이라고 풀이했다.

거리로 나온 두 총재. (1996. 12. 31)

김종필 총재와 김대중 총재 등 자민련과 국민회의 당직자들이 서울역 대합실에서 신한국당의 노동관계법 변칙 처리를 비난하는 당보를 시민들에게 배포했다. 김종필 총재가 거리에서 장외정치를 한 것은 이것이 처음이었다.

정치

내각제 개헌을 위해 대선 출마 선언

"나는 환상가도 아니고 터무니없는 과욕을 부리는 사람도 아니다.
70평생 상선여수(上善如水, 최고의 선은 물과 같다)의 자세로 순리에 따라 살아왔다.
정권교체와 단일화도 관계 당사자들이 순리에 따르면 된다."

─1997년 1월 7일, 신년 기자회견 중 대선 단일화에 대해 답하며

　　1997년 새해는 연말에 있을 대통령 선거에 대한 관심으로 시작됐다. 특히 김영삼 정권에 대한 심판과 정권교체에 대한 열망으로 야권 단일화 후보에 대한 관심이 컸다. 김종필 총재는 신년 기자회견에서 "정권교체는 반드시 이뤄져야 하며, 이를 위해 순리에 따라 후보 단일화를 해야 한다"는 말로 대선을 위한 야권 공조와 정권교체에 대해 굳은 의지를 피력했다.

　　또한 여야 영수회담을 거부한 김영삼 대통령에 대해 "민주주의는 대화정치이며 서로 기탄 없이 지혜를 모으고 문제를 해결해 나가는 것이 정치인들의 책임이다. 모든 일을 독선적으로 한다면 이 나라는 민주주의 국가가 아니다"라며 정국 안정을 위한 여야 지도자 교류를 거듭 제의했다.

　　시국 안정을 위해 여야를 막론하고 대화를 추진했던 김 총재는 현재의 정치체제로는 소통을 통한 의회정치를 이루기 어렵다고 판단, 대선에 출마할 결심을 굳혔고, 6월에 열린 전당대회에서 자민련의 대통령 후보로 선출됐다. 이날 그는 대선 후보 수락 연설에서 "이 나라, 이 시대의 명제인 내각책임제는 아무도 해낼 사람이 없다. 대통령에 반드시 당선돼 국민의 동의를 얻어 15대 국회 임기 안에 내각제 개헌을 이룩해 내겠다"고 결의를 표명했다.

서울 올림픽공원 체조경기장에서 열린 자민련 첫 전당대회에서 대선 후보로 선출됐다. 김종필 총재가 후보 경선에 낙선한 한영수 부총재로부터 축하 꽃다발을 받고 있다. (1997. 6. 24)

중앙일보 창간 32주년을 맞이해 서울 호암아트홀에서 열린 4당 대선 후보 초청 강연회에 참석해 연설했다. 왼쪽부터 국민회의 김대중 후보, 신한국당 이회창 후보, 중앙일보 홍석현 회장, 자민련 김종필 후보, 민주당 조순 후보. (1997. 9. 22)

자민련 대선 후보로 나선 김종필 총재가 유세장에서 부인 박영옥 여사의 귀엣말을 듣고 있다. (1997. 10)

대선 후보들의 유세가 한창인 가운데 김종필, 김대중 양 총재가 경남 김해시 김수로왕릉에서 열린 김해김씨 종친회 행사 '가락국 시조대왕 추향대제(秋享大祭)'에 나란히 참석했다. 김종필 총재 오른쪽이 김대중 총재, 왼쪽은 김용갑 의원. (1997. 10. 16)

김영삼 대통령이 청와대에서 대선 후보 초청 연쇄 개별회담 마지막 순서로 김종필 자민련 총재와 만나 악수하고 있다. (1997. 11. 3)

김대중을 대통령으로 만들다

"나는 비장한 심정으로 40여 년 정치 역정 속에 어려운 결심을 했다.
혁명을 한 사람으로서 국가와 민족을 위해
마지막 매듭을 지어야 할 정치적·도덕적 의무가 있고,
이 앞에 작은 나는 버릴 수 있다는 것이 나의 역사관이자 국가관이다."

−1997년 11월 3일, '김대중−김종필 단일화 합의문 서명식' 기자회견에서

김종필 대선 후보는 대선 행보를 계속하면서도 야권 단일화에 대한 끈을 놓지 않았다. 1997년 10월 4일 당 사무처 월례조회에서 김종필 총재는 "당이 있어 국가가 있는 것이 아니라 국가가 있어 당이 있다. 국가 차원에서 생각해야 대승적으로 결심하고 선택할 수 있다. 나를 죽여야 한다. 가까운 시일 내에 중대결단을 하겠으니 나를 따라주기 바란다"고 말해 김대중 후보와 야권 단일화를 도모할 의향을 비쳤다.

이어 김종필 후보는 김대중 후보와 대선 후보 단일화에 합의, 대선 후보 사퇴 및 김대중 후보의 단일화를 공식 천명했다. 그 후 자민련에 입당한 박태준 의원과 함께 DJT 연대를 출범시킴으로써 야권 단일화 공조를 마무리했다.

그러나 김대중 대통령 후보 단일화와 관련해 일부 의원들이 반발하여 자민련은 내홍을 겪게 됐고, 이 과정에서 김종필 총재는 명예총재직을 맡으며 당무 일선에서 물러났다.

이후 김 총재는 공식 선거운동이 시작되자 충남 당진·아산을 시작으로 천안, 공주, 논산 등 충청권을 돌며 김대중 후보 지지를 호소하는 유세를 적극적으로 펼쳤다. 김종필의 지지에 힘입은 김대중 후보는 한나라당의 이회창 후보를 누르고 제15대 대통령으로 당선됐다. 대선 소식을 전한 언론 등은 제15대 대선을 '헌정사상 선거를 통한 첫 수평적 정권교체'라고 규정하는 한편, 'DJ 대통령 만들기의 일등공신은 누가 뭐래도 JP'라고 분석했다.

자민련과 국민회의는 오랜 물밑협상 끝에 국회 의원회관 대회의실에서 양당 당원 500여 명이 참석한 가운데 대선 후보 단일화 합의문 서명식을 가졌다. 김종필 오른쪽의 김용환 자민련 '단일화협상을 위한 수권위원회' 위원장과 김대중 왼쪽의 한광옥 국민회의 위원장이 두 총재의 서명을 거들고 있다. (1997. 11. 3)

정치

1994년 11월 4일 경북 포항 북 보궐선거에서 당선된 박태준 전 민자당 최고위원이 자민련에 입당했다. 왼쪽부터 박태준 의원, 김종필 총재, 김복동 부총재.

서울 여의도 국회 귀빈식당에서 김종필, 김대중, 박태준 3자가 오찬 회동을 갖고 대선 승리를 위해 손을 맞잡았다. 이로써 이른바 'DJT연대' 체제가 공식 출범했다. (1997. 11. 6)

서울 여의도 63빌딩 국제회의장에서 'DJ 대통령 단일후보 공동선거대책기구' 발대식이 열렸다. 왼쪽부터 김복동 · 박태준 의원, 김대중 국민회의 총재, 김종필 자민련 총재, 박준규 의원. (1997. 11. 14)

자민련은 서울 잠실 롯데호텔에서 당 중앙위 임시대회를 개최, 박태준 의원을 총재로 선출하고 김종필은 명예총재로서 당무 일선에서 물러났다. 박태준 신임 총재가 김종필 명예총재의 팔을 끌며 뭔가 보여주고 있다. (1997. 11. 21)

중앙선거관리위원회로부터 대통령 당선증을 전달받은 김대중 당선자가 DJT연합의 김종필 자민련명예총재, 박태준 자민련 총재와 함께 기념촬영을 했다. 왼쪽부터 김종필 자민련 명예총재 내외, 김대중 당선자 내외, 박태준 자민련 총재.

김대중 대통령 당선자가 국회의사당 본관 앞에서 열린 국민회의 · 자민련 양당 대통령 당선 환영행사에 김종필 자민련 명예총재와 함께 참석, 대국민성명을 발표했다.

김대중 대통령 내외와 김종필 국무총리 지명자 내외, 윤관 대법원장 내외 등 주요 인사들이 세종문화회관 세종 홀에서 열린 정부 주최 대통령 취임 경축연회에서 건배하고 있다. (1998. 2. 25)

제31대 두 번째 국무총리에 취임하다

"경제난 타개를 위해 현시점에서 내각제를 거론하는 것은 바람직하지 않지만,
모두 개인의 욕심을 버리고 국가를 위해서 내각제가 반드시 돼야 한다."

−1998년 8월 18일, 국무총리 취임 후 기자들과의 오찬 간담회에서

김대중 정권이 공식 출범한 1998년 2월 김 대통령과 김종필 명예총재, 박태준 총재
는 만찬 회동을 통해 김종필 명예총재를 김대중 정권의 초대 총리로 결정했다. 하지만
야당인 한나라당은 '김종필 총리 인준 불가'라는 당론을 확정, 총리 임명동의안 찬반
투표에서 일부 의원들이 '백지투표', '공개투표' 등 변칙 투표를 하는 일이 벌어졌고,
국민회의와 자민련 의원들의 저지에도 불구하고 새 정부 출범과 동시에 총리 임명이
무산되는 초유의 사태가 빚어졌다. 결국 김종필은 국무총리서리로 국정 운영에 임했
고, 우여곡절 끝에 서리 취임 후 167일 만에 제31대 총리로 임명됐다.

이로써 김종필 총재는 1971년 제11대 국무총리에 이어 두 번째 국무총리를 역임하
게 됐다. 김 총리는 두 차례 재임기간 동안 1970년대 산업화시대와 1990년대 민주화시
대에서 박정희 대통령과 김대중 대통령을 보좌하는 역할을 수행했다.

제31대 국무총리 취임. (1998. 3. 4)

김종필은 서울 세종로 정부종합청사에서 제31
대 국무총리서리 취임식을 갖고 장관들의 자율
과 책임을 강조하면서 "각 부 장관에게 운영 권
한의 전권을 주겠다"고 약속했다. 한나라당의
방해로 이뤄지지 못한 김종필 총리 임명동의는
8월에야 국회를 통과했다.

취임식을 마친 김종필 국무총리서리가 새 내각을 책임질 신임 각료들과 기념촬영을 하고 있다.

국회 본회의에서 총리 임명동의안이 통과한 후 의원들로부터 축하받고 있는 김종필 국무총리. (1998. 8. 17)

국무총리 임명 후 바로 다음 날 열린 국회 본회의에서 김종필 총리가 2차 추경예산안 제출에 따른 시정연설을 하고 있다. 뒤쪽은 박준규 국회의장.

김종필 국무총리가 1998년 12월 29일 집무실에서 '일상사무사(日常思無邪)'라고 쓴 신년휘호를 들어 보이고 있다.

국민과 소통하다

"민주주의는 다소간의 혼란을 겪으며 성장한다.
이에 대한 국민들의 오해를 풀기 위해
앞으로 여론을 수렴할 수 있는 공청회를 갖겠다."

– 1998년 6월 25일, 한국시민단체협의회 대표들과의 오찬에서

　　김종필 총리는 총리로서의 역할을 수행하는 과정에서 국민과 소통하는 데 많은 시간을 할애했다.

　　김 총리는 국정 운영에 있어서 가장 중요한 것은 국민의 목소리를 듣는 열린 귀라고 생각했다. 이에 정부의 술집 심야영업 규제 해제 방침에 반대하는 시민단체협의회 등 시민단체 대표들을 총리공관으로 초청, 오찬 간담회를 갖고 여론을 수용할 수 있는 공청회 개최를 약속했다. 또한 5·18 민주화운동 18주기 기념식에 참석하여 희생자를 추모하는 등 범국민적 공감대를 형성하는 한편, 지방 곳곳을 찾아다니며 지역감정 해소와 서민생활 향상에 최선을 다했다.

김종필 총리가 한국시민단체협의회 대표들을 초청, 오찬을 갖기에 앞서 공관 뜰에서 정광모 회장(맨 오른쪽), 송월주 스님(오른쪽에서 둘째)과 담소하고 있다. (1998. 4. 16)

광주시 소재 5·18 희생자 묘역에서 열린 5·18 민주화운동 18주기 기념식에 참석해 희생자를 추모하며 헌화하고 있는 김종필 총리. (1998. 5. 18)

정부의 술집 심야영업 규제 해제 방침에 반대하는 시민단체협의회 등 단체 대표들을 총리공관으로 초청, 오찬 간담회를 가졌다. 왼쪽부터 이남주 한국YMCA 사무총장, 김모임 보건복지부 장관, 지은희 여성단체연합 공동대표, 최영희 여성단체협의회장, 김종필 총리, 정광모 소비자연맹회장, 손봉호 기독교윤리실천운동 대표, 강문규 시민단체협의회 공동대표, 최열 환경운동연합 사무총장. (1998. 6. 25)

취임 1주년을 맞은 김종필 총리가 집무실에서 개인 홈페이지를 개통했다. 국민들과의 소통을 위해 개설한 홈페이지 안의 '휴먼김종필'에서 그는 자신의 애창곡으로 프랭크 시내트라의 '마이웨이', 좋아하는 탤런트로 유동근과 채시라를 꼽았다.

열린 정치를 펼치다

"6·25 이후 최대의 국난이 닥쳤음에도 정치는 오히려 공백상태다.
개인적인 증오에서 벗어나 남의 처지를 이해할 수 있어야만 민주주의가 이룩된다.
모두 증오와 협량(狹量), 저차원을 벗어나야 한다."

−1998년 10월 7일, 총리실 출입기자단과의 오찬간담회에서

김종필 총리는 1998년 IMF 외환 위기라는 미증유의 경제 난국을 맞아, 이를 극복하기 위해 많은 노력을 기울였다.

정권의 공동파트너인 자민련과 국민회의 양당의 협조체제를 더욱 가속화하고 국민회의 소속 재야 출신 국회의원 모임인 '열린정치포럼'과도 자리를 함께함으로써, 정치권이 국정 운영에 협조하도록 도움을 요청했다. IMF 정국 타개를 위해 경제단체장과 만나 기업의 구조조정을 당부하는가 하면, 근로자 계층의 협조를 얻기 위해 한국노총 등 노동계와도 격의 없이 대화했다. 이와 같은 김 총리의 열린 정치는 IMF 외환 위기를 극복하고 국민 통합을 이루는 밑거름이 됐다.

1998년 6월 8일 자민련 명예총재인 김종필 총리가 6·4 지방선거에서 당선된 자민련 소속 시·도지사 4명을 총리공관으로 초청, 만찬을 베풀었다. 오른쪽부터 박태준 자민련 총재, 박영옥 여사, 최기선 인천시장, 이원종 충북지사, 김종필 총리, 심대평 충남지사, 뒤쪽 연단에 박준규 최고고문. (1998. 6. 8)

6·25 50주년 기념사업위원회(위원장 백선엽 예비역 대장) 위원 20명에게 위촉장을 수여하고 기념사진을 찍었다. (1998. 9. 24)

민족중흥동지회 간부회원들을 삼청동 총리공관으로 초청, 만찬을 베풀고 기념촬영을 했다. (1998. 10. 28)

민족중흥동지회는 1980년대 초 박정희 대통령의 조국 근대화와 민족중흥의 시대적 정신을 계승 발전시키기 위해 조직됐다. 이 동지회는 1987년 김종필의 정치 재개 발판의 역할을 했으며, 김대중 정권의 출범을 도왔다.

국무총리실 전·현직 간부들의 친목모임인 '국총회' 정기회의 만찬장에서 김종필 총리와 전직 총리들이 건배하고 있다. 왼쪽부터 황인성, 남덕우 전 총리, 김종필 총리, 유창순 전 총리, 박승복 전 행조실장. (1998. 12. 3)

한국노총 박인상 위원장 등 간부들을 삼청동 총리공관으로 초청, 오찬을 베풀고 환담을 나눴다. 김종필 총리가 박인상 위원장을 오찬장으로 안내하고 있다. (1999. 1. 13)

양당 국정협의회 개최. (99. 2.23)

자민련과 국민회의 10차 국정협의회가 총리공관에서 양당 지도부가 참석한 가운데 열렸다. 이 국정협의회는 모든 국정 현안에 대한 양당의 의견과 당론을 조정하고 해결책을 마련하는 회의체로 양당의 총재, 수석부총재, 당3역이 참여했다. 김종필 총리 오른쪽부터 박태준 자민련 총재, 김용환 수석부총재, 박준병 사무총장, 왼쪽부터 조세형 국민회의 대표, 김중권 부총재, 정균환 사무총장.

국민회의 재야 출신 국회의원 모임인 '열린정치포럼'(대표간사 이길재 의원) 소속 국회의원 16명을 총리공관으로 초청해 만찬을 함께하며 환담했다. 앞줄 왼쪽부터 김영진, 노무현, 임채정, 김종필 총리, 이우재, 이협, 김근태. (1999. 9. 16)

전직 대통령 초청 오찬 참석. (1999. 9. 20)

청와대에서 열린 김대중 대통령 주최 역대 대통령 부부 초청 오찬에 부인 박영옥 여사와 함께 참석했다. 이날 오찬에는 최규하·전두환·노태우 전 대통령이 참석했으며, 김 총리가 함께 초청받은 것은 김대중 대통령이 김 총리의 위상을 배려한 것이었다. 왼쪽부터 노태우 전 대통령 부부, 최규하 전 대통령, 김대중 대통령 부부, 전두환 전 대통령 부부, 김종필 총리 부부.

김종필 총리가 서울 신라호텔에서 열린 한·일협력위원회에 참석해 신현확 회장과 인사하고 있다. 왼쪽은 이승윤 부회장. (1999. 12. 1)

김대중 대통령 총리공관 방문. (1999. 12. 6)

집권 이후 처음으로 삼청동 총리공관을 찾은 김대중 대통령 부부(왼쪽)를 맞아 김종필 총리 부부가 만찬을 함께한 뒤, 단독회동을 가졌다. 이날 회동에서 김 대통령은 김 총리의 자민련 복귀시점을 내년 1월 중순으로 늦춰 줄 것을 요청했고 김 총리는 이를 수용했다. 그리고 국정 운영과 내년 총선에서 자민련 · 국민회의가 계속 공조하기로 합의했다. 한편 김 대통령은 '양당 공조의 테두리를 유지하기 위해서라도 후임 총리는 꼭 김 총리가 추천해 줄 것'을 부탁했다.

민의를 좇는 현장의 총리

"이치가 아닌 것이 이치를 이길 수 없고,
옳은 이치라도 법에 우선할 수 없으며,
법도 권세를 능가하지 못하고, 권세라 할지라도
필경에는 하늘 즉 민의(民意)를 거역할 수 없다."

－1998년 11월 20일, 열린 '제4회 명사미술전'에 출품한 '비리법권천(非理法權天)' 휘호의 의미

김종필 총리가 총리 재임기간 중 가장 핵심으로 염두에 둔 것은 집무실에서 국정을 운영하는 것이 아닌 현장, 즉 국민들과 만나며 소통하는 국정 운영이었다. 민의를 추구하는 그의 현장정치는 국민은 물론 사회 각계각층 인사들과의 만남을 통해 이뤄졌다. 작게는 낙도 어린이를 초청한 것부터 정계와 재계·검찰·방송계 등 사회 모든 분야에 걸쳐 행해졌다.

또한 검찰 간부들과의 만찬을 통해 여론을 수렴하는가 하면 중소 수출업체를 방문해 어려운 시기에 산업전선에서 힘쓰고 있는 근로자들을 격려했다. 또한 금강산 관광 1주년 기념식에서 정주영 회장과 만나 대북관계 개선에도 관심을 쏟았다.

어떤 권세라도 민의를 거스를 수 없다는 그의 신념은 총리 재임 중 내내 실천됐고, 집무실이 아닌 현장에서 수렴된 여론은 그가 펼친 정치 행보의 원동력이었다.

경기도 남양주 한강 둔치공원에서 개최된 '세계 물의 날' 행사에 참석해 한강 밑바닥의 쓰레기를 수거하는 잠수부들을 격려하는 김종필 총리. (1998. 3. 21)

어린이 날을 앞두고 서울 나들이에 나선 전남 신안군 낙도 어린이 40명을 서울 삼청동 총리공관으로 초청해 다과를 베풀고 건강과 즐거운 학교생활을 당부했다. (1998. 5. 4)

김태정 검찰총장(김 총리 왼쪽)을 비롯한 검찰 간부들과 만찬에 앞서 기념촬영을 했다. 김종필 총리는 취임 후 각계 인사들을 총리공관으로 초청, 오·만찬을 배풀며 여론을 수렴했다. (1998. 6. 26)

이북 5도 지사 및 도민회장들을 총리공관으로 초청해 오찬 간담회를 가졌다. (1998. 9. 14)

총리실에서 충북 음성 꽃동네를 일군 오웅진 신부로부터 정부 지원에 감사하는 감사패를 받았다. (1998. 11. 24)

편집보도국장 세미나에서 강연. (1999. 4. 30)

제주시 KAL호텔에서 열린 신문·방송편집인협회 세미나에 참석해 기조강연을 했다. 이 자리에서 김종필 총리는 "지금의 제도로는 참된 민주주의는 불가능하다"며 "제도를 바꾸는 데는 혼란과 착오가 있을 수 있으나 자꾸 기피하면 안 된다. 다 바꿔야 한다"고 말했다.

김종필 총리가 케이블방송인 '중앙방송' 출범식에 참석해 홍석현 중앙일보 회장 등 참석 인사들과 축하 케이크를 자르고 있다. 왼쪽에서 둘째가 김종필 총리, 셋째가 홍석현 회장. (1999. 5. 25)

총리실을 방문한 이만섭 국민회의 총재권한대행의 신임 인사를 받고 상호 긴밀한 협조를 다짐했다. 왼쪽부터 국민회의 이영일 대변인, 한화갑 사무총장, 이만섭 대행, 김종필 총리, 박상천 원내총무, 김옥두 총재비서실장. (1999. 7. 13)

경기도 동두천시 중앙동 등 경기도 북부 일원과 강원도 철원 등 수해지역을 시찰하고, 수해복구 지원을 독려하는 한편 이재민들을 찾아 위로했다. (1999. 8. 5)

서울 장충체육관에서 열린 금강산 관광 1주
년 기념식에 참석해 정주영 현대그룹 회장과
함께 축하 시루떡을 자르고 있다. 왼쪽부터
정몽헌 현대아산 회장, 한광옥 대통령비서실
장, 정주영 회장, 김종필 총리, 신낙균 문광
부 장관, 정인영 회장. (1999. 11. 18)

행사장에서 만난 정주영 현대그
룹 회장과 반갑게 악수를 나누는
김종필 총리.

김종필 총리가 금강산 관광 1주년
에 대해 축사를 하고 있다.

새천년민주당과 결별하다

"내년 1월 10일경 당으로 돌아가 각계각층의 보수인사들을 규합하는 보수대연합을 추진하겠다."
– 1999년 12월 26일, 자민련 이태섭 부총재에게

　　1999년 12월 22일 김종필 총리는 김대중 대통령과 단독 회동을 갖고 국민회의와 자민련이 합당하지 않는 것에 최종 합의하는 한편, 2000년에 있을 16대 총선은 두 당이 공조 속에 치르기로 약속했다.

　　2000년 1월 김 총리는 총리직을 사퇴하고 자민련 명예총재로 복귀했고, 이후 제16대 국회의원 선거에서 당선, 9선 국회의원으로 최다선 의원이 됐다. 그러나 김종필의 복귀와 당선에도 불구하고 자민련은 선거에 실패해 원내교섭단체 구성을 하지 못했다. 이에 자민련의 정치적 입지는 많이 줄었고, 자민련 소속인 박태준 총리가 취임 4개월 만에 사임하며 사실상 DJT 연합의 붕괴가 시작됐다.

　　여기에 김대중 정권의 내각제 개헌 불이행, 새천년민주당의 내각제 강령 제외 등으로 인해 DJP 공조도 살얼음판을 걷듯 위태로워졌다. 내각제 구현을 위해 양당 공조를 택한 김종필 총재는 내각제 개헌에 대한 약속을 지키지 않는 김대중 정권에 대해 또다시 배신감을 느꼈고, 이러한 DJP 공조의 위기는 2001년 8월 임동원 통일부 장관 해임 문제로 표면화됐다. 임 장관의 해임건의안이 한나라당과 자민련 협력 아래 국회를 통과하며 DJP 공조는 사실상 와해됐다.

　　김종필 명예총재는 2001년 10월 자민련 총재로 복귀, 이후 2002년 이인제 의원이 자민련에 입당하여 총재권한대행으로 임명될 때까지 1년여 동안 자민련을 이끌었다.

제16대 국회의원 선거가 열린 2000년 4월 13일 김종필 자민련 명예총재와 부인 박영옥 여사가 서울 신당4동사무소에 마련된 투표소에서 투표하고 있다. 이 선거에서 김종필은 9선 국회의원으로 당선, 최다선 의원이 됐다.

송영진, 송석찬, 배기선 의원이 2001년 1월 5일 자민련 당사에서 입당식을 마친 뒤 김종필 명예총재, 이한동 총재와 만세를 부르고 있다.

DJP 정부에서 2년여간 국무총리직을 수행한 김종필 총리가 퇴임 인사차 청와대를 방문해 김대중 대통령과 고별 인사를 나누고 있다. 뒤편에 김용채 총리비서실장과 한광옥 대통령비서실장.

김종필 자민련 명예총재와 이한동 총재가 마포당사에서 특별기자회견을 갖고 민주당과의 결별을 공식 선언했다. (2001. 3. 29)

고 정주영 현대그룹 명예회장의 빈소를 방문, 당직자들과 함께 헌화하는 김종필 자민련 명예총재. (2001. 3. 22)

2001년 3월 29일 서울 여의도 국회 의원회관에서 열린 박근혜 한나라당 부총재 후원회에 참석한 김종필 명예 총재가 덕담을 전하고 있다.

김종필 자민련 명예총재가 신수동 당사에서 임동원 통일부 장관 해임안과 관련해 임시 의원총회를 하고 있다. 왼쪽이 이한동 총재, 가운데는 변웅전 자민련 대변인. (2001. 9. 2)

김종필 자민련 명예총재가 대구 전시컨벤션센터에서 열린 제2차 정기전당대회에서 총재로 다시 선출된 뒤 김종호 총재권한대행, 부인 박영옥 여사와 함께 손을 잡고 대의원들에게 인사하고 있다. (2001. 10. 9)

풍운아의 정계 은퇴

> "'내가 죽으면 화장해서 고향 땅 부모님 옆에 묻어 달라'고 얘기했다.
> 비석에는 '국무총리를 지냈고 조국근대화에 힘썼다'고 써주면 만족이다."
>
> – 1998년 11월 1일 MBC-TV '시사매거진 2580' 인터뷰에서

제16대 국회의원 선거 이후 내리막길을 걷던 자민련은 제17대 국회의원 선거에서 재도약을 꿈꾸었다. 이에 김종필은 2004년 4월 경남 김해, 부산, 울산을 시작으로 서울 도봉·노원·중랑·동대문에 이르기까지 전국을 돌며 후보들의 지원유세를 펼쳤다. 하지만 결과는 의석수 4석으로 그쳤고, 비례대표는 1석도 얻지 못했다. 김종필도 10선 문턱을 넘지 못하고 실패했으며, 2004년 4월 19일 "국민의 선택을 조건 없이 수용하겠다"며 총재직을 사퇴하고 정계은퇴를 선언했다.

이로써 1961년 5·16군사혁명 이후 박정희 정권, 신민주공화당, 민자당, 자민련으로 이어져온 파란만장했던 풍운아 김종필은 43년의 정치여정에 마침표를 찍었다.

2004년 4월 19일 오전 서울 마포 자민련 당사에서 정계 은퇴를 밝히고 있는 김종필 총재.

정치

대단히 고맙습니다.

정계를 은퇴한 김종필 전 총재는 충남 부여 당직자 150여 명을 서울 여의도 63빌딩으로 초청해 오찬을 베풀고 40여 년간 성원해준 고향 당직자들에게 감사를 표했다. 이날 여흥 순서에는 가수 주현미와 설운도가 출연했다. (2004. 7. 9)

朴正熙 大統領 第二十七週忌 追悼式
2006.10.26

서울 동작동 국립묘지에서 열린 민족중흥동지회 주최 박정희 대통령 27주기 추도식에 참석했다. 앞줄 왼쪽부터 박지만 부부, 박근혜 의원, 김종필 전 총리. (2006. 10. 26)

서울 역삼동 르네상스호텔에서 열린 5·16 민족상 시 상식에 참석해 박근혜 전 한나라당 대표, 재단법인 5·16 민족상 김재춘 이사장 등과 나란히 앉아 있다. (2007. 5. 16)

구순을 맞이한 운정 김종필. (2015.)

운정회 발족

'나에겐 잠들기 전에 가야 할 몇 마일이 남아 있다.'

−김종필이 좋아하던 로버트 프로스트의 시구 중

김종필의 호는 운정(雲庭)이다. '구름 속의 뜰'이란 뜻으로 김종필 자신이 직접 지었다. 그리고 김종필을 따르던 사람들이 그의 호를 따 '운정회'라는 친목모임을 발족시켰다.

1961년 5월 16일부터 2004년 4월 19일까지 43년간 김종필은 한국 정치의 중심에 있었다. 그가 바랐던, 혹은 그렇지 않았던 정치란 그가 거부하거나 피해갈 수 없는 운명이자 업보였다. 그렇기에 그의 정치 인생에는 어둠과 밝음이 공존하고, 영광과 치욕이 함께한다. 하지만 그것도 김종필이기에 가능한 것이다.

2013년 운정회 발족식 때 5년 10개월 만에 김종필이 국회 헌정기념관에 나타났다. 2008년 뇌졸중으로 거동이 불편해졌지만 운정회가 창립되던 이날 김종필은 40여 분간의 긴 인사말을 통해 자신의 정치역정과 1960~70년대의 조국 근대화와 민족중흥의 역사를 감회 깊게 되새겼다.

43년간의 김종필의 정치 행보는 마무리되었지만, 그의 신념과 의지는 아직 진행형이다.

'운정회' 창립총회가 열린 국회 헌정기념관에 정계 원로들과 현직 국회의원 등 수백 명이 몰렸다. 휠체어에 앉은 김종필 전 총리와 악수하는 심대평 위원장을 중심으로 왼쪽은 조부영 전 국회부의장, 오른쪽은 이완구 의원, 정진석 국회 사무총장. (2013. 12. 10)

사람들은 '김종필'을 애칭으로 JP라 부른다. 이름의 영문 이니셜 두 머리글자를 땄다. 1961년 5·16혁명을 주도한 중앙정보부장 시절, 미국의 존 F. 케네디(JFK)의 별칭에 견주어 우리 언론이 JP라 부르기 시작했다. 우리나라에서는 처음으로 정치인에게 붙여진 별칭이다. 훨씬 후에 3김시대가 열리면서 YS, DJ 라는 애칭도 따라 생겨났다. 김종필을 좋아하고 그의 정치노선을 따랐던 사람들이 2013년 12월 10일 '운정회'를 발족시켰다. 이날 김종필은 2008년에 얻은 병환 때문에 휠체어를 타고 5년 10개월 만에 국회 헌정기념관에 나타났다. 입추의 여지없이 식장을 메운 500여 명의 지지자들은 김종필의 등장에 뜨거운 환호를 보냈고, 그가 불편한 손으로 일일이 참석자들의 손을 잡을 때에 눈물을 글썽이는 사람들도 있었다. 2008년 뇌졸중으로 거동이 불편해졌지만 '운정회'가 창립되던 이날 김종필은 40여 분의 긴 인사말을 통해 자신의 정치역정과 1960~70년대의 조국 근대화와 민족중흥의 역사를 감회 깊게 되새겼다.

제 4 장

외교·안보

역대 대통령을 포함한 정치인 중에 김종필만큼 세계 정상을 많이 만나고 해외 곳곳을 순방한 사람이 없다. 5·16혁명 직후부터 정상외교, 친교외교, 조문외교 등 5대양 6대주로 뻗은 그의 활발한 외교 활동은 대한민국의 국격을 높이고 실질 경제 협력을 성사시키는 데 크게 기여했다. 특히 한·미동맹 강화와 한·일 국교 정상화를 위한 그의 노력은 우리 외교사에 큰 발자취를 남겼다. 월남 파병 건의와 한국군 현대화 등 국가 안보를 위한 김종필의 쉼 없는 관심과 현장 방문은 투철한 안보 태세를 견지하고 국민의 경각심을 높이는 데 큰 몫을 했다.

동남아 6개국에 5·16정신을 전하다

"이번 동남아 순방을 통해 한국의 혁명이 동남아 각국에
여러 가지 면에서 좋은 영향을 미치고 있다는 것을 알게 됐다.
나 역시 많은 것을 보고 배우고 느꼈으며
앞으로 혁명 과업을 수행하는 데 크게 고무된 면이 있다."

— 1962년 2월 24일, 동남아 순방 후 귀국 기자회견에서

김종필 중앙정보부장은 5·16혁명 후 첫 외교 활동으로 대통령 특사 자격으로 태국·말레이시아·싱가포르·월남·필리핀·일본 등 동남아 6개국을 순방했다.

김 부장의 동남아 순방은 한국의 혁명정부를 지지해 준 각국 정부에 사의를 표하고 5·16군사혁명의 당위성을 설명하는 한편, 혁명정부의 경제개발계획에 대한 협력을 요청하고 아시아 반공체제의 강화와 유기적인 협조체제를 논의하기 위한 첫 외교활동이었다.

이 순방 행사에는 국방부 차관 김점곤, 정보부 2국장 석정선, 외무부 정보국장 정규섭, 국방부 의전과장 이택근, 부관 김상인 등이 수행했다. 특히 일본 방문 중에는 이케다 하야토 총리를 만나 한·일 국교 정상화의 조기 매듭을 위해서는 고위 정치회담이 필요하다는 데 의견을 모으고 회담의 개최 시기나 방법 등 세부사항은 양국 회담 대표가 앞으로 협의하여 결정토록 합의했다. 이 같은 김 부장의 대일 교섭은 그동안 해결하지 못했던 한·일 국교 정상화를 앞당기는 데 기폭제가 되었다.

태국 타놈 부수상 내외와 만찬. (1962. 2. 5)

김종필 중앙정보부장은 1962년 2월 동남아 6개국을 순방하며 방문국 정상들을 만나 5·16혁명의 당위성을 설명하고 경제 협력방안을 논의했다. 첫 방문국인 태국에서는 사리트 수상과 회담한 후 타놈 부수상과 만찬을 가졌다. 타놈 부수상은 1963년 수상이 됐다.

1962년 2월 19일 필리핀을 방문해 마카파갈 대통령을 예방했다. 이 자리에서 김종필 중앙정보부장은 한국전쟁 당시 필리핀군의 파병과 혁명정부 지지에 대해 감사를 표하고 한국 방문을 초청했다.

말레이시아 방문 중에 호텔 숙소 베란다에서 현지 전통모자를 쓰고 포즈를 취하고 있는 김종필. (1962. 2)

월남 파병으로 일등보국훈장을 받다

"연합군의 지지를 받고 있는 월남 국민은
불요불굴의 정신으로 최후의 승리를 거둘 것이다."

— 1966년 10월 14일, 월남 도착 후 도착 성명 발표 중

한국군의 월남전 지원 문제를 다각도로 검토하던 우리 정부는 1965년 8월 국회에서 '월남파병동의안'이 통과되자 10월 전투지원부대인 해병 청룡부대를 시작으로 맹호부대, 백마부대 등을 연이어 파병했다.

파병 규모 5만 여명(연인원 31만7,000명)의 한국군 월남 참전은 미국 측의 강력한 요구와 이에 따른 한국군 현대화를 위한 미국 측의 군사적 지원이라는 배경이 자리하고 있었다. 그러나 이러한 정치적 목적 외에 남북 대치 상황 속에서 한국군의 실전 경험과 어려운 국내 경제상황에 '월남전 특수'가 위기 극복의 타개책이 될 수 있다는 부수적 효과가 있었다.

김종필 공화당 당의장은 청룡부대 등 파월부대의 환송식에 참석하는 것은 물론 김택수 의원 등 수행원을 데리고 직접 월남을 찾아 장병들을 격려했다. 월남을 찾은 김의장은 티우 대통령을 예방한 자리에서 월남전 전황과 파월 한국군의 전과(戰果)에 대해 논의한 뒤 월남 일등보국훈장을 받았다. 이어 월남 수상실을 찾아 키 수상을 면담하고, 월남 복구사업 참여 확대 문제 등 양국 간 협력 증진 문제를 논의했다.

이후 주월 한국군사령부와 비둘기부대·청룡부대·맹호부대·제6후송병원·백마부대·807함대를 각각 방문해 위문품 전달과 오찬을 같이 하는 등 장병들을 격려했다.

월남을 방문해 고 딘 디엠 월남 대통령과 월남전 지원 문제를 논의했다. 가운데가 김종필 중앙정보부장, 오른쪽이 고 딘 디엠 대통령. (1962. 2. 15)

이날 김 부장은 고 딘 디엠 대통령에게 박정희 최고회의 의장의 친서를 전달하고 한국의 월남전 지원 문제를 집중 논의했다. 이후 김 부장은 월남 휴전선 시찰과 함께 고 딘 누 대통령 고문을 비롯한 월남 외무장관, 총참모장, 반공연맹 지부장, 미국 대리대사 등을 면담했다.

해병 청룡부대의 파월 환송식에 참석해 장병들을 격려했다. (1965. 10. 3)

청룡부대장과 악수하는 김종필. 오른쪽은 김성은 국방부 장관, 공정식 해병대사령관.

티우 월남 대통령과 월남전 전황 및 파월 한국군의 전과에 대해 논의한 뒤 월남 일등보국훈장을 받았다. 오른쪽이 티우 대통령. (1966. 10. 13)

백마부대 방문 중에 백마부대의 상징인 백마 조각상을 선물로 받았다. 김종필 왼쪽이 김택수 의원. 오른쪽이 백마부대장. (1966. 10. 14)

주월 맹호부대를 방문한 자리에서 '국위선양'이라는 휘호를 써주었다. 오른쪽의 채명신 사령관이 지켜보고 있다. (1966. 10. 16)

존슨 미 대통령 방한. (1966. 11. 2)

린든 B. 존슨 미 대통령은 한국이 유일하게 월남에 파병해준 데 대해 감사를 표하기 위해 방한. 국회 본회의 연설 전 국회의장실에서 김종필 당의장과 환담했다. 사진은 김종필 당의장이 존슨 대통령 부인 린다여사에게 과자를 권하는 모습. 김 당의장 오른쪽으로 이효상 국회의장, 존슨 미 대통령 내외.

티우 대통령 취임 경축 특사로 월남을 방문한 김종필 총리가 주월 한국군사령부를 방문, 이세호 사령관으로부터 전황 보고를 받고 이어 파월군수사령부 등 월남 파병부대를 순시했다. 사진은 월맹군의 노획물을 살펴보고 있는 김 총리. (1971. 11. 1)

전선 진지에서 총의 조준 격발 상태를 점검하는 김 총리.

1971년 12월 9일 부산항 제3부두에서 열린 파월 장병 개선 환영대회에 참석한 김종필 총리는 청룡부대 제1진 1,017명의 귀국 신고를 받고, 환영사를 통해 파월 장병들의 노고와 국위 선양을 치하했다. (1971. 12. 9)

유럽 순방과 6·23 평화통일 외교선언

"지금까지 대구주외교(對歐洲外交)가 소홀했던 것이 사실이다.
이번 순방의 가장 큰 성과는 유럽 방문국과 우리나라가 정치·경제·문화 등
모든 면에서 유대가 크게 강화되었다는 점이다."

– 1973년 6월 유럽 순방 중 동행 기자단과의 인터뷰에서

김종필 국무총리는 1973년 5월 19일부터 6월 16일까지 서독·프랑스·이탈리아·벨기에·스위스 등 유럽 5개국과 일본을 순방하면서 각국 정상과 수상, 외상, 재무상 등을 면담했다.

이 기간 동안 김 총리는 한국의 대유엔 및 대서방 외교정책에 대해 많은 의견을 교환하고, 국제정세의 변화와 이에 따른 대북정책 수립 등에 대해 다각도로 정보를 얻었다. 각 나라별로 정상급 회담을 하면서 경제 협력 방안 등에 대해 발전적으로 논의했으며 통일 문제에 관한 서방 측의 의견에 대해서도 면밀히 점검했다.

유럽 순방을 마치고 귀국한 김 총리는 박정희 대통령에게 국제정세 변화에 따른 대공산권 문호 개방 등 대외정책과 대북정책 수정을 강력히 건의했다.

박 대통령은 김 총리의 건의를 바탕으로 '6·23 평화통일외교선언'을 발표했다. 성명 7개 항 가운데 김 총리의 의견이 수렴된 제2항 '남북한은 상호 내정에 간섭하지 않는다', 제4항 '북한의 국제기구 가입을 묵인한다', 제5항 '남북한 유엔 동시가입을 반대하지 않는다' 등은 당시로선 획기적이고 과감한 정책 변화였다.

이탈리아 안드레오키 수상 예방. (1973. 5. 25)

유럽 순방길에 오른 김종필 총리가 이탈리아 로마의 키지 궁에서 줄리오 안드레오티 수상을 예방했다. 이날 면담에서 두 사람은 유엔총회에서의 한국 문제, 한국 정세, 한·이탈리아 경협 문제 등에 관해 의견을 나누었다.

이탈리아를 공식 방문 중인 김종필 국무총리가 로마의 밤거리를 산책하던 중 노점상의 간식거리를 살펴보고 있다. 오른쪽은 김상운 보좌관.

유럽 순방 중인 1973년 5월 27일 스위스 제네바에서 구주공관장회의를 소집, 각 주재국 현황과 대유엔 대책 등을 협의했다. 회의에는 최경록 주영대사, 김영주 주서독대사, 정일영 주불대사 등이 참석했다. 가운데가 김종필 총리.

스페인 방문 중 비밀리에 급거 서독을 방문해 브란트 수상을 면담했다. (1973. 6. 1)

이날 회담에서 브란트 수상은 1973년 5월 18일 서독을 방문한 브레즈네프 소련 공산당 서기장과의 면담 내용, 영국 히스 수상과의 회담 내용을 김종필 총리에게 설명했다. 두 사람은 한국의 대유엔 및 대서방 외교정책과 양국 간 공동 관심사에 대해 많은 의견을 교환했다.

스페인에 들른 김종필 총리 내외가 마드리드 주엘라 궁으로 후안 카를로스 황태자와 소피아 태자비를 예방했다. 왼쪽부터 박영옥 여사, 소피아 태자비, 카를로스 황태자, 한 사람 건너 김종필 총리. 심흥선 주스페인 대사. (1973. 5. 29)

모나코 왕국을 비공식 방문한 김종필 총리 부부가 몬테카를로 왕궁에 도착, 레니에 3세 국왕과 그레이스 왕비를 예방한 후 국왕 부처가 베푼 오찬에 참석했다. 김종필 부부 왼쪽으로 모나코 국왕과 그레이스 왕비. (1973. 6. 4)

파리 엘리제 궁에서 퐁피두 대통령 예방. (1973. 6. 5)

프랑스를 방문한 김종필 총리는 퐁피두 대통령과의 회담에서 유엔대책, 한국 경제개발계획, 통일 문제 등과 관련해 한·불 양국의 정치적·경제적 협력방안에 대해 폭넓은 의견을 교환했다. 김종필 총리는 프랑스 방문 중 상원의장·외상·재무상과도 만나 양국 의회의 유대 증진, 한국 정부의 대공산권 국가 관계 개선에 대한 프랑스 정부의 협력과 국제외교 분야에서의 협조방안, 한국의 중화학공업 건설을 위한 프랑스의 투자방안 등을 중점 협의했다.

유럽 5개국 순방의 첫 일정으로 서독 함부르크에 도착한 김종필 총리 부부가 숙소인 아틀랜틱 호텔에서 여장을 풀고 잠시 수행기자들과 얘기꽃을 피우고 있다. (1973, 5. 20)

6·23 선언 내외신 기자회견. (1973. 6. 23)

1973년 6월 23일 박정희 대통령은 특별성명 '6·23 평화통일 외교선언'을 내외에 천명했다. 이어 김종필 총리는 중앙청 회의실에서 전 국무위원이 배석한 가운데 내외신 기자회견을 갖고, 이 성명의 배경을 설명한 후 기자 질문에 답변했다.

일본 정계 거물들과 함께

"일본 정부를 믿고는 있으나 자위 문제와 관련,
일본이 조금씩 변화하고 있다는 우려가 있다.
이런 우려가 기우이기를 바라지만,
일본 국내 분위기가 지역 내 긴장을 고조시키고
평화와 안정을 해치는 일이 없기를 기대한다."
–1999년 9월 2일, 한·일 총리회담 후 경제단체 오찬사에서

김종필은 중앙정보부장, 네 차례의 정당 총재, 두 차례의 국무총리 등을 역임할 때는 물론이고 정계를 잠시 벗어나 있을 때도 한·일 양국 간의 우호 증진을 위한 식견과 노력으로 한국과 일본의 현대사에서 권위와 절대적인 입지를 확보하고 있었다.

김종필이 일본을 방문하면 조야의 거물급 인사들이 줄지어 그와의 면담을 원했으며, 그의 탁월한 일본어 실력과 일본 역사에 대한 폭넓은 지식은 그들을 경탄케 했다.

김대중 납치사건, 어업 분쟁 등 한·일 간의 굴곡이 있을 때마다 김종필의 외교적 노력이 돋보였고 특히 재일거류민단과 긴밀한 관계를 유지, 재일동포의 일본 내 법적 지위 향상은 물론 그들의 모국에 대한 관심과 지원을 높이는 데도 힘을 쏟았다.

김종필은 지난 50여 년 동안 이케다 하야토, 다나카 가쿠에이, 나카소네 야스히로, 후쿠다 다케오, 모리 요시로 전 총리 등 일본 정계 거물들과 격의 없는 인간관계를 형성해 온 것으로 유명하다.

사토 일 총리를 영접하는 김종필 부부. (1971. 7. 1)

김종필 총리 부부가 김포공항에서 박정희 대통령 취임 경축 사절로 방한한 사토 에이사쿠 일본 총리를 반갑게 맞고 있다. 이날 김 총리는 사토 총리와 중앙청 총리실에서 환담한 후 청와대로 함께 가 '박-사토 회담'에 배석했다.

일본 총리관저에서 다나카 일본 총리와
면담. (1973. 6. 14)

일본을 방문한 김종필 총리는 일본 총
리관저로 다나카 총리를 방문해 국제
정세, 유엔총회 대책, 양국 간 경협 문
제 등에 대해 의견을 교환했다. 이 자리에서 다나카 총리는 김 총리에게 한·일 국교 정상화와 한일 친선에
기여한 공로로 훈일등욱일대훈장을 수여했다. 김 총리는 방일 중 다나카 총리 외에 오히라 외상·아이치
대장상을 각각 만나 한·일 각료회의 문제와 한국 중화학공업 육성, 포항제철 확장, 묵호항 시설 확장 등에
대한 일본의 지원방안을 협의했다.

미키 일본 총리(오른쪽)와 회담하는 김 총리. (1975. 5. 9)

김종필 총리는 1975년 5월 일본을 방문, 미키 다케오 총리를 비롯한 미야자와 외상·후쿠다 부수상·오히
라 대장상·시이나 자민당 부총재 등을 각각 만나 한반도 정세와 양국관계 개선 문제에 대해 의견을 교환
했다. 특히 일 총리관저에서 가진 미키 총리와의 오찬 회담에서는 한반도 안보문제, 인도차이나 정세, 한·
일각료회담의 조기 개최 등 현안을 장시간 협의했다.

후쿠다 일본 총리 면담. (1977. 2. 17)

한·일의원연맹 한국 측 회장인 김종필 의원이 방일, 한·일의원연맹 제6차 총회에 참석했다. 김종필 회장
은 다음 날 총리관저에서 후쿠다 다케오 총리와 면담, 동북아정세에 대처하기 위한 한·일 양국 간 안보 협
력 문제를 비롯해 현안인 대륙붕협정과 경제 협력 등에 관해 의견을 나누었다.

일본 사회당 도이 위원장 예방. (1988. 8. 13)

일본을 방문 중인 김종필 신민주공화당
총재가 도이 다카코 일본 사회당 위원장
을 중의원 사무실로 방문, 사회당의 대한
국 정책 수정을 촉구했다. 이날 도이 위원장은 8·15를 맞아 '한반도 정책에 호소한다' 라는 특별담화를 발
표하면서 지금까지 불러온 '남조선' 호칭 대신에 '대한민국' 이라는 정식 국명을 처음으로 사용해 대한국
자세의 변화를 시도했다.

일본 공식 방문 중에 아키히토 일왕 부부를 예방한 김 총리 부부. (1999. 9. 3)

일본을 공식 방문한 김종필 총리 부부가 일왕 거처인 왕궁으로 아키히토 일왕을 예방, 일왕 부처 및 왕실 가족들과 30분간 환담한 후 오찬을 함께했다. 김 총리는 이 자리에서 2002년 월드컵 이전에 일왕 부처의 한국 방문을 요청했으며, 일왕도 일본 정부가 방한 일정을 확정하면 기꺼이 방한하겠다고 말했다. 한국 총리가 일왕을 공식 방문한 것은 이것이 처음이며, 특히 김 총리 내외는 일본 왕실로부터 국가원수에 못 지않은 환대를 받았다.

밝은 얼굴로 환담하는 김종필 총리와 아키히토 일 국왕(왼쪽), 일 왕비와 박영옥 여사(오른쪽).

아키히토 일왕을 예방한 김종필 총리는 숙소인 영빈관에서 나카소네 야스히로, 가이후 도시키·하타 쓰토무·하시모토 류타로 등 전직 총리 부부들을 초청해 만찬을 베풀고, 한·일관계 발전을 위해 노력해 줄 것을 당부했다. 김 총리가 나카소네 전 총리와 건배하고 있다. (1999. 9. 3.)

일본 방문 마지막 날인 1999년 9월 5일 오사카 히라가타시에 있는 왕인 박사의 묘역을 방문했다. 앞줄 왼쪽에서 셋째가 김종필 총리, 맨 왼쪽은 김용채 비서실장.

2001년 1월 일본을 방문한 김종필 자민련 명예총재가 일본 총리관저에서 모리 요시로 총리를 면담했다. 오른쪽이 모리 총리. (2001. 1. 16)

한·일의원연맹 회장 자격으로 일본 총리관저에서 고이즈미 준이치로 총리를 면담하고 양국 공동 관심사에 대해 의견을 교환했다. (2001. 11. 12)

김종필 한·일의원연맹 회장을 비롯한 한국 측 간부들이 일본 총리관저에서 고이즈미 총리를 위시한 일본 측 연맹 간부들과 환담하고 있다. 가운데 김종필 회장 오른쪽으로 유흥수, 이윤수, 김기춘, 권철현, 이양희, 이완구, 장성원 의원. (2001. 11. 12)

김대중 납치 사건을 사과하다

"이 자리에서 국회와 국민에게 김대중 씨 사건에 대한
결말을 보고드리지 못하는 것을 송구스럽게 생각한다.
하지만 이번 일본 방문으로 김대중 씨 사건을 둘러싼
한·일 양국 간의 문제는 종결지었다."

– 1973년 11월 5일, 국회 본회의 보고 중

1973년 8월 '김대중 납치사건'이 발생한 후 한·일관계는 급속도로 냉각됐다. 김종필 국무총리는 물론 박정희 대통령도 사전에 알지 못했던 이 사건은 한·일 간의 커다란 외교 문제로 비화됐다.

김 총리는 사건 발생 열흘 뒤에 일본의 다나카 총리와 오히라 외상에게 각각 친서를 전달, "일본 정부와 국민에게 미안하게 생각하고 빠른 시일 내에 진상을 파악하겠으며, 이 사건으로 양국 간의 우호에 균열이 생기지 않도록 최선을 다하겠다"는 의사를 전했다.

그러나 한·일 정부를 곤혹스럽게 만든 이 사건은 쉽사리 그 해결방안을 찾지 못했다. 김 총리는 이후 김대중 납치사건에 대한 원활한 해결책을 모색하다가 사건 발생 후 3개월 만에 진사사절로 일본을 방문해 다나카 총리 및 오히라 외상과 장시간 요담한 끝에 일본 측의 양해를 얻어 정치적으로 마무리지었다.

김대중 납치사건의 정치적 해결 제안을 받다. (1973. 9. 28)

김종필 총리가 제10회 한·일협력위원회 일본 측 회장 기시 노부스케 전 총리 등 11명을 접견했다. 이날 김 총리가 초청한 골프모임에서 기시 회장은 김대중 납치사건과 관련, 한·일 양국 간 경색국면을 타개하기 위해 한국 정부 수뇌부가 일본을 방문해 사과하는 등 정치적으로 해결하는 방안을 제시했다. 사진은 기시 회장과 악수하는 김 총리.

김대중 납치사건 진사사절로 일본을 방문한 김종필 총리가 공항에서 오히라 일본 외상의 영접을 받고 있다. (1973. 11. 2)

3개월 전에 발생한 일본 도쿄에서의 김대중 납치사건으로 한·일관계가 경색된 가운데 다양한 방안이 강구됐으나 결국 김 총리가 한국 정부의 진사사절로 방일, 다나카 총리 및 오히라 외상과 장시간 요담했다. 김 총리는 도쿄 하네다 공항으로 가는 기내에서 사뭇 상념에 젖어 담배만 연신 피웠는데 도착 즈음, 여승무원이 "총리님, 제가 오늘 재떨이를 세 번이나 비웠습니다"라고 말했다고 한다.

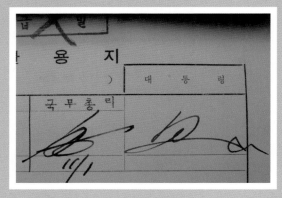

김대중 납치사건을 정치적으로 해결하기 위한 김종필 총리의 방일 계획이 담긴 기안용지의 서명. 기밀문서로 30년 이상 보관돼 오던 이 문서는 2006년 외교통상부에 의해 일반인에게 공개됐다.

김영선 주일대사에게 임명장을 수여하는 김종필 총리. (1974. 1. 16)

김종필 총리가 신임 김영선 주일대사에게 임명장을 수여하고 한·일 간 원활한 협조관계의 복원을 당부했다. 정부는 1973년 8월 김대중 납치사건으로 빚어진 한·일 간의 미묘한 갈등을 해결하고 협조관계를 복원하기 위해 재무부 장관과 통일원 장관을 지낸 김영선을 주일대사로 기용했다. 맨 왼쪽이 김동조 외무부 장관, 가운데가 심흥선 총무처 장관.

IMF 외환위기 극복을 위하여

"한국의 경제위기에 대한 일본의 역할과 도움이 필요하다.
또한 한·일어업협정이 조기 매듭지어져야만 한·일관계 회복이 이루어질 것이다."

−1998년 1월 12일, 일본 정치 지도자들과의 만남 중

DJP 연합으로 대선에 승리(김대중 대통령 당선)한 후 새로 구성될 공동정부는 무엇보다 IMF 외환위기의 국난을 극복하는 것이 급선무였다. 이에 김종필 자민련 명예총재는 1998년 1월 6일부터 사흘간 일본을 방문해 후쿠오카, 요코하마, 도쿄, 오사카 등을 찾아 재일거류민단이 중심이 된 모금운동 전개에 감사를 표하고 더욱 적극적인 협력을 당부했다.

김 총재는 또 하시모토 총리를 비롯해 다케시마, 나카소네, 미야자와 등 전 총리와 자민당의 3역, 대장상, 외상 등을 연쇄 접촉하고 한국의 경제위기에 대한 일본 측의 적극적인 협조를 요청했다.

더불어 김 총재는 일본 측에 한·일어업협정 개정을 조기에 매듭지을 것을 촉구하는 등 IMF 외환위기 극복을 위해 다각적인 노력을 기울였다.

김종필 자민련 명예총재는 외환위기를 극복하기 위해 일본을 방문해 하시모토 총리를 예방하고 일본의 협조를 요청했다. (1998. 1. 13)

김 총재는 하시모토 류타로 총리에게 어업협정 개정과 관련, 일본 측의 일방적인 어업협정 파기 움직임에 대해 계속 협상을 요구했다. 또한 김 총재는 후쿠오카를 시발로 요코하마, 도쿄, 오사카 등을 방문해 재일 민단의 모국 돕기 모금운동에 감사를 표하고 협력을 당부했다. 재일민단이 밝힌 모금송금액은 후쿠오카 25억 엔, 요코하마 15억 엔, 도쿄 5억 엔, 오사카 60억 엔 등 총 120억 엔에 달했다.

재일동포 모국투자촉진위원회 운영위원단(사진)을 접견하고 IMF 외환위기를 맞은 모국을 위해 적극 힘써준 데 대해 감사를 표하고, 모국 투자를 더욱 활성화해 줄 것을 부탁했다. (1998. 12. 19)

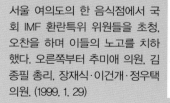

서울 여의도의 한 음식점에서 국회 IMF 환란특위 위원들을 초청, 오찬을 하며 이들의 노고를 치하했다. 오른쪽부터 추미애 의원, 김종필 총리, 장재식·이건개·정우택 의원. (1999. 1. 29)

일본과의 우호협력에 가교 역할을 하다

"일본 국왕이 한국만 유일하게 방문하지 못했는데,
이번 기회에 한국을 돕는다면 한국 국민의 대일 감정도 호전될 것이다."

−1998년 1월 12일, 일본 정치 지도자들과의 회담 중

김종필은 1965년 한·일 양국의 국교 정상화 이후 두 나라 간의 우호협력을 강화하기 위한 방안으로 양국 국회의원들 간의 협조체제가 중요하다고 생각하고 '한·일의원간 친회' 설립에 앞장섰으며, 이후 '한·일의원연맹'으로 개칭된 후 초대 회장을 맡았다. 양국 여야 의원들이 대거 참여한 '한·일의원연맹'과 '일·한의원연맹'은 매년 번갈아 가며 양국에서 회의를 갖고 두 나라 간의 현안 해결과 친선 도모에 힘을 기울였다.

김종필은 또 의원연맹과는 별도로 '한·일친선협회'를 설립, 회장을 맡아 한·일 합동 친선대회를 개최하는 등 일본과의 우호협력을 도모하는 데 가교 역할을 했다.

제2회 한·일 의원간친회에서 축사. (1973. 6. 12)

유럽 순방을 마치고 귀로에 일본을 비공식 방문, 도쿄 데이고쿠 호텔에서 열린 제2회 한·일 의원간친회 (한·일의원연맹 전신) 총회에 참석해 축사를 했다. 한국 측 의원 28명과 일본 측 의원 72명이 참석한 이날 총회에서 김종필 총리는 특히 한·일 양국 의회의 협력 강화를 강조했다. 축사하는 김종필 총리 왼쪽이 다나카 일 총리, 오른쪽이 이호 주일대사.

한·일의원연맹 회장인 김종필 의원이 방한 중인 후나타 나카 일·한의원연맹 회장을 위해 만찬을 베풀었다. 맨 왼쪽이 이철승 신민당 대표, 한 사람 건너 김종필 회장, 후나타 회장. (1977. 9. 16)

한·일친선협회(회장 김종필 의원)와 일·한 친선협회(회장 시이나 전 일본 자민당 부총 재)가 공동으로 제1회 한·일 합동친선대회 를 개최했다. 이 대회는 '친선·이해·협력'을 구호로 한·일 두 나라 회원 200여 명이 참석한 가운데 성황리에 서울에서 개최됐다. (1977. 11. 23)

한·일 합동친선대회 참석차 일본을 방문한 김종필 한국 측 회장이 재일민단 본부를 방문해 민단 임원들의 노 고를 치하했다. (1978. 10. 21)

한·일 어업협정 서명식 참석. (1998. 11. 28)

김종필 총리는 일본 가고시마에서 개최된 한·일 각료간담회에 참석하기 위해 일본을 방문해 오부치 게이
조 총리와 회담을 가졌다. 이 회담과 각료간담회에서는 아시아통화기금 창설 문제, 대북정책 공조 문제, 양
국 경제협력방안 등을 협의하고 이어서 한·일 어업협정 서명식을 가졌다. 두 나라 외무장관이 서명하는 동
안 뒤에 선 김 총리와 오부치 총리가 얘기를 나누고 있다. 뒷줄 왼쪽부터 이규성 재경부 장관, 김선길 해수
부 장관.

미국의 역대 대통령과 함께

"닉슨 대통령이 한국을 계속 지원하겠다고 확언했고,
한국사태에 대해 충분히 이해하고 받아들일 수 있다고 말했다."

– 1973년 1월 5일, 닉슨 대통령과의 면담 후 교포 만찬장에서

한국 정부 수립 이후 미국과의 관계는 동맹이며 우호였다. 6·25전쟁 이후 한국에 대한 미국의 원조와 지원 정책은 절대적인 힘을 발휘했다. 5·16혁명과 유신체제를 거치면서 박정희 정부의 대미 외교는 국가안보, 경제상황과 직결돼 있었다. 그러나 닉슨 독트린, 카터 인권정책 등으로 한·미관계가 위기를 맞기도 했다.

김종필은 1960년대에서 1990년대에 걸쳐 미국의 존슨 대통령을 비롯하여 닉슨·포드·부시·클린턴 등 역대 대통령들을 면담, 그때마다 우리나라의 안보·정치·경제·외교 현안을 설명하고 미국 측의 이해와 협조를 이끌어 냈다.

닉슨 미 대통령에게 10월 유신을 설명. (1973. 1. 5)

김종필 총리는 미국 워싱턴 내셔널 캐시드럴 사원에서 거행된 고 트루먼 전 미 대통령의 추도식에 참석한 후 닉슨 미 대통령을 예방했다. 김 총리는 이 자리에서 10월 유신의 배경과 남북대화의 진전 상황 등을 설명했다. 가운데 왼쪽이 김종필 총리, 오른쪽이 닉슨 대통령, 김종필 왼쪽이 김용식 외무장관, 닉슨 오른쪽이 김동조 주미대사.

1974년 11월 22일 방한한 포드 미 대통령(왼쪽)을 영접하는 김종필 총리 부부. 그 옆으로 민복기 대법원장 내외와 정일권 국회의장.

김종필 총리가 3부 요인들과 함께 방한한 제럴드 포드 미 대통령을 김포공항에서 영접했다. 1974년 8월 탄핵 직전 사임한 닉슨 대통령을 승계해 제38대 미국 대통령에 오른 포드 대통령은 방한 중 한국군 현대화, 주한미군 불감축, 한국 피침 시 즉각 지원 등 현안을 중점 논의했다.

1989년 2월 27일 방한한 조지 부시 제41대 미국 대통령이 서울 여의도 국회의사당을 방문해 국회 연설에 앞서
정당 대표들과 환담을 나누었다. 부시 대통령을 반갑게 맞고 있는 김종필 총재와 김대중 총재.

제럴드 포드 전 미 대통령이 주관하는 제8차 월드포럼에 한국 대표로 참석한 김종필 총재 일행이 각국 대표들
을 위해 마련한 리셉션에서 포드 전 대통령과 기념촬영을 했다. 왼쪽부터 김용채 신민주공화당 원내총무, 포드
전 대통령, 김종필 총재, 김용환 정책위 의장. (1989. 6. 21)

공식 방한을 위해 김포공항에 도착한 빌 클린턴 미국 대통령을 반갑게 영접했다. (1998. 11. 20)

방한 중인 부시 전 미국 대통령과 서울 신라호텔에서 오찬을 함께하며 한·미 간 경제협력과 우의 증진 등에 관해
의견을 나누었다. 오른쪽부터 부시 전 대통령, 박지원 문화관광부 장관, 이건개 의원, 김종필 총리. (1999. 5. 28)

우방 미국과 굳은 동맹을 강화하다

"로저스 장관과의 요담을 통해 한·미 간의 경제협력 문제에 대한
구체적인 의견 교환이 우호적인 분위기 속에서 진지하게 이루어졌다."

– 1973년 7월 18일, 미국 로저스 국무장관과의 요담 결과 인터뷰 중

우방 미국과 굳은 동맹관계를 유지하기 위해서는 미국의 정부 관계자는 물론 국회의원, 조야 인사, 언론인들과의 긴밀한 접촉이 매우 필요했다.

김종필은 미국을 방문할 때마다 맥아더, 밴플리트, 웨스트 모얼랜드, 테일러 장군 등 미국의 거물급 군 인사들을 예방하고 오닐 민주당 하원 원내대표, 로버트 돌 공화당 상원 원내대표 등 당시 한국 관계에 큰 영향력을 지닌 정계 인사들과 만나 국내외 현안에 대해 깊은 논의를 가졌다.

김종필은 또 〈뉴욕타임스〉, 〈워싱턴포스트〉, 〈LA타임스〉, 〈시카고 트리뷴〉 등 미국의 주요 언론과의 인터뷰를 통해 현안에 대한 한국 정부의 입장과 한·미동맹의 중요성을 강조했다.

1971년 6월 29일 제7대 박정희 대통령 취임식(1971. 7. 1)에 경축사절로 방한한 애그뉴 미 부통령을 김포공항에서 영접, 의장대 앞을 걸어 나오고 있다.

김종필 총리가 방한하는 헨리 키신저 미 국무장관을 김포공항에서 맞이하고 있다. 중공과 일본을 방문한 후 한국에 들른 키신저 장관은 청와대에서 박정희 대통령과 국제정세 전반에 관해 협의했다. (1973. 11. 16)

외교·안보

자유중국의 고 장개석 총통 장례식에서 록펠러 미 부통령의 숙소를 찾아 환담했다. (1975. 4. 16)

이 자리에서 두 사람은 한·미 간 공동 관심사와 월남사태를 비롯한 동남아 정세 전반에 대해 의견을 교환했다. 특히 록펠러 부통령은 "포드 대통령이 미국은 어떠한 경우에도 한국을 적극 지원할 것이라고 김종필 총리에게 전해 달라고 했다"며 미국의 확고한 지원을 재확인했다.

로버트 돌 미 상원의원과 면담. (1989. 2. 7)

미국을 방문 중인 김종필 공화당 총재는 미 공화당 로버트 돌 상원 원내대표를 면담했다. 김 총재는 이날 외교위의 마이클 공화당 대표와 솔라즈 아태위원장, 브룸필드 의원을 각각 면담했다. 이들 상·하원 의원들은 미국의 대외정책, 특히 한국 문제에 막강한 영향을 끼치는 주요 인사였다.

방미 중인 김종필 공화당 총재가 맥도널 더글러스 항공사가 제공한 특별전용기를 타고 덴버를 출발, 센트루이스에 도착했다. 'KIM JONG PIL' 이라고 적힌 비행기에서 엄지를 치켜세운 김 총재. (1989. 6. 25)

고 트루먼 전 미 대통령 추도식 참석을 위해 존 F·케네디 공항에 도착한 김종필 총리가 중절모를 쓰고 영접 나온 인사들과 인사를 나누고 있다. 왼쪽은 김용식 외무부 장관. (1973. 1. 3)

유럽의 각국 정상들과 함께

> "그간의 괄목할 만한 발전으로 국제무대에서 우리의 지위가 크게 격상했다.
> 특히 영국, 프랑스, 독일의 정상들은 한국의 경제발전을 칭찬하면서 부러워하기까지 했다."
>
> – 1979년 7월 3일, 유럽 순방 후 귀국 기자회견에서

43년간의 정치 인생 중 김종필의 외교 행보는 말 그대로 세계적이었다. 1960년대의 중앙정보부장 시절 일본·미국·동남아 6개국 순방을 시작으로 공화당 의장 시절에는 서독·스페인·프랑스·영국 등 유럽 주요 국가와 남미·아프리카·오세아니아 대륙의 정상들과 두루 면담했다.

1970년대와 1990년대의 두 번에 걸친 국무총리 시절에는 당시 유럽을 움직이던 각국 정상들과 회담을 갖고 한국의 위상을 대외에 알리는 데 큰 역할을 했다. 김종필이 중앙정보부장, 공화당 의장, 국무총리의 신분으로 세계 주요 국가의 정상들과 만나 마치 정상회담인 것처럼 양국 간 현안과 유엔 대책 등 국제정세를 협의할 수 있었던 것은 그만큼 김종필 위상에 대한 각국 정부의 인식이 뒷받침되었기 때문이다.

뤼브케 서독 대통령과 재회. (1967. 3. 3)

방한한 뤼브케 서독 대통령을 위한 청와대 만찬에 부부 동반으로 참석해 인사를 나누었다. 1963년 1차 외유 당시 서독을 방문해 광부와 간호사의 파독 문제를 제의했던 김종필로서는 뤼브케 대통령과의 재회가 누구보다 각별했다.

스페인 프랑코 총통 면담. (1968. 10. 23)

국제기능올림픽대회에 참석하기 위해 스페인을 방문한 김종필 한국기능올림픽위원장은 마드리드 엘파르드 궁으로 프란시스코 프랑코 스페인 총통을 예방해 양국 관심사에 관해 의견을 나누었다. 이날 밤 김종필은 스페인 외무부 산하 정치연구원에서 300여 명이 참석한 가운데 '새로운 질서를 향한 지성인의 새로운 운동 전개'라는 주제로 연설을 했으며, 다음날 열린 국제기능올림픽대회 개회식에서 축사를 했다.

지스카르 데스텡 프랑스 대통령과 회담. (1975. 4. 30)

프랑스를 방문한 김종필 총리는 파리 엘리제 궁에서 지스카르 데스텡 프랑스 대통령과 급변하는 한반도 정세에 대해 의견을 교환하고 한·불 경제협력방안을 논의했다. 이 회담은 1973년 5월 김 총리가 파리를 방문했을 당시 재정경제장관이었던 데스텡과의 회담에 이은 두 번째 회담으로, 그동안 한·불 양국 간의 경제협력은 급속도로 진전됐다.

대통령 특사로 유럽 6개국을 순방 중 서독 헬무트 슈미트 수상을 예방했다. 김종필 특사는 이 자리에서 한반도 안보 상황과 우리의 대유엔 외교정책을 설명했다. (1979. 6. 20)

슈미트 서독 수상에게 담뱃불을 붙여주는 김종필 특사.

1979년 만남 후 20년 뒤 한국을 찾은 헬무트 슈미트 전 독일 수상과 반갑게 환담하는 김종필 총리. 이날 두 사람은 독일 통일과 달라진 한반도 상황에 관해 의견을 교환하고 양국 간 경제 협력방안을 논의했다. (1999. 10. 16)

외교·안보

영국 보수당 당수로서 수상에 취임한 대처 여사(오른쪽)를 예방한 김종필 특사가 축하 인사를 전하고 한·영 양
국 공동 관심사에 대해 의견을 교환했다. (1979. 6. 25)

당시 영국 의회에서는 일부 소장 의원들이 북한 승인 문제를 제기 중이었는데, 김종필 특사가 이에 대해
우려를 표하자 대처 수상은 "내가 수상으로 있는 한 그런 일은 절대 없을 것"이라고 단호하게 말했다. 진
지한 분위기를 전환하고자 환담 중에 김종필 특사가 대처 수상에게 "퍽 미인이십니다"라고 하자 수상은
"동양에서 미남 한 분이 오신다기에 화장을 짙게 했다"고 화답해 장내에 웃음꽃이 폈다.

프랑스 파리 엘리제 궁에서 자크 시라크 프
랑스 대통령과 함께. (1999. 6. 25)

폴란드 바르샤바를 방문해 알렉산드르 크바
니시예프스키 대통령(오른쪽)과 회담했다.
(1998. 7. 15)

이날 회담에서는 대우자동차 등 한국 기업의 대폴란드 투자를 양국이 적극 지원키로 하는 등 양국 간 경
제협력을 강화하기로 했다. 이에 앞서 김 총리는 바르샤바 대우FSO자동차 공장을 방문해 김우중 대우그
룹 회장의 안내로 자동차 생산라인을 둘러보았다.

AMBASSADE DE FRANCE
EN CORÉE

L'Ambassadeur   Seoul, le 25 juin 99

My dear friend,

                Congratulation for your
successful travel to France.

                Here are some beautiful photos
of your charming Prince published in the korean
newspapers this morning.

Yonhap

Prime Minister Kim Jong-pil receives the Grand-Croix de L'ordre National du Merite from French President Jacques Chirac for his contribution to promoting Korea-French ties, during a courtesy call at Elysee Palace Wednesday.

THE KOREA HERALD, FRIDAY, JUNE 25, 1999

프랑스를 방문한 김종필 총리는 1999년 6월 23일 시라크 프랑스 대통령으로부터 공로훈장 대십자장 훈장을 받았다. 이 훈장은 한·불 협력관계를 증진시킨 데 대한 공로로 주어진 것으로, 시라크 대통령은 이틀 뒤 김종필 총리의 훈장 수여 소식을 전한 신문기사를 스크랩해 직접 편지를 써 보냈다.

중국으로부터 한반도 평화 안정을 약속받다

"한·중 수교 때의 약속을 흐트러뜨리는 일은 결코 없을 것이다."

－1998년 2월 11일, 장쩌민 중국 국가주석 예방 자리에서

　우리나라가 1990년대 초 중국과 외교관계를 수립한 이후 1998년 2월 김종필 자민련 명예총재가 공산당 초청으로 중국을 공식 방문해 장쩌민 국가주석 겸 당 총서기를 만난 것은 양국 간의 우호협력 증진에 획기적인 일이었다.

　김종필 총재의 방중을 계기로 뒷날 한·중 정상회담이 성사됐으며, 양국 간의 경제협력이 놀라운 속도로 강화되는 등 동북아시아 정세에 일대 전환을 가져왔다. 특히 한국 기업들이 중국 진출 러시를 이루면서 우리나라의 대외 수출액 중 대중(對中) 수출액 비중이 가장 커졌다.

중국 공산당 초청으로 중국을 공식 방문한 김종필 자민련 명예총재는 베이징에서 장쩌민 국가주석 겸 당 총서기를 예방했다. (1998. 2. 11)

김종필 총재는 장 주석에게 김대중 대통령 당선자의 친서를 전달하면서 김대중 당선자의 '동북아 평화와 안정을 위한 미·중·일·러·남북한 6개국 선언' 구상을 설명하고 중국 측의 적극적인 협력을 요청했다. 이 자리에서 장쩌민 주석은 김대중의 방중을 요청하는 한편 "중국은 한반도의 평화 안정에 도움이 되지 않는 일은 하지 않을 것"이라고 말했다.

김종필 명예총재가 한국을 방문한 후진타오 중국 부주석과 반갑게 악수를 나누고 있다. (1998. 4. 27)

아시아 외교사에 남긴 발자취들

"몽골이 우리의 대북 포용정책을 적극적으로 지지해준 데 대해 감사의 뜻을 전한다.
이를 계기로 한—몽 관계가 더욱 발전할 것이다."

– 1999년 11월 9일, 몽골의 아마즈자르갈 총리와의 회담 자리에서

경제적으로 빈국이었던 1960년대까지만 해도 우리나라가 동남아 등 아시아 국가들의 지원과 협조를 얻으려면 외교적 노력이 필요했다. 그러나 1970년대 이후 비약적 발전을 거듭한 한국은 유엔 등 국제무대에서 아시아 국가들과의 우호 증진에 있어 주도적 위치에 서게 됐다.

아시아 외교에서 한국이 주도권을 잡고 영향력을 행사할 수 있게 된 데는 김종필의 역할이 컸다. 김종필은 정계에 몸담고 있는 동안 일본, 중국, 자유중국(대만), 인도, 필리핀, 태국, 월남, 버마, 말레이시아, 싱가포르, 인도네시아, 몽골 등 거의 모든 아시아 국가들을 방문해 정상들과 만났고 그 나라 외교관들과도 폭넓은 교류를 지속해 우리나라의 아시아 외교사에 큰 발자취를 남겼다.

장개석 총통으로부터 대수보전훈장을 수여받는 김종필 중앙정보부장. (1961. 10. 9)

중화민국 쌍십절 특사로 대만을 방문한 김종필 부장이 장개석 총통을 예방하고 박정희 최고회의 의장의 친서를 전달했다. 이 자리에서 김 부장은 장 총통으로부터 대수보전훈장을 수여받았다. 김 부장은 대만 방문 기간 중 장경국 국가안전부장, 유대유 국방장관 등 고위 인사들과 만나 상호 관심사를 협의하고, 대만 교민들에게 혁명 과업 수행과정을 설명했다.

김종필 특사의 일정을 담은 중화민국 측의 문서.

인도네시아 수카루노 대통령 예방. (1962. 11. 12)

김종필 중앙정보부장이 일본을 방문 중인 인도네시아 수카루노 대통령을 예방하고 양국 간 통상무역, 자원
개발, 문화교류 확대 등을 논의했다. 이날 김 부장은 1963년 인도네시아 반둥에서 개최되는 AA회의에 한국
의 초청을 요청해 수카루노 대통령의 동의를 받았으며, 이로써 한국의 대중립국 외교의 전기를 마련했다.

고 장개석 총통 장례식 참석을 위해 자유중국을 방문한 김종필 총리가 미망인 송미령 여사에게 조의를 표하고 있다. (1974. 4. 17)

대통령 특사로 자유중국을 방문한 김종필 의원은 대만 대북공항에서 장경국 행정원장(장개석 총통 아들)의 영접을 받고 의장대를 사열했다. 이날 저녁 만찬장에서 김종필이 장 원장과 환담하고 있다. 왼쪽부터 김종필 의원, 육인수 의원, 장경국 원장. (1977. 2. 10)

인도 방문에 나선 김종필 총리가 코첼라 라만 나라야난 인도 대통령(오른쪽)을 만나, 한·인 양국 간 친선과 경제 협력방안을 협의했다. 김 총리는 이어 뉴델리에서 개최된 제13차 인도국제산업박람회 개막식에 주빈국 대표로 참석했다. (1999. 2. 10)

외교·안보

서울 세종로 총리 집무실에서 리콴유 전 싱가포르 총리(왼쪽)의 예방을 받고 환담했다. 김종필 총리와 리콴유 전 총리는 박정희 대통령에 대한 평가, 내각제 문제, '아시아적 가치' 등 깊이 있는 대화를 나누었다. (1999. 10. 22)

아마즈자르갈 몽골 총리와 회담. (1999. 11. 8)

총리 집무실에서 아마즈자르 갈 몽골 총리와 회담을 갖고 양 국 간 실질 협력방안을 협의했 다. 회담에서는 2000년 3월 한· 몽골 수교 10주년을 앞두고 양 국 공동으로 청소년 포럼과 문 화공동위원회를 개최하는 등

문화 및 인적교류를 확대하는 한편, 양국 직항로 개설과 몽골의 산업연수생 한국 파견을 검토하기로 했 다. 김종필 총리 내외는 이날 저녁 서울 하이야트 호텔로 아마르자르갈 총리 내외를 초청해 만찬을 베풀 었다. 왼쪽부터 몽골 총리 부인, 김종필 총리, 아마르자르갈 총리, 박영옥 여사.

중동을 넘어 아프리카까지 외교를 확장하다

"아프리카·중동 지역에 대한 외교활동과 경제협력 강화가
상호 이익의 추구를 통한 공고한 관계로 진전돼 나가도록 주력해야 한다."
−1975년 1월 27일, 아프리카·중동지역 공관장회의 치사 중

1970년대의 중동 건설 진출을 계기로 한국 기업들의 중동 국가 진출이 폭발적으로 늘어남에 따라 우리나라의 중동 및 아프리카 국가들과의 외교관계가 다원화되기 시작했다.

김종필은 국무총리 또는 국회의원 시절 이집트의 무바라크 대통령, 이스라엘의 네타냐후 총리를 비롯해 사우디아라비아·모로코·카타르·아랍에미리트·세네갈·말리·자이르·아이보리코스트 등 중동 및 아프리카 국가들의 정상과 회담하고 양국 경제 협력 방안과 한국 정부의 대북정책 지지, 다각적인 문화교류 등을 협의했다.

김종필의 이 같은 노력은 이들 지역에 대한 어업, 조선, 관개사업, 원자력 발전소 건설을 비롯한 산업시설 등 우리나라의 수출 확대에 커다란 진전을 가져왔다.

칼리드 사우디아라비아 국왕 예방. (1975. 5. 3)

김종필 총리는 사우디아라비아 제다 왕궁을 방문, 칼리드 국왕(오른쪽)에게 박정희 대통령 친서를 전달하고 고 파이잘 국왕의 서거에 조의를 표했다. 이 자리에서 칼리드 국왕은 "파이잘 국왕이 한국에 한 약속은 꼭 지키겠다"며 한국과의 외교·경제 협력을 강화할 것을 다짐했다.

모로코 국왕에게 박 대통령 친서 전달. (1977. 2. 23)

박정희 대통령 특사로 모로코를 방문한 김종필 의원은 모하메드 핫산 2세 국왕(왼쪽)을 예방, 박 대통령 친서를 전달하고 양국 공동 관심사와 우호협력 증진방안에 대해 환담했다. 김종필 의원은 이에 앞서 반라라키 외상을 면담, 어업·조선·무역 부문에서의 양국 협력 확대방안을 협의하고 문화협력에 관한 협정을 체결했다.

김종필 의원은 아프리카와 중남미 순방 중 세네갈을 방문해 생고르 대통령을 예방하고 한·세네갈 우호 협력 방안을 협의했다. (1977. 2. 27)

세네갈 다카르 공항에서 환영객 사이에 쪼그려앉아 있는 꼬마 동포의 머리를 쓰다듬어 주는 김종필 의원.

중동과 인도 방문길에 나선 김종필 총리가 이집트 대통령궁으로 무바라크 대통령(왼쪽)을 예방했다. (1999. 2. 4)

김 총리는 무바라크 대통령의 방한을 초청하는 김대중 대통령의 친서를 전달하고, 양국 경제 협력방안과 한반도 긴장 해소방안에 관해 의견을 교환했다. 무바라크 대통령은 한국 정부의 대북정책에 대해 지지 의사를 밝혔다. 김 총리는 이에 앞서 카말 간 주리 이집트 총리와 회담하며 중동과 아프리카에서 두 나라 간 새로운 경제 협력체제를 만들어 나가기로 다짐했다.

김종필 총리가 이집트를 방문 중에 수행 인사들과 함께 룩소르 신전을 둘러보고 있다. 김종필 총리 주변으로 강창희 과기부 장관, 이양희 자민련 수석부총무, 장영달 국민회의 수석부총무, 조건호 비서실장 등이 보인다. (1999. 2. 5)

베냐민 네타냐후 이스라엘 수상과 회담. (1999. 2. 7)

김종필 총리는 중동의 두 번째 방문국인 이스라엘을 방문해 베냐민 네타냐후 수상(오른쪽)과 회담을 갖고 반도체와 정보통신분야의 기술교류를 중심으로 양국 간 경제협력을 확대하기로 했다. 이 회담에서 통상·과학기술·농업을 비롯한 산업분야의 기술협력 증진을 위해 '양국 정부 간 투자의 상호 증진 및 보호를 위한 협정'에 서명했다.

이스라엘 방문 중 독일 나치의 유대인 학살 현장인 홀로코스트 추모관을 방문해 희생자들을 추모했다. (1999. 2. 7)

압둘라 2세 요르단 국왕 면담. (1999. 2. 8)

김종필 총리는 당초 일정을 변경해 이스라엘에서 승용차 편으로 요르단 암만을 방문, 고 후세인 이븐 탈
랄 요르단 국왕 장례식에 정부 조문사절 자격으로 참석했다. 이어 국왕직을 계승한 압둘라 2세 국왕(왼
쪽)을 예방했다.

방한 중인 케이타 말리 총리 내외를 서울 삼청동 총리공관으로 초대해 만찬을 베풀고 한국과 말리 양국 간 우
호협력 강화를 다짐했다. (1999. 10. 19)

경제 외교를 위해 중남미로 가다

"우리 같은 공업국은 중남미 국가들과의 협력관계를 증진해야 한다.
중남미 국가들은 우리나라와 기술과 경제적 측면에서 협력을 원하고 있다.
진정한 외교는 외무부뿐만 아니라 경제단체, 기업인 등이 일체가 되어 추진하는 것이다."

– 1977년 4월 11일, 중남미 순방 후 귀국 인터뷰에서

김종필의 중남미 외교 행보는 1970년대와 1990년대 두 차례에 걸쳐 중점적으로 이루어졌다. 1977년에 김종필 의원은 박정희 대통령 특사 자격으로 중남미를 순방, 브라질·아르헨티나·칠레·페루·콜롬비아·코스타리카의 대통령들을 모두 예방했다. 브라질·아르헨티나·칠레를 방문했을 때는 경제협력·이민문제·어업문제 등을 주로 논의했고, 페루·콜롬비아·코스타리카에서는 통상 진흥 확대방안 등을 협의했다.

1999년 김종필 총리는 아르헨티나의 델 라 루아 신임 대통령과 브라질의 카르도소 대통령을 각각 예방하고 양국 간의 우호 증진과 한국 기업의 진출 확대방안 등을 중점 논의했다.

김 총리는 재임 시절 내내 "대한민국이 국제화의 흐름에 발맞춰 세계적 선진국으로 거듭나려면 중남미 국가들과의 외교를 중요시해야 하며, 이를 위해 정치적 교류뿐 아니라 경제·문화 등 다방면에 걸쳐 상호 협력이 이루어져야 한다"고 강조했다.

중남미 순방 중 칠레를 방문한 김종필 대통령 특사가 1977년 3월 23일 피노체트 대통령을 예방, 박정희 대통령 친서를 전달하고 양국 관심사를 논의했다. 왼쪽에서 둘째가 김종필 특사.

1999년 12월 15일 남미 순방에 나선 김종필 총리는 브라질을 방문해 카르도소 대통령(오른쪽)을 예방하고 한국 기업의 브라질 진출 확대와 비자면제협정 등에 대해 논의했다. (1999. 12. 15)

김종필 총리는 아르헨티나 부에노스아이레스에서 열린 페르난도 델 라 루아 신임 대통령 취임식에 경축특사로 참석해 취임을 축하하고 양국 간의 우호 증진을 다짐했다. 사진은 델 라 루아 신임 대통령 부부(왼쪽)와 김종필 총리 부부의 기념촬영. (1999. 12. 10)

탁월한 소통 능력으로 국제회의 주도

"오늘날 세계 정세는 시시각각 변하고 있으며,
이런 현실로 인해 위정자들만의 노력으로는 평화를 구현하기 어렵다.
우리 모두가 전 인류사회의 평화를 구현할 지름길을 모색해야 한다."

‒ 1975년 11월 21일, 홍콩 PTP(People To People) 대회 축하 메시지 중

김종필의 국제회의 참석은 주로 국무총리 재직 때 국내에서 열린 각종 국제행사에서 치사를 하기 위해서였고 이밖에 정기적인 한·일 각료회의를 주재하기 위해서였다.

1966년 공화당 의장 시절에는 아시아국회의원연맹 총회에 한국 측 대표로, 1992년 민자당 대표최고위원 시절에는 스페인에서 개최된 국제민주동맹 당수회의에 한국의 보수정당 대표로 참석했다.

영어와 일어에 익숙한 김종필은 국제회의에서 탁월한 언어 구사능력과 친화력으로 외국 정상 및 국제문제 전문가들과 관계를 더욱 공고히했으며 대한민국이 세계적 위상을 정립하는 데 큰 역할을 했다.

서울 워커힐 호텔에서 개최된 제2차 아시아
국회의원연맹(APU) 총회에 한국 측 대표로
참석한 김종필 당의장. (1966. 9. 2)

1972년 8월 21일 김종필 총리는 서울 워커힐 호텔에서 개최된 제18차 아시아민족반공연맹 총회에 참석해 치사
를 통해 "아시아의 항구적 평화를 위한 자유민주국가의 결속"을 제창했다. 북한 공산정권과 대치하고 있는 대
한민국으로서는 아시아 자유민주주의 국가들 간의 안보의식 결속이 매우 중요한 과제였다.

김종필 민자당 대표는 1992년 9월 스페인 마드리드에서 개최된 국제민주동맹(IDU) 제5차 당수회의에 참석했다. 이어폰을 끼고 박수 치는 이가 김 대표, 뒤는 수행한 도영심 의원.

국제민주동맹(IDU)은 미국·영국 등 자유민주주의 정당들이 1983년 국제사회주의동맹(SI)에 대응하기 위해 발족시켰으며, 전 세계 27개 정당이 가입한 국제기구로 대한민국은 1992년 제5차 당수회의를 통해 정회원으로 가입했다.

1994년 5월 27일 PTP(People To People) 한국본부 명예총재인 김종필 민자당 대표는 서울 르네상스 호텔에서 열린 한국본부 총재 이·취임식에 참석해 축사를 했다. 김종필은 1974년 12월 30일부터 PTP 명예총재로 재직해왔다.

서울 신라호텔에서 열린 88서울올림픽 10주년 기념 만찬에 참석해 88올림픽의 성공적 개최에 공헌한 인사들과 담소를 나누었다. 오른쪽부터 김종필 총리, 사마란치 IOC·위원장, 이건희·김운용 IOC 위원. (1998. 9. 17)

제주에서 열린 제2차 한·일 각료회의에 참석한 오부치 게이오 총리가 김종필 총리와 함께 제주 성읍마을 민속품 가게에 들러 제주 특산 갈옷을 입어보고 있다. (1999. 10. 24)

한·일 양국 총리와 각급 장관들이 대거 참석한 각료회의에서는 월드컵이 열리는 2002년을 '한·일 국민교류의 해'로 지정하고 월드컵 개최 10대 도시 간 지자체 교류협의체 구성, 김포공항과 하네다·나리타 왕복 셔틀기 운항, 한·중·일 3국 간 크루즈 관광사업 추진 등에 합의했다. 또한 양국 외무장관은 이중과세 방지 협약 이행각서를 교환했다.

격의 없이 만난 외국 친구들

"한·일 국교 정상화를 생애 무엇보다 보람된 일로 생각한다.
30대 후반이던 나는 파트너들이 당시 대부분 원숙한 국가적 지도자들이었고,
그분들의 지도력에 힘입은 바가 컸다."

— 1999년 9월 3일, 역대 일본 총리 부부 만찬회에서

외국 유명 인사들과 김종필의 공·사석(公私席) 공간에서 특히 눈에 띄는 것은 격의 없는 대인관계였다.

그의 유머러스한 화술과 해박한 지식, 놀라운 기억력 등은 상대를 매료시켰고 술을 마다하지않는 로맨틱한 성품이 그들과의 친숙함을 더했다. 이에 더해 김종필은 자주 어울리는 외국 인사들과는 골프 모임, 그림 선물 등의 외교술을 발휘하고 외국 여성 정상들에게는 페미니스트에 가까운 예찬론을 펴 호감을 크게 사기도 했다.

그의 격의 없는 외국 친구들 가운데 특히 김종필이 존경하는 미국의 밴플리트 장군과 나카소네 전 일본 총리와의 교우는 평생 유지되고 있다.

밴플리트 장군과 함께. (1962. 5. 12)

전 미8군사령관 밴플리트 장군 일행을 위한 청와대 초청 만찬에서 김종필 중앙정보부장이 밴플리트 장군과 다정스레 어깨동무를 하고 있다. 두 사람은 오랜 기간 한국과 미국에서 기회 있을 때마다 만나는 등 깊은 우의를 다져왔다.

방미 중 저명한 시사평론가 월트 리프먼의 자택을 방문해 한국의 정치·경제 정세와 통일 문제에 대해 대화를 나누었다. (1962. 10. 24)

제주지역 미 평화봉사단원들과 오찬. (1968. 5. 23)

김종필 공화당 의장은 제주도를 방문해 제주지역 미 평화봉사단원들에게 오찬을 베풀고 단원들의 노고를 치하했다. 당시 김 의장은 전국 각 지역을 순회하며 미 평화봉사단원들을 격려했다. 왼쪽부터 양정규·구자춘 의원, 김종필 당의장 내외와 봉사단원들.

1972년 9월 5일 서울에서 열린 제6차 한·일 각료회의에 참석한 나카소네 야스히로 일본 통산상(후에 총리)이 김종필 총리에게 자신이 그린 '파(波)' 제목의 미술품을 선물하고 있다.

이 그림은 김종필이 야인시절에 자신이 직접 그린 당인리발전소 풍경화를 나카소네 당시 방위청 장관에게 선물한 데 대한 답례로서 일본 도쿄만에서 내려다 본 태평양의 파도 모습을 담은 것이다. 김종필과 나카소네의 인연은 나카소네가 총리로 장기 집권하던 때는 물론 정계은퇴 후에도 계속돼 지금도 변치 않는 우정을 자랑하고 있다.

1973년 7월 19일 김용식 외무부 장관이 주최한 로저스 미국무장관(오른쪽)을 위한 골프 모임에 참석했다. 두 사람은 전날 총리실에서 동북아 정세와 6·23 선언의 배경 등에 관해 의견을 나누었다.

한·미 제1군단사령부를 방문하고 위문품을 전달하며 장병들을 격려했다. 이 자리에서 김종필 총재는 위컴 사령관에게 자신이 그린 풍경화 '석교와 가을'을 선물했다. (1980. 1. 17)

총리 집무실을 예방한 홀트 여사(김 총리 오른쪽)와 가족들을 맞이해 환담을 나누었다. (1988. 5. 22)

요르단 방문 중 예루살렘 전망대에서 만난 미국 대학생들과 기념촬영을 했다. 김종필 총리 오른쪽으로 장영달 국민회의 수석부총무, 왼쪽으로 자민련 이양희 수석부총무가 보인다. (1999. 2. 9)

김종필 총리가 방한 중인 사마란치 국제올림
픽위원회(IOC) 위원장을 삼청동 총리공관으
로 초대해 조찬을 같이하며 환담했다. 오른
쪽이 사마란치 위원장. 왼쪽이 김종필 총리.
가운데는 김운용 IOC 위원. (1999. 6. 13)

1999년 6월 12일 주한 외교사절 부부들을 경기도 포천 아도니스 골프클럽에 초청해 골프를 친 후 만찬을 베풀
었다. 만찬에는 골프를 치지 않는 외교사절도 합류해 50여 개국 대사 부부 등 100여 명이 자리를 함께했다. 사
진은 김종필 총리의 티샷 모습.

전쟁 없는 나라를 만들기 위한 발걸음

"나는 현재 비록 예비역 준장이지만, 만일 전쟁이 일어난다면
지금 당장 이등병으로라도 징집해 달라고 할 것이다."

–1994년 6월 20일, 중부전선 전방부대 시찰 중에

사관학교 출신으로 군사혁명을 주도했던 김종필은 국가안보에 관해서는 누구보다도 투철한 안보관을 지녔다.

정보장교 시절에는 북의 남침을 정확하게 예고했고, 6·25 전쟁 때는 직접 참전했다. 또한 3·15 부정선거에 앞장섰던 군 수뇌부에 항거했으며, 공산주의와 북한 정권에 대해서는 단호한 자세를 견지했다.

그는 특히 국가안보, 군장비 현대화 등 군의 전력 증강에 심혈을 기울였다. 기회가 있을 때마다 월남전 현장·전방고지·일선부대 등을 시찰하며 군 장병들의 사기를 진작시켰다.

강원도 원주에 있는 1군사령부를 방문해 사열을 받고 있는 김종필 중앙정보부장. (1962. 5. 21)

해병1사단에서 열린 해병대 기습상륙훈련을 참관했다. 가운데가 육영수 여사, 오른쪽이 김종필 중앙정보부장과 김용태 의원. 육 여사 왼쪽이 김성은 국방부 장관. (1961. 9. 15)

1961년 9월 15일 강화도에서 열린 6·25 인천 상륙작전 기념행사에 김종필 중앙정보부장(가운데 사복 차림 선글라스)과 육사 8기 동기생 등 5·16 주역들이 모였다. 이들은 국가재건최고회의에 주로 포진해 있었다. 앞줄 왼쪽부터 오정근 중령(해병), 강상욱·오치성·이석제 대령. 뒷줄 왼쪽부터 옥창호·정세웅 대령(해병), 길재호 대령, 김종필 부장, 유원식 준장.

새해를 맞아 민병권·김재순 의원과 함께 제15사단 전방지휘소를 방문해 적 진지를 관찰하고 사단본부에서 '임
전태세' 휘호를 써주며 장병들을 격려했다. 왼쪽에서 둘째가 김종필 공화당 의장. (1966. 1. 12)

3군사령부 산하 167고지를 방문해 망원경을 통해 북한군 진지를 관찰했다. 김종필 총리는 이날 서종철 국방부 장관을 대동하고 헬기로 서부·중부·동부 전선 7개 부대를 방문, 방위태세를 점검하고 금일봉을 전달했다. (1975. 1. 8)

서종철 국방부 장관을 대동하고 육·해·공군 3개 부대를 시찰하고 장병들을 격려했다. 김 총리 뒤에 서 국방장관이 보인다. (1975. 1. 13)

강원도 원주 1군사령부와 예하부대 및 중동부전선의 최전방 관측소를 방문해 장병들과 오찬을 하고 위문품을 전달 격려했다. 최전방 관측소에서 부대장의 안내를 받는 김종필 공화당 총재. (1980. 1. 19)

김종필 민자당 대표가 당직자 20여 명과 함께 중부전선 전방부대를 방문해 철책을 시찰하고 장병들과 오찬을 함께 했다. (1994. 6. 20)

6·25전쟁 44주년을 앞두고 전방 시찰에 나선 김종필 대표는 "나는 예비역 준장이지만, 전쟁이 일어나면 이등병으로라도 징집해 달라고 할 것"이라고 다짐하면서 장병들의 야간근무 상황과 급식 등 근무 여건을 점검했다.

안보 강화의 신념으로

"월남 휴전협정의 결말이 보여주듯 강대국에 의한 한반도 평화보장 논의는 비현실적이다."
– 1975년 6월 9일, 강원도 춘천 강원도청에서 열린 안보정세보고회에서

안보가 불안하면 무엇보다 경제 상황이 어려워지고 민심이 흔들리게 마련이다. 이를 누구보다 잘 아는 김종필은 "북한의 대남 위협이 상존하는 한 한국의 발전은 굳건한 안보태세의 강화에서 비롯되어야 한다"고 늘 강조했다. 안보가 밑받침되지 않으면 그 어떤 발전도 사막의 신기루일 뿐이라는 것이 그의 신념이었다.

이에 김종필은 1968년 청와대 기습을 기도한 1·21 무장공비 사태, 1974년 문세광의 육영수 여사 저격사건 등 북의 적화야욕이 드러난 상징적 사건과 특히 1975년 월남 패망을 전후한 정세를 감안, 한반도 안보태세 강화에 역점을 두고 국정을 수행했다.

이렇듯 김종필을 중심으로 한 정부의 의지와 대기업들의 적극적인 참여로 1974년에 있었던 방위성금 기탁은 국민들의 안보의식 고양과 군의 안보태세 강화에 큰 힘이 되었다.

미국 노스럽 항공기 제작사를 시찰한 후, 에드워드 공군기지의 비행센터에서 한국 공군이 도입할 신예전투기에
시승한 김종필 중앙정보부장. 김 부장의 기지 방문에는 김두만 공군무관(옆의 제복군인)이 수행했다. (1962. 11.
3)

1966년 6월 27일 김종필 공화
당 당의장이 6·25전쟁 16주년
을 맞아 서부전선 해병대 제1
여단에서 열린 '제적봉' 명명식
에 참석, 거수경례를 하고 있
다. 제적봉은 붉은 무리인 적을 제압한다는 뜻으로 김 당의장이 이름을 짓고 친필 제자를 비석에 새겼다.

1968년 2월 26일 공화당사에서 창당 기념식을 가진 후 당무위원들과 함께 청와대 사격장에서 사격 연습을 했
다. 김종필 당의장의 이날 사격 연습은 한 달 전(1968. 1. 21)에 일어난 북한 무장공비 김신조 일당의 청와대 습
격사건에 대한 경각심으로 실시됐다.

전군지휘관회의에서 안보태세 강화 훈시. (1971. 9. 8)

중앙청에서 열린 전군지휘관회의에서 국제정세 변화에 따른 한반도 안보정세와 대비태세 강화를 강조했다. 사진은 유재흥 국방부 장관을 비롯해 3군 참모총장 등 주요 지휘관들이 도열해 김종필 총리에게 신고하는 모습. 유재흥 국방장관은 1971년 8월 23일 발생한 실미도사건에 대한 책임을 지고 물러난 정래혁 장관의 후임으로 이날 첫 지휘관회의를 주재했다.

김 총리가 김포 해병 제5여단을 방문, 이병문 해병대 사령관의 안내로 '애기봉(愛妓峯)' 비석을 응시하고 있다. (1972. 1. 6)

서울시청에서 을지연습(CPX) 상황을 보고
받는 김종필 총리. 오른쪽부터 양택식 서울
시장, 김 총리, 김현옥 내무부 장관. (1972. 4.
14)

이원만 코오롱그룹 회장(오른쪽)으로부터 방
위성금을 기탁 받고 있는 김종필 총리. (1974.
5. 3)

서울 태릉사격장에서 열린 대
통령기 쟁탈 제3회 각 부처 사
격대회에서 시범사격을 하는
김종필 총리. (1975. 6. 11).

월남전 휴전협정에 따른 국
내외 정세와 관련, 안보 대응
책의 일환으로 각 시·도별 안보정세보고회가 잇따라 열리고 있는 시점에서 이날 사격대회는 각별한 관심
을 모았다.

학도호국단 발대식 참석. (1975. 9. 2)

서울 여의도 5·16광장에서 거행된 중앙학도호국단 발대식에 참석해 훈시를 한 뒤 사열을 받았다. 이날 발대식에는 3부 요인과 각 대학 총학장, 각 고등학교 교장 그리고 전국 1,460개교의 학도호국단을 대표한 4만1,591명이 참가했다. 김종필 총리 왼쪽은 중앙학도호국단 단장 유기춘 문교부 장관.

경기도 파주군 동아공원에 건립된 육탄10용사 충용탑(忠勇塔) 제막식에 참석했다. 오른쪽에서 둘째가 김종필 공화당 총재. (1980. 5. 3)

국군 장병 후배들을 격려하다

"여러분은 군인으로서의 투철한 사생관과 지성인으로서의 명석한 시국관,
그리고 원대한 역사관을 견지해야 한다."

−1974년 2월 20일, ROTC 임관식 치사 중에서

군의 전력 강화에서 장병들의 사기 진작은 필수적이다. 동서고금의 크고 작은 전쟁에서 군의 사기가 그 승패를 좌우했음은 역사적 진실이다.

김종필은 육군사관학교 출신으로서 졸업과 동시에 육군정보국 전투정보과로 발령받아 6·25전쟁 직전 북한의 남침 징후를 예상한 '연말적정(敵情)종합판단서'를 작성할 만큼 군인으로서도 탁월한 역량을 지녔다. 이후 정군운동과 5·16혁명 등 보다 큰 사명을 수행하는 과정에서 육군 준장으로 예편했지만, 정계에 머무르는 동안에도 전방 상황을 수시로 시찰하고 국군 장병들의 사기 진작에 힘을 기울였다.

국군 장병들의 훈련 현장을 시찰할 때마다 훈련병들과 직접 대화를 나누고 식사를 함께하며 그들의 애로사항을 점검했으며, 특히 ROTC 제도의 정착과 보훈정책의 활성화에 힘을 쏟았다.

서울 한강 백사장에서 거행된 제4기 대학생 낙하산 훈련 수료식에 참석한 김종필 중앙정보부장이 수송기에 올라 훈련생들과 일일이 악수하며 격려하고 있다. (1962. 9. 29)

1975년 6월 23일 중앙청 회의실에서 국군 모범용사 66명에게 다과를 베풀고 만년필을 선물했다.

김종필 총리가 1972년 7월 31일 유재흥 국방장관, 민관식 문교부 장관, 김상협 고려대 총장과 함께 충남 조치원 소재 2617부대를 시찰, ROTC 대학생들의 사격 훈련과 철조망 침투 훈련을 지켜보며 부대장과 얘기를 나누고 있다.

제 5 장

인간 김종필

김종필-'JP'는 다재다능한 팔방미인이다. 엄청난 양의 책을 읽은 독서가로 동서고금의 사상을 넘나드는가 하면 광범한 지식과 지혜는 말마다 글마다 보석처럼 번쩍인다. 현대 정치사의 뭇 지도자 가운데 가장 지성적이고 이지적인 인물이며, 또 로맨티스트라고 불린다. 서예, 회화, 음악, 바둑, 승마, 골프, 야구 등등 예체능의 달인이다. 그러면서도 그에게는 흔들리지 않는 좌우명이 있다. '일상사무사(日常思無邪)- 정의가 없는 길에는 발을 들이지 않는다.'

예인藝人 김종필

"지금까지 내가 만든 당이 여럿인데,
한참 젊었을 때 '대한음주당(飮酒黨)'을 만들었어요.
주량에 따라 주신(酒神), 주성(酒聖), 주호(酒豪), 주걸(酒傑), 주객(酒客), 평당원으로 서열을 정했지요."
– 1997년 9월 3일, SBS-TV 특별 생방송 '대통령 후보와 함께'에서

  흔히 '팔방미인'이라고 하면 모든 면에서 다양한 재주를 갖춘 인물을 말한다. 김종필을 만난 사람들은 그래서 그를 정치인 이전에 팔방미인이라고 말한다. 그에게는 "잘할 수 있는 것이 무엇이냐"고 묻는 것보다 "못하는 것이 무엇이냐"고 묻는 것이 맞다.

  이 나라 현대사의 중심에 섰던 김종필은 타고난 예인(藝人)이다. 그는 예술과 예술인을 사랑한다. 음악과 서예, 그림, 문필, 각종 악기를 다루는 기예, 운동과 바둑 등 그의 취미와 재능은 특출하고 다양하다.

  그와 음악을 논하다 보면 동서양의 클래식은 물론 대중음악 분야까지 그 해박한 지식과 실기 실력에 놀라기 일쑤다. 피아노, 오르간, 기타, 만돌린, 드럼, 꽹과리 등 어떤 악기든 그의 손에 닿으면 연주가 된다.

김종필은 어린 시절부터 건반악기, 현악기 등 거의
모든 악기를 다룰 만큼 음악적 재능이 뛰어났다. 바
이올린 켜는 젊은 날의 모습.

청구동 자택에서 딸 예리 양과 함께 누운 자세로 아코디언을 켜며 즐거운 한때를 보내고 있다. 김종필은 취미로
아코디언을 연주하곤 했다.

인간 김종필

김종필 중앙정보부장이 버거 주한 미 대사 부부를 정보부장 관사로 초청, 저녁 모임을 가진 자리에서 만돌린 솜씨를 뽐내고 있다. 김 부장 오른쪽으로 버거 대사 부인과 박영옥 여사. (1961. 12. 14)

김용태·이동진 의원과 함께 해군기지를 방문해 장병들을 위문 격려했다. 저녁에 열린 '해군·해병의 밤' 행사에서 이동진 의원(무대 앞 세 사람 중 가운데)이 노래를 부르는 동안 김종필이 해군 군악대 연주에 맞춰 드럼을 치고 있다. (1965. 4. 29)

청구동 자택에서 오르간을 연주하는 김종필.

한 지구당 행사에서 마이크를 잡고 '타향살이' 노래를 부르고 있는 김종필 민자당 최고위원. 코미디언 김희갑이 옆에서 박수로 박자를 맞추고 있다. (1990. 10. 3)

6·27 지방선거 유세 도중 농악단이 등장하자 김종필 총재가 저고리를 벗어던진 채 꽹과리를 치며 흥을 돋우고 있다. (1995. 6. 24)

SBS-TV 특별생방송 '대통령 후보와 함께' 프로그램에 출연해 가수 노사연이 '만남' 노래를 부르는 동안 '김종필과 그 악단'과 함께 아코디언을 직접 연주했다. (1997. 9. 3)

주한 외교관들과의 초청만찬 행사장에서 부인 박영옥 여사와 스텝을 밟는 김종필 총리. (1999. 6. 12)

인간 김종필

화가 김종필

"연말마다 '일요화가회'에서 이웃돕기 작품전을 합니다.
올해에도 한 점 냈어요. 이번에는 시간이 없어서 마감을 거의 앞두고 그렸습니다."

— 1996년 12월 27일, 한 일간지와의 인터뷰 중 "요즘도 그림을 그리느냐"는 질문에 답하며

풍운아 김종필이 '화가 김종필'로 거듭난 것은 그에게 정치적 시련기가 있었기 때문이다. 어렸을 때부터 그림 그리기에 천성적 재질을 가진 김종필은 1968년 정계를 잠시 떠나 있을 때 '일요화가회' 회원들과 함께 전국 산하를 돌며 그림을 그렸다. 아마추어 수준을 뛰어넘는 그의 솜씨가 화폭에 담길 때마다 전문가들도 감탄했기에, 결국 주변의 권유로 《JP화첩》을 만들었다. 그렇게 탄생한 그의 작품은 일본과 미국의 조야에서도 크게 환영을 받았다.

또한 김종필은 개인전을 열어 그 수익금 전액을 한해지역에 보내거나 불우이웃돕기 성금으로 내놨다.

미국 웨스트민스트대학교 전시실에 걸린 김종필 작 '봉산탈춤'.

1966년 10월 6일 김종필 공화당 의장은 미국 웨스트민스트 대학에서 윌리엄스 총장으로부터 명예정치학 박사 학위를 받고, 1,200명을 수용하는 대강당에서 1시간 동안 '자유를 향한 아시아의 길'이라는 제목으로 강연을 직접 영어로 했다. 연설을 들은 청중들은 일제히 기립박수를 보냈다.

이날 졸업식 축하만찬에서 윌리엄스 총장이 대학 전시실에 전시할 그림 한 점을 보내달라고 부탁해 귀국 후 '봉산탈춤'(116.8cm×91cm)을 직접 그려서 보냈는데, 지금도 이 대학 전시실에 처칠 영국 수상과 아이젠하워 미 대통령이 그린 그림과 나란히 전시돼 있다.

1968년 5월 공화당 의장직과 국회의원직까지 내던지고 정계를 은퇴한 김종필은 이해 5월부터 8월까지 일요화
가회 회원들과 부산 해운대, 제주도, 경주 불국사, 설악산 등을 찾아 그림을 그리며 세월을 보냈다. 경주 불국사
근처에서 아이들이 구경하는 가운데 그림을 그리고 있는 김종필.

1968년의 정계 은퇴 이후에도 김종필은 정치적으로 어려운 고비가 있을 때마다 그림을 그리며 시름을 달랬다.
자택 청구동 작업실에서 그림을 그리고 있는 김종필.

서울 신문회관 화랑에서 열린 '한해민 구호를 위한 김종필 개인전'. (1968. 9. 21~25)

이날 출품된 유화 16점 가운데 '울산바위'는 박정희 대통령이 예매했고 다른 작품들도 개막 첫날 모두 매진됐다. 김종필은 이날 수익금 전액을 한해지역인 전남 나주군 동강면 진천리 마을에 기증했다. 마을 주민들은 김종필에 대한 감사의 뜻으로 마을 이름을 '운정(雲庭, 김종필의 호)마을'로 부르고 매년 쌀과 특산물을 선물하며 고마움을 표시했다.

전시장을 찾은 박종화 예술원장(오른쪽 둘째)에게 자신의 그림을 설명하는 김종필.

서울 안국동 미술회관에서 열린 일요화가회 작품전을 관람하고 있는 김종필. (1975. 12. 14)

일요화가회 명예회장인 김종필 총리는 이 작품전에 자작 그림 '도봉산의 가을'(30호)과 '동해 일출'(25호)을 출품해 개막 첫날 2점 모두 예매되자, 수익
금 전액을 연말 불우이웃돕기 성금으로 내놨다.

1979년 초가을 어느 날 북한산 기슭에서 일요화가회
회원들과 함께 화폭에 풍경을 담고 있다.

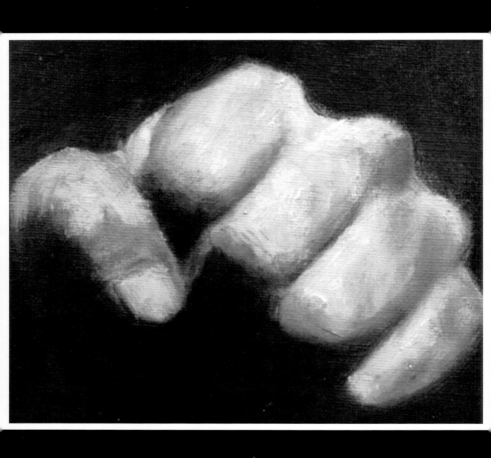

미국 컬럼비아 대학에 기증한 김종필 작 '주먹'.

전두환 정권 시절 김종필은 정치 활동이 금지된 채 1983년 4월 미국에 건너가 두 달 간 컬럼비아대학 개
원 연구원으로 있었다. 이듬해 김종필은 컬럼비아 대학에 '주먹'이라는 작품을 그려 보냈다. '힘을 수반
하지 못한 정의는 무기력하고, 정의를 수반하지 못한 힘은 폭력일 뿐'이라는 의미를 담은 이 그림은 이당
(以堂) 김은호 화백의 '승무도'와 함께 대학 구내에 전시돼 있다.

한국 미술 발전의 기초 마련

"문화예술의 진흥과 국력의 배양은 동시에 추진돼야 한다.
문화예술을 보면 그 나라의 저력을 알 수 있다."

– 1972년 11월 7일, 문화예술상 시상식 축사에서

그림 그리기를 좋아하면서 이미 화가의 경지에 오른 김종필은 우리나라 미술 발전을 위해 음양으로 애를 썼다. 웬만한 전람회는 빠지지 않고 참관했고 미술계 인사들과도 끊임없이 교우했다. 1967년 김종필은 민족기록화를 제작하자는 아이디어를 내 국내 화가들에게 55점의 역사적 대형 기록화를 그리게 했다. 이런 대작을 그리기는 한국 미술사에서 최초의 일이었다. 또한 문화예술진흥법이 제정된 것도 김종필 총리 시절이었다. 그의 미술에 대한 관심과 지원은 우리나라 미술 발전의 기틀을 마련했다고 해도 과언이 아니다.

서울 경복궁 미술관에서 열린 민족기록화전을 찾은 박정희 대통령 부부에게 김종필 공화당 의장이 그림 설명을 하고 있다. 육영수 여사 뒤가 박영옥 여사. (1967. 7. 12)

민족기록화 작품 제작은 김종필의 제안으로 시작된 사업으로, 김종필은 당시 열악한 환경에 놓인 한국 화가들에게 외국산 화구와 물감을 공급해준 뒤 한국 최초로 대형 민족기록화 작품들을 제작하게 했다. 작가들은 전시회 후 50여 점에 이르는 작품 전부를 국가에 기증했다.

서울 덕수궁 현대미술관에서 열린 제22회 국전을 관람한 뒤 공예 부문의 '또아리' 작품과 서양화 구상 부문의 '황소' 그림을 구입했다. 윤주영 문공부 장관과 함께 입선작을 감상하는 김종필 국무총리. (1973. 10. 22)

인간 김종필

김종필 국무총리(앞줄 가운데)가 미술계 원로들을 서울 삼청동 총리공관으로 초청해 만찬을 베풀고 기념촬영을 했다. (1998. 9. 25)

서울 세종문화회관에서 열린 박정희 대통령 20주기 추모 특별사진전을 박 대통령 둘째 딸 근영과 함께 관람하는 김종필 총리. (1998. 10. 22)

김종필 총리가 고향인 충남 부여에서
열린 제1회 부여 국제조각심포지엄 행
사장에서 거북 조각상을 자세히 들여
다보고 있다. 김종필 총리 오른쪽은
유병돈 부여군수. (1999. 4. 28)

한국미술협회가 제정한 제1회 '자랑스
러운 미술인'으로 선정돼 박석원 미술
협회장으로부터 공로패를 받고 있는
김종필 총리. (1999. 7. 1)

서울 롯데백화점에서 열린 한국 원로 화가들의 '북녘 산하 기행전'에서 작품들을 관람했다. 왼쪽에서 둘째가 김종필 총리, 오른쪽이 박보희 통일교 지도자. (1999. 11. 2)

묵향墨香을 옆에 두고

"어렸을 때 매를 맞아가며 서예를 배운 기억이 나는데
지금 생각하니 그때 조금 더 했더라면 하는 아쉬움이 남는다."
– 1973년 9월 14일, 제4회 전국대학문화예술축전을 참관하며

김종필을 이야기할 때 그의 서예 실력을 먼저 떠올리는 사람이 많다. 그는 어릴 적에 한학에 조예가 깊은 부친으로부터 붓 잡는 법을 이미 배웠고, 보통학교(초등학교) 시절 아버지의 친구인 한학자 윤용구 선생으로부터 한문과 서예를 본격적으로 익혔다. 1960년대 공화당 정권 때 이미 명필로 소문나 휘호를 남겼던 그는 이후로도 주요 언론사들의 창간을 비롯한 각종 기념식마다 의미 깊은 휘호를 써주었으며, 해가 바뀔 때마다 시대의 방향타가 될 문구를 붓글씨로 전했다.

그렇게 쓴 서예작품은 서예 큰잔치에 출품되기도 했다. 또한 중동 근로자, 월남전선의 군인들과 최전방의 군부대 장병들 앞에서도 필력을 여지없이 발휘해 근로자들과 장병들의 사기를 북돋우기도 했다.

김종필 공화당 의장이 민병권·김재순 의원과 함께 제15사단 전방지휘소를 시찰한 뒤 사단 본부에서 장병들의 사기 진작을 위해 '임전태세(臨戰態勢)'라는 휘호를 쓰고 있다. (1966. 1. 12)

충청도민일보 창간을 기념해 '정론위세(正論爲世)'
휘호를 써주었다. (1994. 8.22)

한국산업경제신문 창간을 맞아 축하 휘호 '경세정론(經世正論)'을
써 보냈다. (1994. 12. 2)

자민련 출범을 앞두고 여의도 국회
의원회관 사무실에서 '가칭 자유민
주연합 창당준비위원회'라는 현판
을 직접 썼다. (1995. 2. 15)

1997년 신년 휘호로 '줄탁동기(啐啄同機)'를 쓰고 있는 김종필 자민련 총재. (1996. 12. 30)

2001 서울 제36회 국제기능올림픽대회 개최를 앞두고 김종필 고문단 의장이 대회 성공을 기원하는 '기술강국 (技術強國)'이라는 휘호를 쓴 뒤 관계자들과 함께 들어 보이고 있다. (2001. 8. 29)

만능 스포츠맨 김종필

"운동정신은 우리 국민의 총화총력 태세의 밑바탕이 될 협동심을 다져줍니다.
이를 가슴 깊이 새겨 행여 체육을 소홀히 하는 일이 없어야 할 것입니다."

—1975년 5월 31일, 제4회 전국소년체육대회 치사 중에서

김종필은 보통학교 시절 검도를 배웠고 중학교 때는 승마와 유도를 익혔다.

정치에 입문한 뒤로 중앙부처 간의 친선 야구경기가 있을 때는 투수로 활약하고, 민관식 문교부 장관, 김수한·김상현 의원 등과 어울려 테니스를 치기도 했다. 국무총리 재임 시절에는 사격이나 축구경기 등의 시범행사에 직접 참가하기도 했는데, 평소부터 여러 운동을 섭렵해 온 김종필의 진가가 그런 행사에서 유감없이 발휘되곤 했다.

정치를 하는 동안 체력을 유지하며 김종필은 골프 마니아까지 됐고, 골프의 대중화를 늘 강조하곤 했다. 2008년 뇌졸중으로 오른쪽 마비가 왔을 때도 6개월 후면 필드에 나갈 것이라고 장담했지만 그것은 실현되지 못했다. 하지만 평생을 지켜온 운동 체질 덕에 체력을 유지하며 재활 운동에 전념했다.

평생 운동을 벗 삼은 김종필, 그는 예능인이면서 또한 진정한 스포츠맨이었다.

송요찬 내각수반 주최로 경기도 과천에서 열린 정부 각료 승마행사에 참가한 김종필 중앙정보부장. 김종필은 중학교 시절에 승마부장을 했을 만큼 일찍부터 승마를 익혔다. (1961. 10. 3)

서울운동장 야구장에서 열린 정부 중앙부처 간 친선 야구경기에서 최고회의 팀의 투수로 출전한 김종필 중앙정보부장이 타자로 나섰다. (1962. 11. 24)

모처럼 당구에 열중하고 있는 김종필 공화당 의장. (1964. 4. 27)

전국경제인연합회 주최로 경기도 안양컨트리클럽에서 열린 국무총리 취임 축하 골프모임에서 김종필 국무총리가 백남억 당의장, 김용완 전경련 회장, 이병철 삼성그룹 회장(맨 오른쪽)과 한 조가 되어 골프를 쳤다. (1971. 6. 20)

5·16혁명 이후 일본처럼 경제인협회를 만들어 달라는 김종필의 부탁을 받았던 이병철 삼성 회장은 초대 경제인협회 회장으로서 이 나라 경제 건설의 선봉에 서서 우리 경제계를 이끌었다.

김종필의 스윙 모습.

서울 태릉에 신축한 국제식 사격장 준공식 겸 제2회 박정희 대통령 하사기 쟁탈 전국사격대회에 참석한 김종필 총리(오른쪽)가 사격연맹 회장을 맡고 있는 박종규 청와대 경호실장(왼쪽)과 환담하고 있다. (1971. 9. 28)

전국사격대회에서 시범 사격을 하고 있는 김종필 총리.

국회 본회의에서 야당 의원들의 공세에 시달린 김종필 총리가 이날 저녁 교육연수원 테니스코트에서 민관식 문교부 장관과 한 조가 되어 신민당 김수한·김상현 조와 친선경기를 가졌다. 가운데가 김종필 총리, 왼쪽이 민관식 장관, 오른쪽으로 김상현·김수한 의원. (1972. 7. 12)

상대 코트로 강타를 날리는 김종필 총리.

서울운동장에서 열린 제2회 박대통령컵 국제축구대회에서 시축하는 박정희 대통령을 김종필 총리가 즐겁게 지켜보고 있다. (1972. 9. 20)

김종필 총리가 서울운동장에서 개막된 제4회 박대통령컵 국제축구대회에 참석해 대회사를 한 후 시축을 했다. 스탠드를 가득 메운 관중들의 열기가 느껴진다. (1974. 5. 11)

1997년 5월 1일 서울 대림동 백산검도관에서 김정진 관장(왼쪽)과 검도 시연을 하고 있는 김종필 총재. 대한검도회 공인 6단인 김 총재는 보통학교 3학년 때 검도를 시작해 중학교 3학년에 초단을 땄다.

인간 김종필

'체력이 곧 국력이다'

"스포츠 외교가 외교 강화에서 차지하는 몫은 대단히 큽니다.
앞으로 정부에서도 응분의 지원을 하겠습니다."

– 1973년 5월 7일, 세계탁구선수권대회에서 우승한 선수들을 치하하며

평소 체력이 곧 국력이며, 국민의 단결을 도모하는 데 운동만큼 효과가 큰 것이 없다고 말해온 김종필은 국내 스포츠 선수들이 세계적 역량을 지닌 인재로 거듭나 국위 선양에 앞장설 수 있도록 격려와 지원을 다했다.

그들의 경기를 직접 관람하는 것은 물론 사석에서도 선수들과 자주 만나 즐거운 시간을 나누고, 그 노고와 경기 전적을 높이 치하하곤 했다. 탁구선수 이에리사, 권투선수 홍수환, 씨름선수 이만기, 프로레슬러 김일, 프로골퍼 박세리, 야구선수 박찬호 등을 총리공관으로 초청, 만찬을 함께하면서 격려했다.

김종필 국무총리가 사라예보 세계여자탁구선수권대회에서 우승한 이에리사 등 한국선수단의 귀국 인사를 받고 이들을 치하, 격려했다. (1973. 5. 7)

총리실을 예방한 프로권투 밴텀급 세계챔피언 홍수환 선수(육군 일병)와 모친 황농성 여사를 접견하고 홍 선수의 놀라운 투지와 기량을 높이 치하했다. (1974. 7. 19)

김종필 신민주공화당 총재가 총재실에서 이만기 씨름 천하장사를 맞아 이 선수의 뛰어난 기량을 치하하며 환담을 나누었다. (1987. 12)

"「절망하지 않는 英雄」만들어주자"

金鍾泌민자대표 「金一후원의 밤」서 격려사

民自黨 金鍾泌대표가 31일저녁 롯데호텔에서 열린 전 프로레슬러 金一씨 「후원의 밤」행사에서 金씨를 격려하자 金씨가 눈물을 글썽이고 있다.　　　(金東柱)

民自黨 金鍾泌대표와 프로 레슬러 金一선수는 지난 60년대에서 70년대초 모두 화려한 전성기를 보냈다는 점에서 공통점이 있다.

31일밤 서울롯데호텔에서 열린 「金一선수 후원의 밤」행사에서 金대표는 격려사를 했다.

『金선수가 링에서 세계적인 선수들을 특기인 박치기로 매트에 눕힐 때마다 그의 불같은 투지를 우리들 자신의 투지로 삼으며 「우리도 하면 된다」는 내일을 향한 굳은 의지를 다졌다』

金대표는 金선수를 「개발시대의 한 상징」으로 여기고 있는듯 『5·16이후 5천년의 보릿고개를 몰아내고 잘사는 나라를 만들기 위해 모든 국민이 땀흘리고 일하던 때 金

선수는 美國이나 日本의 화려하고 풍요로운 무대를 뒤로 하고 가난하지만 조국에서 살겠다고 돌아왔다』고 회고했다.

金선수도 金대표에 대한 애정이 각별하다.

얼마전 乙支병원에서 투병중이던 金선수는 金대표와 전화통화를 하면서 목이 메었다고 한다.

金선수는 『朴대통령과 金대표께서 고향마을(고흥)에 전기를 놓도록 도와주셔서 지금도 고향에는 「金一공덕비」가 있다』며 『꿈에도 잊지 못할 것』이라고 말했다는 것.

金대표는 이날 후원행사에서 마지막으로 『그 金一선수가 지금 휠체어를 타고 병든 몸으로 쓸쓸하게 우리곁으로 돌아왔다』며 『金선수가 절망하지 않는 영웅으로 우리 마음속에 영원히 살아남을 수 있도록 그에게 힘을 보태주자』고 했다.　　　(洪銀澤)

김종필 대표가 서울 롯데호텔에서 열린 프로레슬러 김일 선수 후회의 밤 행사에 참석한 것을 전한 신문기사. (1994. 3. 31)

이날 행사에서 김종필 대표는 격려사를 통해 "김일 선수가 링에서 박치기로 싸운 불같은 투지를 보며 우리도 하면 된다는 굳은 투지를 다졌다"고 회고했다. 서울 을지병원에서 투병 중인 김일 선수는 "박정희 대통령과 김 대표께서 고향마을 고흥에 전기를 놓도록 도와주셔서 지금도 고향에는 '김일 공덕비'가 있다"면서 "꿈에도 잊지 못할 것"이라고 감격해했다.

미국에서 활약하고 있는 여자 프로골퍼 박세리와 펄 신을 삼청동 총리공관으로 초청해 만찬을 베풀었다. 앞줄 왼쪽 둘째부터 민관식 전 문교부 장관, 김종필 총리, 박영옥 여사, 펄 신, 박세리. (1999. 10. 31)

남미 순방을 마친 김종필 총리 부부가 귀국 길에 미국 로스앤젤레스에 기착, 김종필후원회인 가락회가 주최한 만찬장에서 메이저리거 박찬호 선수를 만나 기념촬영을 했다. LA 다저스에서 활약 중인 박찬호 선수는 김 총리 의 공주중학교 후배다. (1999. 12. 18)

김종필의 수담 手談

"당 고문 중에는 바둑 두는 사람이 없으니 가끔 만나 바둑이나 둡시다."
— 1979년 2월 24일, 박준규 공화당 의장서리와 환담 중에

김종필은 2004년 정계를 완전히 은퇴한 후 주로 두 가지 취미 활동을 즐겼다. 골프와 바둑이다. 뇌졸중이 오기 전까지 가까웠던 정·관계 인사들과 필드에 나갔고, 청구동 자택에 있을 때는 후배 정치인들과 바둑을 두거나 책을 읽었다.

김종필의 지난날 사진을 찾다 보면 의외의 장소, 또는 의외의 분위기에서 바둑을 두고 있는 모습을 발견할 수 있다. 그의 바둑 실력은 자칭 3급으로 속기 바둑을 즐겼다.

경남 진해의 대통령 휴양지에서 박정희 대통령이 팔짱을 끼고 지켜보고 있는 가운데 김종필 공화당 의장이 구태회 의원과 바둑을 두고 있다. (1965. 8. 22)

바둑 끝내기가 끝나고 계가를 한 후 승리를 확인한 김종필이 두 팔을 벌리며 기뻐하고 있다.

공화당 당사에서 김재순 대변인(맨 왼쪽)과 바둑을 두고 있는 김종필 공화당 의장(맨 오른쪽). 김종필의 대마가 몰리자 김 대변인과 훈수꾼인 길재호 사무총장(가운데)이 빙긋이 웃고 있다. (1968. 2. 26)

중앙청 기자실에 불쑥 들른 김종필 총리가 신아일보 전규삼 기자와 장기를 두고 있다. 팔짱을 낀 중앙일보 윤용남 기자와 그 옆의 조선일보 이현구 기자가 열심히 관전하고 있다. (1971. 11. 20)

미국 워싱턴에서 열린 트루먼 전 대통령의 추도식에 참석하기 위해
비행하던 중 기내에서 김용식 외무부 장관과 바둑을 두고 있다. (1973.
1. 3)

현대경제일보(현 한국경제신문)가 주최한 1979년도 여류국수전에서 우승한 김혜순과 바둑을 두고 있는 김종필
총재. 가운데 조남철 국수가 지켜보고 있다.

김종필 총리가 한국기원 바둑기사들을 삼청동 총리공관으로 초청해 만찬을 함께하고 기념촬영을 했다. 조남철 국수를 비롯해 조훈현, 윤기현, 서봉수, 이창호 9단 등 우리나라 최고의 프로 바둑기사 23명이 한 자리에 모였다. (1998. 12. 22)

조남철 국수(왼쪽)가 한국기원을 대표해 김종필 총리에게 바둑기사 명예 7단증을 전달했다. 가운데는 박준병 자민련 사무총장.

대전 한밭운동장 다목적체육관에서 개최된 제1회 국무총리배 전국 아마추어바둑선수권대회 개회식에 참석해 선수들을 격려했다. 김종필 총리가 초등학생부 어린이들의 대국을 들여다보고 있다. (1999. 10. 16)

지성知性의 터전에 씨앗을 심다

> "우리 사회의 지식인은 남의 것을 그대로 모방하거나 되풀이하지 말고
> 내 것을 창출해 나가는 긍지를 가져야 한다."
> — 1972년 8월 23일, 고려대학교에서 학생들과의 대화 중에

　김종필의 지성(知性)은 어린 시절 한학 수학과 중학교 시절의 엄청난 다독(多讀), 놀랄 만큼 뛰어난 기억력에서 비롯됐다. 여기에 훗날 가졌던 수많은 지성인들과의 교류, 세계 각국 정상들과의 만남, 국정 운영의 책임자로서의 경험 등이 보태졌을 것이다. 그는 예의 그 지성으로 평소 책을 손에서 놓지 않았으며 학계와 언론계의 인사들과 토론하기를 즐겼다. 한국의 전통문화 계승에도 관심을 가졌던 그는 옛 문화를 이어가고 있는 장인들을 직접 찾아가는가 하면 후학 양성을 위한 전통문화학교 설립에도 앞장섰다.

　그는 기독교 신자였지만 항상 교파와 종교를 초월한 사고를 지녔고, 그러기에 정치·경제·문화 등 다방면의 인사들과 대화를 나눌 때 거침이 없었다. 그를 만나는 사람들은 한결같이 그의 해박한 지식과 설득력 있는 화술에 놀라워했다.

서울 신문회관에서 열린 한국기자협회 창립 7주년 자축연에 참석한 김종필 총리가 원로 언론인 홍종인과 환담
하고 있다. (1971. 8. 17)

김종필 총리 부부가 민관식 문교부 장관과 함께 이화여대를 방문해 김옥길 총장의 안내로 교내식당 개관식 테
이프를 끊고, 이 식당에서 교직원들과 오찬을 함께 했다. 왼쪽에서 다섯 째부터 민관식 장관, 김종필 총리 부부,
김옥길 총장. (1972. 5. 30)

한국소설가협회 회원들을 총리공관으로 초청해 오찬을 베풀고 기념촬영을 했다. 둘째 줄 오른쪽에서 여섯째가 김종필 총리. (1998. 5. 8)

김종필 총리는 일본 규슈 가고시마 현에서 열린 한·일 각료회의에 참석한 후, 쓰시마 일본도기축제를 관람하고 이어 한국 도공의 후예인 심수관 씨의 집을 방문했다. 오른쪽부터 오부치 일본 총리, 김종필 총리, 심수관, 김선길 해수부 장관. (1998. 11. 29)

기독교 목회자들을 삼청동 총리공관으로 초청해 만찬을 함께하고 기념촬영을 했다. 왼쪽에서 넷째가 김종필 총리. (1999. 4. 2)

김종필 총리는 고향인 충남 부여에서 열린 한국전통문화학교 개교식에 참석해 교직원과 학생들을 격려했다. 기념 축사를 하는 김종필 총리. (2000. 3. 2)

이 학교는 문화재청이 설립한 4년제 국립대학으로 한국의 전통

문화를 계승 발전시키기 위한 후학 양성을 목표로 하고 있다. 김 총리는 이 학교의 개교는 물론 이후 전통문화대학교로 승격시키는 데 많은 노력을 기울였다.

문화예술인들과 함께

"선생의 존재 자체가 국위 선양으로 이어지고 있습니다.
부디 음악적 재질을 갖춘 젊은이들이 세계무대로 진출할 수 있도록 많은 노력을 해 주십시오."

— 1961년 12월 30일, 애국가의 작곡가 안익태 선생에게

김종필은 5·16혁명 후 바쁜 일정 속에서도 예그린악단을 창단하는 등 클래식 연주자부터 대중 연예인에 이르기까지 분야를 가리지 않고 지원에 힘썼다. 이를 위해 문화예술인들을 직접 만나 예술문화 발전 방안을 논의하는 한편 애로사항을 경청했다. 또 안익태, 정경화·정명훈 남매 등 해외에서 활발한 활동을 하고 있는 음악가들을 만나 격려하면서 한국 음악이 세계무대에 자리 잡을 수 있도록 인재 양성에 힘써줄 것을 당부했다. 한편으로는 당대의 대중 스타 길옥윤과 패티 김의 결혼식 주례를 서는 등 유명 연예인들과 격의 없이 교류했다.

학술원과 예술원의 육성 지원에도 앞장섰다. 특히 박종화 예술원장과는 지방 곳곳의 예술 행사 때마다 동행했다.

김종필은 1970년대 국무총리 재직시 '문화예술진흥법' 제정에 앞장서 예술문화단체의 발전과 예술인의 권익 보호에 크게 기여했다.

김종필 중앙정보부장이 스페인에 거주 중인 애국가 작곡가 안익태의 예방을 받고 환담을 나누고 있다. (1961. 12. 30)

김종필 공화당 의장이 예총 회원들의 연말 모임에 참석했다. 왼쪽부터 배우 김진규, 장민호, 김 의장, 한 사람 건너 문희, 신영균. (1967. 12. 30)

김종필 총리가 경복궁 내 문화재관리국 청사 자리로 이사 온 학술원과 예술원을 방문했다. (1971. 9. 13)
김 총리는 이병도 학술원장(가운데)과 박종화 예술원장(왼쪽)에게 건물 수리비 2,400만 원을 지원하겠다고 약속했다. 학·예술원 창설을 주도했던 김 총리는 두 단체의 명예회원 제1호다.

한국예총이 주최한 총리 취임 축하연에서 유명 연예인들에게 둘러싸여 담소를 나누는 김종필 총리. 오른쪽부터 곽규석, 남미리, 고은아, 김 총리, 남덕우 장관, 문희, 한 사람 건너 박종화 한국예총 회장. (1971. 6. 23)

총리실을 예방한 바이올리니스트 정경화와 피아니스트 정명훈 남매를 만나 이들이 국제음악계에서 펼치고 있는 폭넓은 국위 선양 활동을 치하하고 격려했다. 왼쪽부터 정명훈, 정경화, 김종필 총리. (1973. 4. 3)

여야 4당 총재가 서울 세종문화회관에서 열린 '이미자 노래 30년' 기념 공연을 관람한 뒤 가수 이미자와 환담하고 있다. 왼쪽부터 김영삼 총재, 이미자, 박준규·김종필·김대중 총재. (1989. 10. 16)

김종필 총리는 한국인간문화재 진흥회원들을 총리공관으로 초청, 만찬을 베풀고 기념촬영을 했다. 김종필 총리 왼쪽으로 박동진, 공옥초 등 인간문화재. (1999. 1. 15)

민족정기 앙양을 위해

"프랑스 국민들은 잔다르크나 나폴레옹을 개개인의 긍지와 명예로 삼고 있습니다.
우리나라에서는 이순신 장군을 마음속에 안고 있는 자가 과연 몇 사람이나 됩니까?"

— 1963년 2월 25일 외유를 떠나기 전 기자 회견에서

김종필은 민족정기의 앙양이 새로운 시대를 열어나가는 데 매우 긴요하다고 생각했
다. 역사를 제대로 알고 훌륭한 선인(先人)들의 발자취를 되새기는 것이 내일의 발전을
위한 정신적 기반이 된다고 확신했다.

그는 애국선열조상건립위원회 위원장을 맡아 덕수궁에 세종대왕 동상을, 광화문에
이순신 장군 동상을 세웠다.

서울 광화문 사거리에서 열린 애국선열조상건립
위원회(위원장 김종필)와 서울신문사가 공동 주관
한 이순신 장군 동상 제막식에 박정희 대통령 내외
와 함께 참석했다. 동상의 조각은 김세중이 맡았으
며 제자(題字)는 박 대통령의 친필이다. 맨 오른쪽이
김종필 공화당 의장, 그 옆이 박정희 대통령 부부.
(1968. 4. 27)

서울 덕수궁에서 박정희 대통령 내외가 참석한 가
운데 세종대왕 동상 제막식을 거행했다. 이 동상의
제자(題字)는 동상건립위원장인 김종필 공화당 의
장이 했고, 명문(銘文)은 최현배·김충현이 맡았으며
김경승이 조상(彫像)했다. (1968. 5. 4)

김종필 국무총리가 충남 아산 현충사에서 열린 제427회 충무공 탄신 기념제전에 참석해 치사를 한 후 현충사 활터에서 개최된 전국 각 시·도 대학궁술대회장에서 활을 쏘고 있다. (1972. 4. 28)

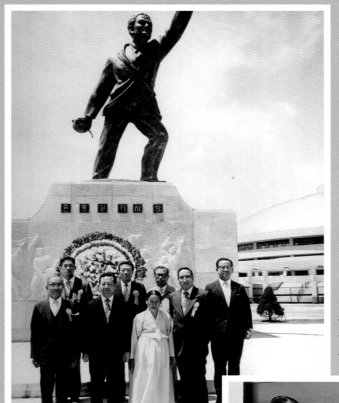

대전 충무체육관에서 열린 매헌 윤봉길 의사 동상 제막식에 참석해 동상을 제막한 후에 미망인 배용순 여사와 기념촬영을 했다. (1972. 5. 23)

서울 동작동 국립묘지 애국지사 묘역에서 후손과 묘소도 없이 외롭게 지내온 선열 140명의 위패를 모신 '무후선열제단(無後先烈祭壇)' 준공식에 참석한 김종필 총리가 자신이 쓴 제자(題字)를 살펴보고 있다. 김 총리 오른쪽으로 유근창, 이은상. (1975. 8. 13)

정보부장실을 방문한 영친왕 이은의 비인 이방자 여사와 환담 중인 김종필 부장. (1962. 12. 14)

운정장학재단 설립

"감귤농원 이외에도 충남 서산에 있는 삼화목장을 5년 후
우리나라 청소년 교육을 위해 공공재산으로 내놓겠다."

– 1974년 3월 9일, 제주 감귤농원을 운정장학회에 기증하며

　　김종필은 1968년 일체의 공직을 사퇴한 후 정치 이외의 방법으로 국가와 사회에 기여할 방법을 찾았다. 일찍이 교사를 꿈꾸었던 그는 영국의 많은 인재를 배출했던 이튼 고등학교와 같은 인재양성학교를 만들고자 농축산업에 관심을 갖고 그 일환으로 제주에 감귤농원과 충남 서산에 삼화축산을 설립했다.

　　그는 1974년 제주감귤농원(시가 5억 원 상당)을 출연하여 '운정장학재단'을 설립하고, 1979년 서산 삼화축산까지 이 재단에 추가로 출연했다. 그러나 1980년 5월 신군부가 장학재단을 부정축재 재산이라고 이유를 붙여 강제 압수해갔다. 이로써 운정장학재단은 해산되고 말았다.

　　그러나 정치 재개 이후 1991년 김종필은 고향인 부여군 내 학생들의 면학을 지원하기 위해 10억 원의 기금을 출연해 새로이 '운정장학회'를 설립, 현재까지 운영하고 있다.

김종필 총리가 삼청동 총리공관에서 운정장학재단 창립총회와 제주감귤농원 기증식을 가졌다. 김 총리가 감귤농장 기증서를 고재욱 이사장에게 전달하고 있다. (1974. 3. 9)

운정장학재단은 이사장인 고재욱 동아일보 사장을 중심으로 김상협 고려대 총장·김옥길 이화여대 총장·김인득 한국스레트공업 회장·민관식 문교부 장관·박대선 연세대 총장·이영근 국회의원·최형섭 과학기술처 장관 · 최규남 전 문교부 장관·한경직 영락교회 목사·한심석 서울대 총장 등이 이사를 맡았고, 감사는 권중휘 전 서울대 총장·오택근 대구고검장이 맡았다.

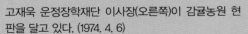
고재욱 운정장학재단 이사장(오른쪽)이 감귤농원 현판을 달고 있다. (1974. 4. 6)

운정장학재단 임원들은 김종필 총리가 희사(喜捨)한 제주 감귤농장을 방문, 김종필 친필 휘호 현판을 걸고 농장을 둘러보며 종사자들을 격려했다.

"감귤농장에서 수익이 생기면
'한국의 이튼스쿨'을 만들어 어린 학생들을 키우겠다."

　김종필 총리는 어린 시절부터 위인전 속의 나폴레옹을 좋아했으며, 200년 전 워털루 해전에서 나폴레옹 함대를 격파한 영국 웰링턴 장군이 한 "우리는 이튼정신으로 승리했다"는 명언을 가슴 깊이 간직했다. 일찌감치 우리나라에도 '이튼스쿨' 같은 학교를 설립해 보겠다는 생각을 한 그는 사범학교와 사범대학에 진학해 교사가 되려고 했으며, 제주감귤농원도 이 같은 학교를 설립하기 위해 조성했다.

　운정장학재단 기금재원으로 기증한 제주 감귤농장은 1968년 김종필이 농협에서 3,700만 원을 융자 받아 남제주군 중문면과 서귀포읍에 위치한 황무지를 매입, 2년생 감귤묘목 4만3,700여 그루를 심어 만들었다.

감귤농장 조성공사 현장에서 묘목을 직접 심고 있는 김종필 총리.

寄贈書

忠淸南道 瑞山郡 雲山面
巨城里 所在 本人 所有의 三和
畜産 全財産을 財團法人 雲庭
奬學財團에 寄贈합니다.

1979年 12月 8日

金 鍾 泌 ㊞

財團法人 雲庭奬學財團 理事長 貴下

김종필 공화당 총재가 충남 서산 삼화축산을 운정장학재단에 출연, 박
찬현 문교장관(재단 이사장)에게 기증하고 있다. (1979. 12. 8)

삼화축산 기증식을 마친 김종필 총재가 운정 장학생들을 격려하고 있다. (1979. 12. 8)

충남 부여교육청에서 운정장학회 창립식과 함께 제1회 장학금 수여식을 가졌다. 격려사를 하고 있는 김종필 민자당 최고위원. (1991. 2. 13)

제1회 운정장학금 수여식에서 장학생들과 기념촬영을 했다. 앞줄 중앙에 김종필 민자당 최고위원.(1991. 2. 13)

인간 김종필

학창 시절을 그리며

"10대 소년 시절에는 닥치는 대로 책을 읽었다.
중학교 3, 4학년 때에는 '일야일권(一夜一卷)' 독파주의로
밤새 책을 다 읽지 못하면 다음 날 결석하는 일도 있었다."

– 《JP 칼럼》 중에서

어린 시절 김종필의 꿈은 교사였다. 그 꿈을 이루기 위해 대전사범학교와 서울대 사범대학교를 다니고 잠시 교편을 잡기도 했다. 그러나 해방 직후 남북 분단과 6·25전쟁으로 교육자의 꿈을 접고 군인의 길로 들어섰다.

김종필은 학창 시절을 회고할 때마다 은사들과의 인연, 학우들과의 심한 장난들을 즐겁게 이야기하곤 한다. 조국의 안위와 발전을 도모한다는 더 큰 포부로 학교를 떠났지만 정계에 있으면서도 자신을 가르친 학창 시절 은사나 동창생들을 잊지 않고 찾았다. 과거 교편을 잡은 경험을 살려 각급 학교에서 '1일 교사'로 나서기도 했다.

김종필 총리가 30년 전 부여보통학교를 다닐 때 담임선생이었던 다부치 다시오(오른쪽)의 예방을 받고 반갑게 인사하고 있다. (1974. 5. 14)

총리실을 예방한 공주중학교 재학 시절 은사인 다케쿠 준 선생(오른쪽)을 맞아 학창 시절을 회고했다. (1975. 11. 18)

충남 부여에서 열린 부여초등학교 제23회 동창회에 참석해 동창들과 기념촬영을 했다. 앞줄 왼쪽에서 다섯 째
가 김종필. (1987. 5. 17)

김종필 민자당 대표가 교육주간을 맞아 한국교원단체총연합회가 주관한 1일 교사 행사에 참여, 서울 여의도고등학교에서 자신의 일생과 정치 역정을 주제로 특강을 했다. (1994. 5. 13)

이날 김종필 대표는 "'굶지 않는 나라, 강한 나라를 만들어야겠다'는 꿈 때문에 군에 들어갔고, 결국 5 · 16을 주도했다"고 밝혔다. 또한 1960~70년대의 경제 개발이 결코 쉬운 일이 아니었다고 설명하면서 "콜럼버스의 달걀처럼 '했다'는 그 자체가 중요하며, 여러분이 사회에 나갔을 때 건전한 양식에 입각해 경제개발시대를 냉정하게 평가해 달라"고 말했다.

한국교총의 초청으로 1일 교사 행사에 대권 후보 등 정치인들이 대거 참여한 가운데, 김종필 자민련 총재가 서울여고에서 학생들에게 강의를 하고 있다. (1997. 5. 15)

이날 김 총재는 '여걸과 세계여성의 역할'을 주제로 강의하는 가운데 "세상은 남자들이 이끄는 것 같지만 남자를 움직이는 것은 여성이며, 결국 여성이 세계를 이끄는 것"이라며 "미래는 여성이 이끈다"고 말했다.

김종필 자민련 명예총재(앞줄 왼쪽에서 넷째)가 모교인 공주중학교 동창들과 입학 60주년 기념촬영을 했다.
(2000. 11. 23)

사람 냄새 나는 김종필

"여기서 겪은 시련과 느낀 감정들을 헛되이 하지 말고,
앞으로 사회에 나가서 자기 삶을 개척하는 데 보탬이 되도록 해라."

– 1972년 10월 12일, 인천소년교도소 시찰 중 재소자들에게

　　김종필은 여유롭다. 혁명을 실행할 때에도 그는 세계사에 드물게 무혈혁명으로 성공했다. 권력의 2인자 지위에 있을 때에도 정상의 자리에 급급하지 않았다. 성급하지 않은 그의 여유로운 성품은 충청인의 기질과 유교적인 집안의 영향이란 평도 있다.

　　김종필은 로맨티스트다. 그의 타고난 끼는 성장기부터 엿보인다. 말썽을 일삼는 동네 개구쟁이들의 대장 노릇을 도맡았고, 사춘기를 지나면서 독서와 그림, 음악, 운동 등 다양한 취미에 심취했다.

　　그는 술을 즐기는 멋을 알고 사람들과 어울려 이야기하기를 좋아한다. 평소에는 칼국수 · 설렁탕집을 단골로 다니는 서민풍의 신사다.

주한 미군 위문공연차 방한한 미국의 유명 코미디언 대니 케이를 서울 효자동 정보부장 관사로 초청해 만찬을 함께 했다. 대니 케이가 김종필 중앙정보부장의 아들 진을 안고 활짝 웃는 모습을 김종필 부부가 지켜보고 있다. (1961. 12. 30)

1962년 11월 방미 중 미국 플로리다주 팜 비치에 있는 밴플리트 장군 농장에서 휴식을 취하던 차에 서핑 여자선수들과 기념촬영을 했다. 가운데가 김종필 부장. 한 사람 건너 오른쪽에 김동환 주미 공사, 밴플리트 장군.

1966년 10월 월남 방문의 바쁜 일정 속에서 채명신 주월사령관(맨 왼쪽)과 함께 월남의 남지나해에서 수영을 즐기는 김종필 공화당 의장(왼쪽 둘째).

서울 조계사에 마련된 고 청담 대선사의 영단에 분향하고 있는
김종필 총리. (1971. 11. 16)

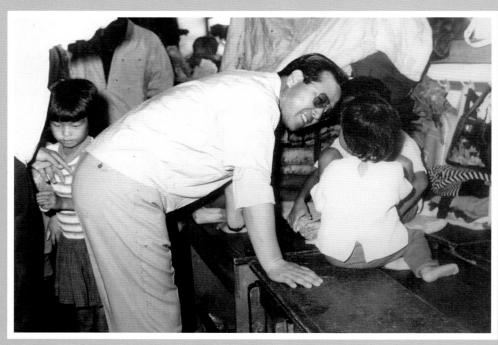

김종필 총리가 서울 평창동 수해지역을 시찰하던 중 수재민 수용시설에서 천진난만하게 놀고 있는 어린이를
어르고 있다. (1972. 8 .20)

인간 김종필

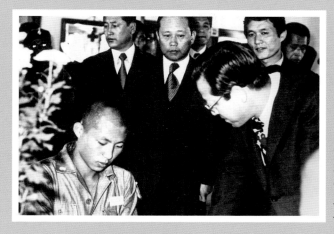

인천소년원을 방문한 김종필 총리는 재소자들로 구성된 보이스카우트 단원들을 격려했다. 재소 중 실기를 배우고 있는 한 소년과 대화를 나누고 있는 김 총리. (1972. 10. 12)

김종필 의원은 자신의 선거구 관내 3개 군에서 봉사하는 우체국 집배원들의 노고를 격려하고 자전거 175대를 지급했다. 집배원들이 김종필이 선물한 자전거로 이동하고 있다. (1979. 2. 1)

김종필 자민련 대선 후보가 KBS '아침마당' 프로그램 촬영 중 서울 가락동 농수산물시장에서 직접 사과상자를 나르고 있다. (1997. 9. 6)

고 테레사 수녀의 분향소가 차려진 서울 성북동 '사랑의 선교회'를 찾아 분
향하고 있는 김종필 자민련 대선 후보. (1997. 9. 8)

프랑스와 폴란드 공식 방문을 마치고 귀국 도중 독일 하이델베르크에 들러 수행인사들과 선술집을 찾았다.
(1998. 7. 16)

인간 김종필

김종필 총리가 전남 나주군 진천리 동강마을을 방문, 주민들의 뜨거운 환대를 받고 있다. 김 총리 오른쪽은 수행한 지대섭 의원. (1999. 2. 24)

동강마을은 1968년 극심한 가뭄 피해를 입었다. 이때 마침 개인 회화전을 연 김종필이 수익금 450만원 전액을 이 마을에 기증해, 2년째 가뭄으로 농사를 망쳐 지붕을 이을 볏짚조차 구하지 못한 주민들은 그 돈으로 164가구 전체의 지붕을 개량하고 논 1만 평을 사들였다. 이듬해 주민들은 새 논에서 수확한 햅쌀 세 가마를 김종필 자택으로 보냈고, 김종필은 다시 이들에게 마을문고를 설치해주는 등 인연을 이어갔다. 주민들은 이때부터 마을 이름을 '김종필마을', '운정마을'로 불렀다. 마을 사람들은 그 후 계속 김종필의 마을 방문을 요청했는데 그 바람이 이날 30년 만에 성사됐다. 주민들은 소 한 마리와 돼지 세 마리를 잡아 동네잔치를 벌였고, 김 총리도 마을 주민들의 풍물놀이에 함께 어울렸다.

김종필 총리는 서울 삼청동 총리공관에서 2·3동지회 회원 30여 명에게 오찬을 베풀고 환담했다. (1999. 12. 1)

최다 명예박사학위를 받다

"이제 절대권력의 카리스마 정치가 아니라 법과 제도에 의한 의회민주주의를 해야 한다.
또한 돈 안 드는 선거, 정경유착의 근절, 지역주의의 해결,
21세기 다원사회와의 조화 등은 내각제를 해야만 가능하다."

– 1998년 9월 28일, 명지대학교 명예법학박사 학위 수여 후 기념 특강에서

공직에 있을 때나 잠시 정계를 떠나 있을 때나 늘 학구적인 자세로 다방면에 걸쳐 배움을 이어갔던 김종필은 국내외 대학에서 모두 14개의 명예박사 학위를 받았다. 우리나라 정치인 중에서는 가장 많은 학위로, 법학·정치학·경제학·교육학·사회학 등 분야도 다양하다.

이와 더불어 국내외에서 총 12개의 훈장을 받았는데, 특히 외국 정부로 받은 훈장은 우리나라와 당사국 간의 경제협력과 우호관계 증진 등이 그 공으로 되어 있어 의미가 크다.

2차 외유 중에 미국 롱아일랜드대학교 졸업식에서 골든 학시 총장(오른쪽)으로부터 명예법학박사 학위를 받고 연설을 했다. (1964. 10. 9)

김종필 의원은 미국에 체류하는 동안 하버드대학에서 6주간의 정·경세미나(키신저 코스)에 참가하고, 미국 남부지역 산업시설을 두루 시찰했다. 또한 워싱턴에서 미 상원 외교위 토머스 의원 등 15명의 의원들을 만나 한·일회담의 조속 타결을 위한 미국 측 지원과 한국군의 월남 파병, PLO 480호에 의한 미 잉여 농산물 적기 지원 등에 대한 미 의회의 협조를 요청하는 등 적극적인 외교활동을 벌였다.

중앙대학교 졸업식에 참석해 임영신 총장(왼쪽)으로부터 명예법학박사 학위를 수여 받았다. (1966. 2. 25)

미국 미주리 주에 있는 웨스트민스트대학교에서 에드워드 윌리엄 총장으로부터 명예정치학박사 학위를 받고, '자유를 향한 아시아의 길'이라는 주제로 영어 강연을 했다.

모든 공직을 사퇴한 김종필 전 공화당 의장은 유럽과 미주지역 순방 길에 미국 페어리디킨스대학 졸업식에서 피터 산마르티노 총장으로부터 명예법학박사 학위를 받고, '민족적 민주주의' 제목의 학위 연설을 했다. 가운데가 김종필. (1968. 11. 15)

1960~70년대 한국의 산업화와 경제 발전에 기여한 공로와 한·미 양국의 공동 이익 개발에 공헌한 업적으로 미국 유타주립대에서 명예정치학박사 학위를 받았다. 왼쪽 둘째가 김종필. (1992. 6. 19)

김종필 총리가 충남 공주대학으로부터 명예교육학박사 학위를 수여 받았다. (1998. 11. 6)

김 총리는 학위 수여식 특강에서 '한국 교육이 나아가야 할 방향과 과제' 주제로 대학의 경영쇄신을 강조하고 "국립대학 간 빅딜을 추진하겠다"고 밝혔다.

방일 중 일본 규슈대에서 명예법학박사 학위를 받은 김종필 총리가 명예학위기를 들어 보이고 있다. (1998. 11. 30)

학위를 받은 김 총리는 '한·일관계의 과거와 미래' 제목의 일본어 특강을 통해 아시아 경제위기를 설명하면서 '일본 주도의 아시아통화기금(AMF) 창설'을 제의했다.

김종필 전 총리가 순천향대학교로부터 받은 명예사회학박사 학위기. (2008. 4. 1)

제 6 장

가족

김종필에게는 세상과 바꾸어도 아깝지 않은 아내 박영옥 여사가 있었다. 비록 고인이 되었으나 그의 사부곡(思婦曲)은 세상 사람들의 심금을 울렸다. 풍찬노숙의 정치 변방에서도 사랑하는 가족은 김종필의 울타리였고 안식처였다. 일제 와 해방, 6·25전쟁과 결혼, 정군운동과 혁명, 근대화와 경제 발전, 숱한 격랑의 정치 속에서도 그의 한결같은 가족 사 랑은 만난(萬難)을 이기게 해준 원동력이었다.

출생과 성장

"나이 구십 되어 돌아보니 여든아홉 해를 헛되게 살았다고 한탄하는데,
그래도 무엇을 하지 않았느냐는 많은 물음에 대해 미소를 지을 뿐 대답하지 않는 자."

– 김종필이 자찬한 비문 중에서

　지방의 뼈대 있는 집안에서 태어난 김종필은 타고난 장난꾸러기로 어릴 적부터 골목대장 노릇을 하며 말썽도 곧잘 피웠다. 하지만 한학에 조예가 깊었던 가풍과 한학자인 부친의 훈도로 틈틈이 한문과 서예를 익혔다.

　보통학교(초등학교) 3학년 때 검도를 배웠고 6년 내내 급장을 했을 만큼 리더십도 있었다. 중학교 시절 전후에는 위인전을 비롯한 수많은 세계 명작들을 탐독했는데, 일야일권(一夜一卷)을 습관으로 독서를 해 하루에 한 권 책을 읽지 못하면 다음 날 결석을 할 정도였다. 중학교 시절부터의 독서 습관은 훗날 그의 해박한 지식의 밑거름이 되었다. 이후 김종필은 선생님이 되고자 사범학교를 수료하고 보령과 대전의 보통학교에서 교편을 잡기도 했다.

김종필은 충남 부여군 규암면 외리 159번지에서 부친 김상배(왼쪽 사진)와 모친 이정훈(아래 사진)의 7형제 중 다섯째로 출생했다. 그는 김해김씨로 시조 김수로왕의 72대손이다.

똘똘하다는 소문이 자자하던 네 살 때 사진. 멜빵바지에 넥타이까지 맨 모습이 당시 부유한 집안의 자제답다. (1929.)

부여공립보통학교 3학년 시절, 검도부원들과 함께 경찰서 무도장 앞에서 기념촬영을 했다. 오른쪽에서 넷째가 김종필. (1937.)

사진관에서 단정한 모습으로 사진을 찍은 부여공립보통학교 5학년생 김종필. (1939.)

김종필은 보통학교 6년 동안 계속 급장과 중대장을 하면서 아버지 친구에게서 한문과 서예를 배웠다. 4학년 이후에는 나폴레옹전 등 위인들의 전기를 탐독했다.

공주공립중학교 1학년 때의 모습. (1940.)

늠름한 모습으로 말을 타고 있는 중학교 3학년생 김종필.

서울대 사범대학 시절의 김종필. (1948. 2)

김종필은 1945년 4월 대전사범학교를 수료한 후 충남 보령군 천북국민
학교 교사로 발령 받아 근무하다가 해방을 맞았다. 다시 대전사범 부속보통학교 교사로 부임했으나 1946
년 3월 서울대 사범대학 교육학부에 입학했다.

가족

전장의 소용돌이 속에서

"적의 전면 공격 징후가 완벽하고 내일 일요일 새벽에 기습공격이 예상된다."
— 1950년 6월 24일 육본 상황실, 적정 브리핑 중

북한의 6 · 25 남침 때 김종필 중위는 육군본부 정보장교로 근무하면서 6·25 남침을 정확히 예측, 군 지휘부에 대비를 건의했으나 무시당했다. 전쟁 발발 직후 육군참모총 장의 지시를 받아 의정부 창동전선 현황을 살폈고 군의 철수 명령에 따라 한강을 건너 임시 육군본부가 마련된 수원까지 걸어 내려갔다.

한국전쟁이 확전되자 한국군의 군사요원 양성의 필요성을 느낀 미국 측의 조치로 김 종필 대위 등 250명은 제1차 국군장교단 도미 유학생으로 뽑혀 미국 보병학교에서 군 사훈련을 받았다. 6개월의 도미 유학기간에 김종필 대위 등은 선진 군사훈련은 물론 선 진국의 이모저모를 체득하는 경험을 쌓았다. 김종필은 이 경험을 국내에 널리 알리고 싶은 욕구로 당시의 미국 실상을 중심으로 한 유학 견문기를 대구 영남일보에 30여 회 에 걸쳐 기고 연재했다.

미국 보병학교 유학을 마치고 귀국한 김종필 대위는 보병 제6사단 19연대 정보참모 겸 수색중대장으로 참전, 화천 북방 금성천 부근에서 중공군 10여 명을 생포한 공로로 충무무공훈장과 미국동성훈장을 받았다.

육군본부 상황실에서 육군 참모들에게 북한군의 남침 징후를 브리핑하고 있는 김종필 중위.

1949년 12월 김종필은 박정희 작전정보실장의 지도로 북한의 동향을 파악하는 적정종합판단서를 작성, 북의 남침을 정확히 예측하고 이에 대비할 것을 건의했으나 무능한 육군 수뇌부가 이를 무시해 결국 비극의 참상을 초래하고 말았다.

채병덕 육군참모총장의 지시로 창동전선을 살펴본 후 "전선을 사수할 수 없다"는 이용문 대령의 말을 듣고 귀
대하는 도중 찍은 사진. 채 총장은 김 중위의 보고를 받고 육본 철수 명령을 내렸다. (1950. 6. 27)

전쟁 중인 1951년 9월 28일 제1차 국군장교단 도미 유학생에 뽑혀 미국 조지아주 포트베닝의 보병학교에 입교
해 선진 군사훈련을 받았다. 중대 막사 앞에서 포즈를 취하고 있는 김종필 대위. (1951. 9.)

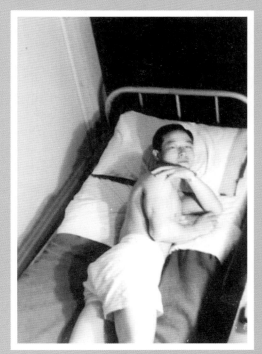

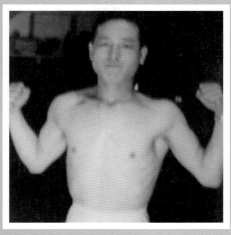

김 대위의 이두박근.

보병학교 유학시절 힘든 일과를 마치고 잠자리에 들기 전 '찰칵'. (1952. 1.)

김종필 대위는 보병학교 유학 중 보고 듣고 느낀 미국의 실상을 영남일보에 송고해 1952년 2월에서 3월까지 30여 회에 걸쳐 연재했다. 이 특집기사의 내용은 향후 김 대위의 혁명과 국가 · 미래에 대한 원대한 구상을 예비한 것이었다.

강원도에 근무하던 대위 시절의 모습. (1952.)

1952년 8월부터 1953년 5월까지 당시 김종필 대위는 6사단 19연대 수색중대장으로 강원도 금성 구두고지 전투에 참여했다. 김 대위가 81mm 박격포 발사를 준비하고 있다.

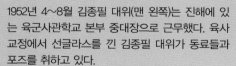

1952년 4~8월 김종필 대위(맨 왼쪽)는 진해에 있는 육군사관학교 본부 중대장으로 근무했다. 육사 교정에서 선글라스를 낀 김종필 대위가 동료들과 포즈를 취하고 있다.

전쟁이 끝나고 휴전이 된 다음 해 김종필 소령은 미국 정부로부터 동성훈장을 받았다. (1954. 11. 5)

청년 김종필의 결혼 시절

전쟁 중 서울 육본 청사 앞에 와 있는 박영옥을 발견하고, 온 연유를 물으니
그녀는 "김 중위님 연락이 끊겨서 죽었는지 살았는지 확인하려고
화물열차를 타고 왔어요"라고 말했다.
그때서야 나는, 전쟁 통에 언제 죽을지도 모르는 상황이지만 결혼을 해야겠다고 결심했다.

― 부인 박영옥 여사와의 결혼을 회고하며

김종필 중위는 전쟁이 한창이던 1950년 9월 박정희 중령의 소개로 박 중령의 조카딸 박영옥을 만나 다음 해 2월 15일 대구에서 결혼식을 올렸다. 결혼 후 얼마 안 돼 미국 보병학교로 유학, 상당 기간 떨어져 있었고 귀국 후에는 전쟁 때문에 생이별을 한 시간 이 많았다.

김종필 부부는 1952년 첫딸 예리를 얻은 후 9년 만에 둘째 진을 낳았다.

김종필 중위는 전쟁 중 대구의 한 교회에서 결혼식을 올렸다. 김 중위는 근무 중이던 육군정보국의 상관인 박정희 중령의 소개로 그의 조카딸 박영옥을 만나 6개월의 연애 끝에 결혼하게 됐다. 당사자인 신랑과 그의 군 동료들이 모두 군복을 입고 있는 것이 이색적이다. (1951. 2. 15)

결혼 후 당시 교편을 잡고 있던 박영옥 여사와 대구 달성공원에서 데이트를 즐기고 있는 김종필 대위. (1951. 8.)

대구 달성공원에서 은밀한 데이트를 즐기는 김종필 대위 부부. (1951. 8.)

가족

1951년 9월 부인 박영옥 여사와 함께.

미국 보병학교 유학을 마친 후 귀국한 김종필 대위가 첫딸 예리를 얻고 아내 박영옥 여사와 찍은 기념사진. 예리가 태어난 지 9년 뒤인 1961년 아들 진이 태어났다. (1953.)

사랑하는 가족과 함께

"거기 나하고 같이 나란히 눕게 될 거다. 먼저 저 사람이 갔으니 나도 곧 가야지.
난 외로워서 일찍 가는 게 좋을 것 같다."

– 고 박영옥 여사 장례식에서 조문객들에게

    김종필 부부는 1남 1녀(딸 예리, 아들 진)와 손자, 손녀들로 가족을 이룬다. 김종필의 부인 사랑은 이미 세상에 익히 알려졌을 정도로 유별났다. 2015년 2월 박영옥 여사가 세상을 떠난 뒤 보인 그의 애통해하는 모습은 많은 사람의 가슴을 아프게 했다.

    그는 결혼생활 중 부인 박영옥 여사의 생일 때마다 붓글씨 축하편지를 썼고 부인은 이를 곱게 간직했다. 박영옥 여사의 환갑 때 김종필의 애정 어린 헌시는 매우 유명하다.

    딸 예리는 김종필의 선거 유세장이나 방송 출연 때 동반해 아버지의 건강을 챙기고 조언을 아끼지 않았다.

    김종필은 과테말라 며느리를 얻어 세인의 관심을 끌기도 했다. 김종필은 총리 시절에도 새해 또는 생일 때는 대·소가족들을 총리공관에 불러 화기애애한 가족들 간의 화합된 모습을 보이곤 했다.

1968년 미국을 방문, 보스턴 허드슨 강변에서 포즈를 취한 김종필 전 공화당 의장 내외.

1974년 연말을 맞이해 김종필 총리가 한국적십자사 부녀봉사회 주최 다과회에 부인 박영옥 여사와 함께 참석했다. 박 여사는 주한 대사 부인들과 수요봉사회 활동에 참여했다. 맨 오른쪽이 박영옥 여사. (1974. 12. 11)

전두환 등 신군부의 쿠데타로 1년 7개월 동안 망명 아닌 망명을 하고 귀국한 김종필이 형제들과 충남 부여 선영을 찾아 성묘했다. 왼쪽부터 둘째 종익, 첫째 종호, 셋째 종락, 여섯째 종관, 다섯째 김종필. (1986. 4. 5)

경남 김해시에 있는 김해김씨 시조대왕 수로왕릉을 참배하고 있는 김종필과 가족들. 왼쪽에서 셋째가 김종필, 그 뒤로 아들 진, 딸 예리, 비서실장 이희일. (1987. 11. 12)

새해 하객들을 맞기 위해 한복을 곱게 차려입은 김종필과 부인 박영옥 여사가 환한 웃음을 띠며 마주앉아 있다. (1989.)

청구동 자택에서. (1989.)

아들 진의 결혼식에서 김영삼 민자당 대표최고의원 내외와 함께. (1990. 12. 23)

MBC방송국 스튜디오에서 가진 한국신문·방송협회 주최 '3당 대선 후보 TV 토론회'에 출연한 김종필 총재가
방송 시작 전에 딸 예리의 조언을 듣고 있다. 김종필은 이날 측근들의 건의를 받아들여 새로 바꾼 안경을 쓰고
미리 분장을 하는 등 방송에 비칠 외모에도 신경을 많이 썼다. (1997. 7. 29)

어린이날을 맞아 총리공관에 모인 김종필 총리 가족과 친지들이 기념촬영을 했다. (1999. 5. 5)

가족

직계 온 가족이 함께 카메라 앞에 섰다. 왼쪽에서 셋째가 딸 예리, 오른쪽 끝이 아들 진. 그 옆으로 며느리 리디아, 그외 친손주와 외손주들. (2004.)

총리공관에서 막내동서 김희용 동양물산 회장과 처제 박설자와 함께. (1999.)

한 행사장에서 찍은 김종필 부부의 정감 넘치는 사진. 웃음 속에 소통이 있고 애정이 넘쳐난다. (2005.)

가족

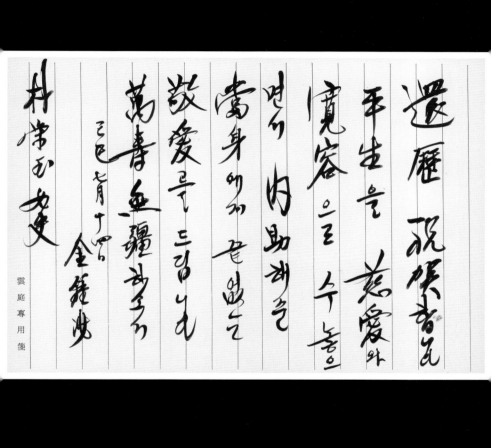

遍歴 祝賀하는 바
平生을 慈愛와
寬容으로 사는
며느리 內助해준
當身에게 報答는
敬愛하는 드리노니
萬壽無疆하소서

己巳 七月 十四日
金鍾泌

朴 榮玉 女史

雲庭專用箋

박영옥 여사가 환갑을 맞았을 때 애틋한 심정을 담아 보낸 친필 서한. 이 글은 박 여사가 액자에 넣어 간직해왔다

김종필 연보

1926. 1. 7	충남 부여군 규암면 외리 159번지에서 부 김상배와 모 이정훈의 7남 중 5남으로 출생하다.
1931. 4.	충남 부여공립보통학교(초등학교)에 입학하다.
1938. 3.	부여공립보통학교(23회)를 졸업하다.
1940. 4. 4	충남 공주공립중학교에 입학하다. 중학생 시절 검도부장, 승마부장, 학생중대장을 맡았으며, 예능분야에 남다른 소질을 보였고 '일야일권'(一夜一卷)주의로 수많은 서적을 독파하다. 나쁜 일본인 교사 배척운동을 주도하다.
1944. 3. 24	공주공립중학교(19회)를 조기 졸업하다.
1944. 4.	일본 중앙대 예과에 입학했으나, 태평양전쟁 강제 입대에 반발하여 귀국하다.
1944. 5.	대전사범학교 강습과에 입학해 1년간 이수하다.
1944. 10. 15	교생 실습기간 중 일본인 교장을 폭행하여 헌병대에 구금 중 발진티부스에 감염돼 사경을 헤매다.
1945. 4. 7	충남 보령군 천북국민학교 교사 발령을 받다.
1945. 8. 15	여름방학 중 충남 부여에서 해방을 맞다.
1945. 10. 13	대전사범대 부속국민학교 교사로 부임하다.
1946. 3. 4	서울대학교 사범대학 교육학부에 입학하다.
1947. 5. 13	부친 김상배가 별세하다.
1948. 6. 30	어려워진 경제사정으로 서울대 사범대 3학년 1학기를 마치고 학업을 중단하다.
1948. 7. 4	육군 보병 제13연대에 사병으로 입대했으나, 혹독한 훈련으로 일주일 만에 탈영하다.
1948. 8. 3	육사 교도대에 사병으로 재입대하다.
1948. 8. 15	육군 하사로 특진하다.
1949. 1. 18	육군사관학교에 입교하다.
1949. 5. 23	육사(8기)를 졸업, 소위로 임관되다. 육군본부 정보국 전투정보과에 배속되다.
1949. 5. 24	육본 정보국에서 작전정보실장으로 근무 중인 민간인 박정희를 처음 만나다.
1949. 6. 1	육본 정보학교에서 교육을 받다.
1949. 6. 16	육본 정보국 전투정보과 북한반에서 근무를 시작하다.
1949. 7. 15	육사 졸업 시 우수생으로서 육군 중위로 특진하다.
1949. 12. 28	'연말 적정 종합판단서'를 작성해 상부에 보고, 북한군의 남침을 정확히 예견하다. 그러나 군 수뇌부는 이를 무시한다.

1950. 6. 24	적의 전면 공격이 임박함을 보고하고, 전쟁 발발 전날 육본 정보국 당직을 서다.
1950. 6. 25	6·25전쟁이 발발하다. 육본 합동상황실에서 적침 상황을 시시각각 상부에 보고하다.
1950. 6. 27	채병덕 참모총장 지시로 서울 창동 전투상황을 직접 점검·보고, 국군이 철수를 시작하다.
1950. 6. 28	한강 인도교 폭파현장을 탈출, 바지선을 타고 한강을 건너 수원으로 후퇴하다. 수원에서 박정희 실장과 재회하다.
1950. 10. 26	대위로 진급한 후, 북진 전투부대와 함께 청천강 근방 맹산에서 전방 CP요원으로 활동하다.
1951. 2. 15	대구 중앙교회에서 박정희의 조카딸 박영옥과 결혼하다.
1951. 9. 28	제1차 국군장교단 도미 유학생의 일원으로 미국 조지아주 포트베닝에 있는 미 육군보병학교에 입교하다.
1951. 10. 11	딸 예리가 태어나다.
1952. 4. 7	6개월간의 미 보병학교 유학을 마치고 귀국하다. 유학 기간 중 영남일보에 '보병학교 유학기'를 30여 회 연재하다.
1952. 10. 30	보병 6사단 19연대 수색중대장으로 금성천지구 전투에 참전, 중공군 10여 명을 생포하다.
1953. 3. 1	육군 소령으로 진급, 육본 정보국 정보1과장에 임명되다.
1953. 6. 25	신태영 국방부 장관으로부터 충무무공훈장을 받다.
1954. 6. 25	손원일 국방부 장관 표창을 받다.
1954. 9. 29	미국 정부로부터 동성훈장을 받다.
1954. 10. 25	국방부 장관으로부터 화랑무공훈장을 받다.
1955. 1. 10	충무무공훈장을 두 번째로 수여받다.
1956. 3. 1	육군 중령으로 진급하다.
1957. 8. 21	백선엽 육군참모총장의 공로표창장을 받다.
1958. 2. 8	보병학교에 입교, 교육을 받다.
1959. 10. 1	김계원 정보참모본부장의 표창장을 받다.
1960. 5. 4	4·19혁명의 연장선에서 육사 8기 동기생들과 정군(整軍)운동을 결의하다.
1960. 5. 6	박정희 소장에게 정군운동 추진상황을 보고하다.
1960. 5. 8	정군 연판장을 작성하다.
1960. 5. 17	연판장이 탄로나 방첩대에 구속되다.
1960. 5. 19	송요찬 육군참모총장에게 3·15부정선거 책임을 지고 사퇴할 것을 요구하고 석방되다. (1960. 5. 20 송요찬 참모총장 사표 제출)
1960. 8. 21	제2공화국 국방부 장관에 참신한 인물을 임명해 달라는 요청을 위해 장면 총리실을 방문했으나 만나지 못하다.
1961. 2. 4	'16인 하극상 사건' 주모자로 헌병대에 구속되다.
1961. 2. 15	헌병감의 '박정희 소장에 대한 좌익몰이' 협박으로 사표를 쓰고 석방되다.

1961. 2. 19	대구에서 박정희 소장과 혁명을 결의하다.
1961. 3. 10	박정희 소장에게 혁명계획서를 보고하고, 거사 일을 4월 19일로 정하다.
1961. 3. 15	사표가 정식 수리되어 강제예편(예비역 중령)이 확정되다.
1961. 4. 7	혁명 핵심동지들에게 처음으로 박정희 소장을 소개하다.
1961. 4. 19	4월 19일 거사가 좌절되다. 거사일을 5월 12일로 변경하다.
1961. 5. 9	거사가 탄로나 실행을 중지하다.
1961. 5. 16	5·16군사혁명을 주도하다. 직접 작성한 혁명공약을 인쇄하고 KBS라디오를 통해 방송하다.
1961. 5. 20	초대 중앙정보부장에 취임하다.
1961. 6. 5	혁명 후 최초로 내외신 기자회견을 하다. 혁명 주도자로서 대외적으로 처음 모습을 나타내다.
1961. 6. 12	국가재건범국민운동 촉진대회를 주관, 개최하다.
1961. 6. 16	박정희 국가재건최고회의 부의장에게 구속 경제인의 석방을 건의하다. (1961. 6. 29 구속 경제인 11명 전원 석방)
1961. 6. 20	구속 중인 이후락 전 장면 정부 중앙정보위 연구실장을 석방하다.
1961. 7. 2	장도영 최고회의 의장을 반혁명 음모혐의로 전격 체포하다.
1961. 7. 28	삼성물산 이병철 회장에게 경제인연합회를 창설해 줄 것을 당부하다. (1961. 8. 16 경제인 연합회 발족)
1961. 8. 15	육군 대령으로 진급하다.
1961. 9. 3	아들 진(進)이 태어나다.
1961. 10. 6	자유중국 쌍십절 특사로 대만을 방문하다.
1961. 10. 9	자유중국 장개석 총통으로부터 '대수보전훈장'을 수여받다.
1961. 10. 19	한·일회담 성사를 위해 박정희 최고회의 의장에게 일본 극비 방문계획을 보고하다.
1961. 10. 23	북한 간첩 황태성에 대한 신문사항을 박정희 의장에게 보고하다. (1963. 12. 14 황태성 사형 집행)
1961. 10. 25	일본을 방문, 이케다 총리와 한·일회담을 하다. (1961. 11. 12 박정희 의장 방일, 한·일 정상회담 개최)
1961. 12. 20	예그린악단을 창단하다.
1962. 1. 4	공화당 창당을 위한 사전조직 작업을 개시하다.
1962. 2. 1	새나라자동차 주식회사 설립계획을 보고 받다.
1962. 2. 3	동남아 6개국(태국, 말레이시아, 싱가포르, 월남, 필리핀, 일본)을 순방하다.
1962. 3. 1	워커힐호텔 기공식을 가지다.
1962. 6. 3	증권파동 후속대책을 논의하다.
1962. 10. 20	일본을 방문, 이케다 총리·오히라 외상과 한·일 현안을 조기 타결키로 합의하다.

1962. 10. 22	미국을 방문하다.
1962. 10. 26	로버트 케네디 미 법무장관을 면담하고 5·16혁명의 당위성을 설명하다.
1962. 11. 8	미국 하와이에서 정양하고 있는 이승만 전 대통령을 문병하고 박정희 의장의 위문금을 전하다.
1962. 11. 12	일본 외무성에서 오히라 외상과 회담, 김–오히라 메모로 대일 청구권 자금 규모를 확정해 10년간 교착상태에 빠졌던 한·일회담의 정치적 타결을 성사시키다.
1963. 1. 5	육군 준장으로 예편하며 중앙정보부장을 사임하다.
1963. 1. 18	민주공화당 창당 발기위원장에 선출되다.
1963. 2. 2	민주공화당 창당 준비위원장에 선출되다.
1963. 2. 20	박정희 의장의 민정 참여와 당 내분 수습을 위해 일체의 공직 사퇴 성명을 발표하다.
1963. 2. 25	'자의반 타의반'으로 1차 외유를 떠나다. (1963. 2. 26 민주공화당 창당)
1963. 2. 28	아시아, 중동, 유럽, 남미 등 8개월간에 걸친 순방길에 오르다. (방문국 : 파키스탄, 버마, 아랍에미리트, 이탈리아, 그리스, 스페인, 레바논, 이란, 이라크, 프랑스, 네덜란드, 벨기에, 덴마크, 영국, 노르웨이, 서독, 미국, 파라과이, 아르헨티나, 브라질)
1963. 7.	서독을 방문, 광부 파견을 박정희 최고회의 의장에게 건의하다.
1963. 9. 20	미국 뉴저지 주 페어리디킨스 대학 졸업식에서 명예법학박사 학위를 받고 '후진국가의 리더십' 주제로 강연하다.
1963. 10. 7	파라과이 정부로부터 국빈 초청을 받고 파라과이를 방문, 공로훈장을 수여받고 남미 이민을 합의하다.
1963. 10. 9	아르투로 일리아 아르헨티나 대통령 취임식에 참석하다.
1963. 10. 10	브라질 리우데자네이루에서 김재춘 전 정보부장을 만나다.
1963. 10. 23	8개월간의 외유를 끝내고 귀국하다.
1963. 10. 29	민주공화당 평당원으로 입당하다.
1963. 11. 26	제6대 국회의원(충남 부여)에 당선되다(초선).
1963. 12. 2	공화당 의장에 취임하다.
1964. 3. 12	대통령 특사로 자유중국, 월남, 일본을 순방하다.
1964. 4. 9	서울대 학생들과 한·일회담 관련 토론회를 갖다.
1964. 5. 24	정동교회에서 기독교(감리교)에 입교하다.
1964. 6. 5	한·일회담 반대 시위(6·3사태)의 격화와 당 내분으로 당의장직을 사퇴하다.
1964. 6. 18	2차 외유를 떠나다.
1964. 7. 8~8. 18	미국 하버드 대학에서 헨리 키신저 교수가 주관한 정치·경제 하계 세미나를 수강하다.
1964. 9. 16	미 상원 외교위 도드 의원 등에게 한국군의 월남 파병을 제의하다.
1964. 9	트루먼 전 미 대통령을 면담하다.
1964. 10. 9	미국 롱아일랜드대학교에서 명예법학박사 학위를 받고 학위 수락 연설을 하다.

1964. 12. 29	박정희 대통령의 지시로 2차 외유 7개월 만에 귀국하다.
1965. 10. 3	파월 청룡부대 장병들을 환송하다.
1965. 12. 27	공화당 의장에 복귀하다.
1966. 1. 29	국제기능올림픽대회 한국위원회 초대 회장에 취임하다.
1966. 2. 25	중앙대학교에서 명예법학박사 학위를 받다.
1966. 5. 16	제1회 5·16민족상을 시상하다.
1966. 5. 29	한국보이스카우트 총재로서 보이스카우트 전진대회에 참석하다.
1966. 7. 26	이탈리아 정부로부터 공로훈장을 받다.
1966. 10. 6	미국 웨스트민스트대학교에서 명예정치학박사 학위를 받고 '자유를 향한 아시아의 길' 주제로 강연하다.
1966. 10. 13	월남을 방문, 티우 대통령으로부터 월남 일등보국훈장을 받다.
1966. 10. 14	파월 한국군 부대를 찾아 장병들을 격려하다.
1966. 11. 10	제1회 전국기능올림픽대회 시상식에 참석하다.
1966. 11. 29	제12회 4H클럽 경진대회 시상식에 참석하다.
1967. 6. 8	제7대 국회의원 선거에 당선되다(재선).
1968. 4. 27	애국선열조상건립위원장으로서 서울 세종로 이순신 장군 동상을 제막하다.
1968. 5. 4	덕수궁에서 세종대왕 동상을 제막하다.
1968. 5. 30	'국민복지회사건'으로 정계 은퇴를 선언, 공화당 당의장과 국회의원직을 사퇴하다.
1968. 7	일요화가회 명예회장으로 회원들과 전국을 돌며 그림을 그리다.
1968. 8. 30	제주 서귀포에 감귤농원을 설립하다.
1968. 9. 21	한해민 구호 개인전을 열고 수익금 전액을 전남 나주군 동강면 진천리(운정마을)에 전달하다.
1968. 10. 30	충남 서산에 삼화축산을 설립하다.
1968. 10. 23	스페인 마드리드에서 프랑코 총독을 면담하다.
1968. 10. 28~11. 28	영국, 프랑스, 오스트리아, 스위스, 이탈리아, 미국, 일본을 순방하다.
1968. 11. 15	미국 페어리디킨슨대학교에서 명예법학박사 학위를 받고, '민족적 민주주의' 주제의 연설을 하다.
1969. 1. 30	3선 개헌을 반대하다.
1969. 7. 25	박정희 대통령의 요청으로 3선 개헌에 협력하기로 하다. (1969. 10. 17 국민투표에서 개헌안 확정)
1970. 11. 15~12. 16	홍콩, 호주, 뉴질랜드, 미국, 유럽을 방문하다.
1970. 12. 28	정계은퇴 2년 7개월 만에 복귀, 공화당 총재 수석상임고문에 임명되다.
1971. 3. 18	공화당 부총재에 임명되다.
1971. 5. 25	제8대 국회의원 선거에서 전국구로 당선되다(3선).

1971. 6. 4	제11대 국무총리에 취임하다.
1971. 10. 11	대통령 특사로 이란 건국기념식에 참석한 후 이란, 레바논을 방문하다.
1971. 10. 28	월남 티우 대통령 취임식에 참석하고 파월 한국군 부대를 순시하다.
1971. 12. 9	파월 청룡부대 제1진의 개선환영대회에 참석하다.
1971. 12. 22	청조근정훈장을 수훈하다.
1972. 5	피플투피플(PTP) 명예총재에 취임하다.
1972. 7. 5	7·4 남북공동성명 경위와 대책을 국회 본회의에 보고하다.
1972. 7. 20	서울대학교 관악캠퍼스 기공식에 참석하다.
1972. 10. 17	'10월 유신'을 의결한 긴급국무회의에 참석하다. (1972. 12. 27 유신헌법 공포)
1973. 1. 5	미국을 방문, 고 트루먼 미 대통령 추도식에 참석하고 닉슨 미 대통령을 면담하다.
1973. 1. 11	일본 다나카 총리를 면담하다.
1973. 3. 1	유정회 국회의원으로 지명되다(4선).
1973. 3. 14	유신헌법 하의 국무총리 임명장을 받다.
1973. 5. 19	서독, 벨기에, 이탈리아, 스페인, 프랑스 등 유럽 5개국 순방길에 오르다.
1973. 6. 1	순방 중 서독 브란트 수상과 전격 회담하다.
1973. 6. 9	일본 정부로부터 훈일등욱일대훈장을 받다.
1973. 6. 23	박정희 대통령의 6·23 평화외교선언과 관련, 내외신 기자회견을 하다.
1973. 6. 26	국회 본회의에 6·23 대통령 특별성명을 보고하다.
1973. 11. 2	'김대중 납치사건(1973. 8. 8)'에 대한 진사사절로 일본을 방문, 다나카 일본 총리와 정치적 타결에 합의하다.
1974. 3. 7	대한민국 학술원·예술원 명예회원(제1호)이 되다.
1974. 3. 9	운정장학재단을 창립하고 제주 감귤농장을 기증하다.
1974. 4. 6~4. 8	프랑스 파리에서 열린 퐁피두 전 프랑스 대통령 장례식에 참석하고, 터키와 그리스를 방문하다.
1974. 6. 25	홍익대학교에서 명예철학박사 학위를 받다.
1974. 8. 19	고 육영수 여사(1974. 8. 15 서거) 국민장 장례위원장으로서 조사를 바치다.
1974. 9. 19	시이나 일본 진사(陳謝) 특사를 맞이하다.
1974. 11. 20	수교훈장 광화대장을 수여받다.
1975. 3.	대한올림픽위원회 명예위원장이 되다.
1975. 4. 16	대만에서 개최된 고 장개석 총통 장례식에 참석하다.
1975. 4. 29	프랑스, 사우디아라비아, 일본 방문을 위해 출국하다. 사우디에서 고 파이잘 국왕의 서거에 조의를 표하다.
1975. 6. 16	일본 도쿄에서 거행된 사토 전 일 총리 국민장에 조문 사절로 참석하다.
1975. 6. 23	한국4H연맹 명예총재에 취임하다.

1975. 10. 1	칠레 정부로부터 대훈장을 받다.
1975. 10. 18	적십자대장 태극장을 받다.
1975. 10. 28	가봉 정부로부터 대훈장을 받다.
1975. 12. 29	국무총리 4년 6개월 만에 퇴임하다.
1976. 2. 14	제2기 유정회 소속 국회의원으로 선출되다.
1976. 5. 28	한·일의원연맹 초대 회장에 선출되다.
1977. 2. 10	대통령 특사로 자유중국을 방문하다.
1977. 2. 15~4. 11	일본 방문 후 아프리카와 중남미(모로코, 세네갈, 자이르, 아이보리코스트, 브라질, 아르헨티나, 칠레, 페루, 콜롬비아, 코스타리카, 미국)를 순방하다.
1977. 11. 22	한·일친선협회 한국 측 초대 회장으로 선출되다.
1978. 2. 23	아르헨티나 대훈장을 받다.
1978. 12. 26	제10대 국회의원 총선(충남 부여)에서 당선되다(5선).
1979. 3. 10	공화당 총재 상임고문에 임명되다.
1979. 4. 26	고 후나타 다카 전 일본 중의원 의장 장례식에 조문사절로 참석하다.
1979. 6. 3	대통령 특사로 벨기에, 노르웨이, 프랑스, 네덜란드, 서독, 영국 등 유럽 6개국을 순방하다.
1979. 10. 3	김영삼 의원의 국회 제명을 반대하다.
1979. 10. 17	박정희 대통령과 최후의 만찬(유신 선포 7주년 청와대 만찬)을 하다. (1979. 10. 26 박정희 대통령 서거)
1979. 11. 12	민주공화당 총재로 선출되다.
1979. 11. 16	5·16민족상 총재가 되다.
1979. 12. 8	충남 서산 삼화축산을 운정장학재단에 기증하다.
1980. 5. 17	신군부에 의해 보안사령부에 46일간 연금되다. (1980. 7. 2 석방)
1980. 6. 24	공화당 총재 등 모든 공직에서 사퇴하다.
1980. 7. 3	의원직 사퇴서가 수리되다.
1980. 11.	모든 정치활동에 대한 규제를 받다.
1983. 4. 21	미국 컬럼비아 대학에서 두 달간 객원연구원 자격으로 연수하다.
1983. 8. 1	나카소네 야스히로 전 일본 총리와 골프회동을 갖다. (이후 매년 8월 1일 나카소네 전 총리와의 골프를 위해 방일.)
1983. 8. 21	일본의회 의원 100여 명의 초청으로 방일하다.
1983. 11. 8	기시 노부스케 전 일본 총리의 미수연(米壽宴) 참석을 위해 일본을 방문하다.
1984. 7. 15	미국 민주당 전당대회 참관을 초청 받고 미국을 방문하다.
1984. 12. 18	민족중흥동지회 명예회장이 되다.
1985. 2. 21	로널드 레이건 미 대통령 취임식에 참석하다.
1985. 3. 6	정치활동 규제가 해제되다.

1986. 2. 25	미국 체류 1년 7개월 만에 귀국하다.
1987. 6. 20	"나는 유신잔당이 아니라 유신본당"이라고 발언하다.
1987. 8. 11	기시 노부스케 전 일본 총리 장례식에 참석하다.
1987. 9. 28	정계 복귀를 선언하다.
1987. 10. 30	신민주공화당을 창당하고, 총재 및 대선 후보에 선출되다.
1987. 11. 3	관훈클럽 토론회에 초청, 연설하다.
1987. 12. 17	제13대 대통령선거에 출마, 낙선하다.
1988. 4. 27	제13대 국회의원 총선(충남 부여)에서 당선되다(6선).
1988. 5. 2	친필 서신을 보내 3김(JP, YS, DJ) 회동을 제의하다.
1988. 5. 18	야3당 총재회담을 개최, 야3당이 공조하다.
1988. 7. 30	방미 중 '내각책임제 개헌'을 최초로 언급하다.
1989. 6. 17	제럴드 포드 전 미국 대통령이 주최하는 월드포럼에 참석하다.
1990. 1. 22	민정·민주·공화 3당 통합을 선언하다.
1990. 2. 9	민주자유당이 출범하다.
1990. 5. 9	민자당 전당대회에서 최고위원으로 선출되다.
1990. 10. 25	3당 합당 당시의 '내각제 추진 합의문'이 공개되다.
1991. 2. 13	운정장학회를 설립하다.
1991. 2. 17	일본을 방문, 특별세미나에서 '내일을 향한 한국의 발걸음' 주제로 강연하다.
1992. 3. 25	제14대 국회의원 총선에서 당선되다(7선).
1992. 4. 26	민자당 대선 후보 경선에서 YS 지지를 선언하다.
1992. 6. 14	미국 유타대학으로부터 명예정치학박사 학위를 받다.
1992. 6. 30	미국 민주당 대선 후보인 빌 클린턴 아칸소 주지사로부터 아칸소주 명예대사로 위촉 받다.
1992. 8. 28	민자당 대표최고위원에 선출되다.
1992. 9. 28	국제민주동맹(IDU) 당수회의 참석차 스페인을 방문하다.
1992. 12.	한국소설가협회 명예회원이 되다.
1993. 2. 25	민자당 대표위원이 되다.
1993. 6.	한국PEN클럽 평생회원이 되다.
1995. 1. 19	민자당 대표위원을 사퇴하다.
1995. 1. 22	미국 오리건 과학기술대학원으로부터 명예과학박사 학위와 명예이사직을 수여 받다.
1995. 2. 9	민자당 탈당 및 신당 창당을 선언하다.
1995. 3. 30	자유민주연합을 창당, 총재에 취임하다.
1995. 5. 16	자민련과 신민당이 통합하다.
1996. 4. 11	제15대 국회의원 총선에 당선되고(8선), 자민련은 의석 50석을 확보하다.
1996. 5. 26	김대중 국민회의 총재와 함께 YS정권 규탄 대규모 장외집회를 개최하다.

1996. 12. 14	광주 망월동 묘지를 참배하다.
1997. 4. 1	여야 영수회담에서 내각제를 공식 제의하다.
1997. 6. 24	자민련의 제15대 대통령 후보로 선출되다.
1997. 8. 27	"내각제면 누구와도 손잡을 것"이라고 말하다.
1997. 10. 27	김대중 총재와 대선 후보 단일화(DJP연대)에 합의 서명하다.
1997. 11. 21	자민련 명예총재로 물러나 김대중 대선 후보 선대위 의장을 맡다.
1998. 1. 6	외환위기 극복 외교를 위해 일본을 방문하다.
1998. 2. 8	중국 공산당 초청으로 중국을 방문, 장쩌민 주석과 회담하다.
1998. 3. 3	국무총리서리에 임명되다.
1998. 7. 10~17	프랑스, 폴란드를 방문하다.
1998. 8. 17	167일 만에 국무총리 임명동의안이 국회를 통과, 제31대 국무총리에 취임하다.
1998. 9. 28	명지대학에서 명예법학박사 학위를 받고 학위 연설을 통해 내각책임제를 역설하다.
1998. 10. 16	부산 동의대학에서 명예경제학박사 학위를 받다.
1998. 10. 23	사우디아라비아로부터 압둘아지즈왕 훈장을 수여 받다.
1998. 11. 6	충남 공주대학에서 명예교육학박사 학위를 받다.
1998. 11. 28	일본에서 개최된 한·일 각료회담에 참석하다.
1998. 11. 30	일본 규슈대학으로부터 명예법학박사 학위를 받고, 아시아통화기금(AMF) 창설을 제의하다.
1999. 2. 2	중동 3개국(이집트, 이스라엘, 요르단)과 인도를 방문하다.
1999. 4. 9	내각제 논의를 유보하다.
1999. 6. 16~21	남아공 요하네스버그에서 열린 넬슨 만델라 대통령 이임식에 정부사절로 참석한 뒤, 포르투갈을 방문해 안토니오 쿠테레스 총리와 회담을 갖다.
1999. 6. 23	시라크 프랑스 대통령으로부터 프랑스 공로훈장대십자장 훈장을 수여 받다.
1999. 9. 1	일본을 공식 방문, 아키히토 일왕을 예방하다.
1999. 10. 23	제주에서 열린 제2차 한·일각료회의에 참석하다.
1999. 12. 7~21	아르헨티나와 브라질을 순방하다.
2000. 1. 14	국무총리를 퇴임하다.
2000. 2. 3	하시모토 전 일본 총리 초청으로 방일하다.
2000. 2. 15	부인 박영옥 여사와 결혼 50주년을 기념하는 금혼식 만찬을 갖다.
2000. 4. 13	제16대 국회의원 선거에서 당선되다(9선).
2001. 1. 18	조지 부시 미 대통령 취임식 참석을 위해 미국을 방문하다.
2001. 3. 7	일본을 방문, 역사교과서 왜곡을 강력하게 항의하다.
2001. 8. 24	일본을 방문해 조선통신사 상륙을 기념하다.
2001. 9. 3	임동원 통일부 장관 해임을 요구, DJP 공조가 파기되다.

2001. 9. 5	일·한의원연맹 이토 회장 장례식에 참석하다.
2001. 10. 9	자민련 전당대회에서 총재로 복귀하다.
2002. 3. 29	광주대학에서 명예행정학박사 학위를 받다.
2002. 9. 6	일본을 방문해 한·일의원연맹 합동총회에 참석하다.
2003. 4. 20	고이즈미 일 총리 면담차 방일하다.
2003. 5. 16	북핵문제 등 현안 협의를 위해 방일하다.
2003. 8. 17	대만을 방문하다.
2003. 11. 24	일본을 방문해 고이즈미 총리 등 일본 정치지도자들을 면담하다.
2004. 2. 12	한성디지털대학 석좌교수에 임명되다.
2004. 3. 16	나카야마 전 일본 통산상 장례식에 참석하다.
2004. 4. 15	제17대 국회의원 선거에서 자민련이 4명 당선에 그쳐 대패하다.
2004. 4. 19	정계은퇴를 선언하다.
2005. 6. 3	일본 요미우리신문 주최 연설회에서 '한·일 국교 정상화 40주년에 즈음하여' 주제로 특강을 하다.
2005. 6. 7	일본 규슈대학교에서 '일본의 젊은이들에게 보내는 전중세대의 메시지' 주제로 일본어 특강을 하다.
2007. 3. 31	일본 후쿠오카에서 열린 동아시아 원로지도자 포럼에서 기조연설을 하다.
2007. 10. 10	5·16민족상 재단 총재를 사임하다.
2007. 11. 12	일본 아오야마대학교에서 명예국제정치학박사 학위를 받고 '한·일관계와 동아시아의 장래' 주제로 일본어 특강을 하다.
2007. 12. 6	이명박 대선 후보 지원을 위해 한나라당에 입당, 선대위 명예고문을 맡다.
2007. 12. 10~17	이명박 후보 지원유세를 벌이다.
2008. 4. 1	충남 순천향대학에서 명예사회학박사 학위를 받다.
2008. 12. 14	뇌경색으로 쓰러져 가료하다.
2010. 1. 13	'세종시 수정안'을 지지하다.
2011. 2. 15	결혼 60주년(회혼식)을 맞이하다.
2012. 2. 14	새누리당을 탈당하다.
2013. 12. 10	운정회 창립총회가 열리다.
2015. 2. 21	부인 박영옥 여사가 타계하다.

한국 현대사의 증인 JP 화보집

운정雲庭 김종필

초판 1쇄 | 2015년 5월 12일

엮은이 | 운정김종필기념사업회

발행인 | 송필호
편집인 | 김교준
책임편집 | 한성수

펴낸곳 | 중앙일보
주소 | 서울특별시 중구 서소문로 100
구입문의 | 1588-0950
내용문의 | 02-3015-4511
팩스 | 02-512-0805
등록 | 2007년 2월 13일 제2-4561호

ISBN 978-89-278-0644-8 03990

· 이 책은 저작권법에 따라 보호받는 저작물이므로 무단 전재와 무단 복제를 금하며,
  책 내용의 전부 또는 일부를 이용하려면 반드시 저작권자와 중앙일보의 서면 동의를 받아야 합니다.
· 책값은 뒤표지에 있습니다.
· 잘못된 책은 구입처에서 바꾸어 드립니다.